新中国粮食流通发展70年

中国粮食经济学会 ◎编著

经济管理出版社
ECONOMY & MANAGEMENT PUBLISHING HO·JSE

图书在版编目（CIP）数据

新中国粮食流通发展 70 年 / 中国粮食经济学会编著. —北京：经济管理出版社，2020. 10

ISBN 978-7-5096-7566-3

Ⅰ. ①新… Ⅱ. ①中… Ⅲ. ①粮食流通—经济史—中国 Ⅳ. ①F724. 721

中国版本图书馆 CIP 数据核字（2020）第 175428 号

组稿编辑：张丽原
责任编辑：任爱清
责任印制：黄章平
责任校对：董杉珊

出版发行：经济管理出版社
　　　　　（北京市海淀区北蜂窝 8 号中雅大厦 A 座 11 层　100038）
网　　址：www. E-mp. com. cn
电　　话：（010）51915602
印　　刷：河北赛文印刷有限公司
经　　销：新华书店
开　　本：710mm×1000mm /16
印　　张：14. 25
字　　数：226 千字
版　　次：2020 年 11 月第 1 版　　2020 年 11 月第 1 次印刷
书　　号：ISBN 978-7-5096-7566-3
定　　价：98. 00 元

前　言

　　粮食，从新中国成立初期的"吃不饱"，到改革开放后的"吃得饱"，再到走向"吃得好"。中国粮食流通体制经历了粮食自由购销（1949 年 10 月至 1953 年 10 月）、粮食统购统销（1953 年 10 月至 1985 年 1 月）、粮食合同定购平价销售与议购议销（1985 年 1 月至 2004 年 5 月）、粮食市场购销（2004 年 5 月至今）四个时期，逐步实现从计划经济向社会主义市场经济转轨。认真总结新中国 70 年粮食工作具有重要的现实意义和深远的历史意义。

　　中国粮食经济学会是党和政府联系与团结广大粮食经济工作者的桥梁纽带，是保障国家粮食安全的重要力量。从 1987 年 2 月 16 日成立以来特别是党的十八大以来，高举中国特色社会主义伟大旗帜，坚持以马克思列宁主义、毛泽东思想、邓小平理论、"三个代表"重要思想、科学发展观、习近平新时代中国特色社会主义思想为指导，坚持正确的政治方向，增强"四个意识"，坚定"四个自信"，做到"两个维护"，自觉在思想上政治上行动上与习近平同志为核心的党中央保持高度一致。认真执行国家粮食方针政策和有关决定，发扬实事求是、理论联系实际的优良学风，团结组织会员，深入调查研究，注重探讨粮食经济理论、粮食政策和粮食产业发展等问题，向中央和地方政府、有关部门、企业等提供建议和政策咨询服务。承担的国家粮食行政管理部门课题研究成果，党中央、国务院领导多次作出重要批示，国家粮食行政管理部门领导充分肯定，在中国粮食行业改革发展中作出重要贡献，发挥了中国粮食经济学会的参谋作用。

　　为纪念新中国成立 70 年，经国家粮食和物资储备局领导同意，中国粮食经济学会于 2019 年 10 月 22 日在郑州市召开"新中国 70 年粮食流通体制改革开放"学术座谈会。会议从我国粮食流通体制改革开放的初步回顾与探索、中央储备粮垂直管理体系的建立与完善、粮食现代物流设施建设、粮食市场体系建立与完善、担当保障粮食安全重任等方面进行学术探讨。部分粮食部门领导、专家学者、企业代表等40多人参加了会议。另外，向各省（自治区、直辖市）粮食和物资储备局（粮食局）、各省（自治区、直辖市）粮食经济学会、粮食院校和科研机构、粮食企业和商品交易所等约写庆祝新中国成立70年粮食工作的稿件。在此基础上，将文章结集出版。

中国粮食经济学会肖春阳担任本书总编，参与约稿、编辑的工作人员有综合部武晏菲，学术交流部唐炜（兼任中国粮食行业协会总经济师），书刊编辑部陆源，咨询培训部陶玉德（兼任河南日报报业集团大河网全媒体中心总监），国际合作部洪涛（兼任北京工商大学教授）。

值此本书出版之际，中国粮食经济学会向上述单位与工作人员致以真诚的谢意和敬意。

中国粮食经济学会
2020 年 6 月 18 日

目　录

加快推动国家粮食安全治理
体系和治理能力现代化

张务锋①

当今世界正经历百年未有之大变局，中华民族正处在伟大复兴的关键时期，保障国家粮食安全的重要性更加凸显。党的十九届四中全会提出"完善农业农村优先发展和保障国家粮食安全的制度政策"，进一步体现了党中央对国家粮食安全一以贯之的高度重视。有必要加快推动国家粮食安全保障治理体系和治理能力现代化，把我国制度优势特别是保障国家粮食安全的制度政策转化为治理效能。

解决好吃饭问题始终是治国理政的头等大事。在完善国家安全体系中，要更加重视保障国家粮食安全。自党的十八大以来，习近平总书记立足世情国情粮情，高瞻远瞩、审时度势，确立了"以我为主、立足国内、确保产能、适度进口、科技支撑"的国家粮食安全战略，提出了"谷物基本自给、口粮绝对安全"的新粮食安全观，作出了一系列重大论断和重要部署，引领推动了粮食安全理论创新、制度创新和实践创新。全国粮食总产量连续五年稳定在 1.3 万亿斤以上，2019 年人均占有量超过 470 公斤，粮食储备和应急体系逐步健全，政府粮食储备数量充足，粮食流通现代化水平明显提升，粮食市场运行保持总体平稳。同时，要居安思危、安不忘危，保持战略定力、增强忧患意识，从保障国家安全高度，到不断增强粮食安全保障能力，再到坚决扛稳粮食安全重任。

良法是善治之前提。在健全国家法律制度体系中，要更加重视推动粮食安全保障立法。自党的十九大以来，连续两年中央一号文件对粮食安全

---

① 国家发展改革委党组成员、国家粮食和物资储备局党组书记、局长。

保障立法提出明确要求；十三届全国人大常委会立法规划将《粮食安全保障法》列入一类项目。起草领导小组认真调研论证，组织起草形成了送审稿。送审稿从加强国家安全法治保障出发，突出了向保障国家粮食安全聚焦的立法宗旨，紧紧围绕防风险、化隐患、保基本等关键作出制度安排，着力提高国家粮食安全风险防控应对能力。同时，加快推动《粮食流通管理条例》的修订工作，组织起草《粮食储备安全管理条例》，完善国家粮食安全保障法律法规体系。

粮食储备是国家粮食安全的"压舱石"。在全面深化改革中，要更加重视创新完善体制机制、增强防范化解风险和应对突发事件能力。2019 年5 月，中央全面深化改革委员会第八次会议审议通过《关于改革完善体制机制加强粮食储备安全管理的若干意见》，勾画了与我国经济体制相适应的现代粮食储备安全制度框架。下一步，要改革完善粮食储备管理体制，厘清承储主体职能定位，压实承储企业主体责任和各方监管责任；创新储备管理，确保国家储备粮数量实、质量好、调得动、用得上；推动中央储备与地方储备、政府储备与企业储备互为补充、协同发展，更好调节稳定市场、服务宏观调控、应对突发事件和提升国家安全能力。

制度的生命力在于执行。在推动改革发展中，要更加重视国家粮食安全保障制度政策的落实。巩固拓展全国政策性粮食库存数量和质量大清查成果，完善制度政策，管好"天下粮仓"。严格实施粮食安全省长责任制考核、中央事权粮食政策执行和中央储备粮管理情况年度考核，优化指标，突出重点，完善方式，压紧压实区域粮食安全主体责任和中央储备管理主体责任。创新强化粮食执法督查，加快建立在地监管体制，办好全国粮食流通监管热线（12325），推进信息化监管和信用监管，强化监管实效，不断增强执行力和权威性。

（原文刊发于 2020 年 4 月 23 日《光明日报》）

中国粮食流通体制改革开放历程的初步回顾与探索

白美清[①]

我有幸参加了新中国 70 年来整个粮食工作发展的全过程，特别是党的十一届三中全会启动的震惊世界的历史进程。现在虽已至垂暮之年，但仍然十分关心、热爱粮食工作，非常愿意和各位专家、各位粮友在一起，现就这段改革开放历史作一些初步的回顾和探讨，抛砖引玉。

一、党的十一届三中全会后农村、粮食改革的起步与展开

1978 年 12 月 18~22 日，党的十一届三中全会在北京举行，在以邓小平为核心的党中央领导下，全党全国的工作重点转移到集中全力搞好经济建设上来，开始了中国改革开放的新时期。当时正值"文化大革命"所造成的国民经济濒临崩溃的边缘，当务之急就是要解决全国人民的吃饭问题。党中央、国务院审时度势，及时作出了解决农业粮食问题的新部署。

（一）在农业、粮食生产方面

根据党中央、国务院领导提出的"一靠政策、二靠科学、三靠投入"的指导方针，在 20 世纪 80 年代，先后发出了五个中央一号文件，推行家庭联产承包责任制，即安徽凤阳小岗村的大包干、包产到户等经验，并推广四川广汉向阳乡撤社建乡的经验，经人大通过在全国取消人民公社体制，让农民有生产经营的自主权并长期不变。从而使广大农村出现了"八

[①] 国内贸易部原副部长兼国家粮食储备局首任局长、中国粮食经济学会原会长。

方归农""合力支农"的新气象。广大农村和农民群众热情高涨，掀起了改良土壤、增施肥料、推广以杂交水稻为代表的杂交新品种，形成了农业和粮食增产的新高潮。与此同时，国务院又决定实施以东北三省和黄淮海两大主产区为重点的区域开发等一系列有力措施，极大地促进了农业、粮食生产的发展。到 1984 年，全国粮食产量从 1978 年的 3 亿吨增长为 4 亿吨，以后连上新台阶，2010 年突破 5.5 亿吨，2012 年超过 6 亿吨，到 2018 年达到 6.6 亿吨的水平。与党的十一届三中全会前的 1978 年粮食总产 3 亿吨相比，增产 1 倍多，稳定了全国大局。

（二）在粮食流通体制改革方面

党中央、国务院提出要坚决取消实行 30 年之久的统购统销、计划经济框架下的粮食流通旧体制。与此同时，要把中国粮食流通改革与国际粮食市场化、现代化对接，吸收世界粮食业先进经验，并与中国的基本国情、基本粮情实际结合，建设一整套新型的具有中国特色并与世界水平相结合的市场经济粮食安全保障新体系，以取代统购统销时运行的粮食安全旧体系。因此，从这一高起点出发，要求粮食流通体制改革要有长远战略，系统设计，不搞形象工作，不搞低标准，复制古董；要有战略思想、长远打算。新的体系，要统筹规划、分步实施、配套进行、高效运转、逐步完善。这是关系国计民生的重大改革、吃饭工程，要管得住、管得好。因此，这项改革系统工程，指导思想明确，起点高、要求严。

我国粮食流通体制改革有个显著特点是：粮食是一个大行业，改革从起步开始，就要把国内市场化改革同国际粮食市场化、现代化相衔接，把对内深化改革与对外扩大开放同步紧密结合，"请进来"与"走出去"相结合，充分利用两个市场、两种资源，从而形成大改革、大开放、大创新、大发展的新格局，为我国粮食安全掌握主动权与话语权。

以上这些指导思想是以邓小平为核心的改革先行者们深刻反思，总结"文革"和极"左"路线的经验教训，提炼升华得出的正确结论。当时粮食系统和有关部门的老、中、青专家也参加研讨，作出了相应的贡献。下面我们回顾一下开始实践的过程。

在这场改革开始展开的关键时候，1980 年，国务院领导同志就明确指出："过去说吃进口粮是修正主义，议价粮是资本主义，这两顶帽子要摘掉。进口一定数量粮食是必要的，有利于各个方面，有利于改革。"当时这段话引起中国粮食业和国际粮食界的极大震动。这项工作意义重大，涉及面宽，任务艰巨。当时粮食系统的干部在统购统销的长期束缚下，在"文革"和极"左"路线的长期影响下，求稳怕乱，思想不够解放，行动不太积极，左顾右盼，怕再"翻烧饼"。正是在这关键时刻，党中央、国务院领导敏锐地观察到世界形势的变化，把握世界发展机遇期，及时地提出粮改，要把对内搞活、对外开放结合起来，使粮食的国内市场化和国际市场化相衔接等指示为大家指明了方向。传达学习后，粮食系统各级干部奔走相告，有振聋发聩、豁然开朗之感，思想上受到极大的启发，工作上积极性、创造性高涨，全行业行动起来，对外积极落实党的十一届三中全会决定几年内每年进口粮食 1300 万~1500 万吨的计划；对内积极开放议价粮市场，恢复粮食集市贸易。这一系列改革政策措施的落实，使粮食生产越来越好，到 1984 年，粮食生产从党的十一届三中全会前的 1978 年的 3 亿吨，上升到 4 亿吨，粮食获得大丰收，库存日益增加，日子越来越好过。此后，1985 年中央一号文件宣布，从当年起国家不再向农民下达农产品统购派购任务，改为合同定购。到 1993年 2 月 15 日，国务院发布文件宣布"积极稳步放开价格和经营"。同年 3 月正式宣布取消凭粮本粮票供应粮食的办法，改为市场调节，从北京开始，扩大到全国，吃饭不收粮票，正式宣告"凭票供应""票证经济"的终结，至此，实行了 30 多年的粮食统购统销制度在中国大地上结束，向社会主义市场经济迈开了重要的一步。

二、把握机遇，展开国家粮食安全体系的配套建设

从 1978 年贯彻党的十一届三中全会精神到 21 世纪初这一阶段，全国粮食流通系统抓住机遇，利用改革开放之机，认真学习世界的先进经验，结合中国的实际情况，采取多种形式，引进国外的资金、技术、人才，构建适合我国国情的粮食安全保障体系，建立了高效适用的防风险的宏观调控机制，形成了一批具有中国特色的维护全民粮食安全的经济实体，发展成为国之重器。

（一）建立符合粮食流通规律的粮食物流运转市场体系

我们彻底改组了"统购统销时期"按行政区域组织调拨、供应的办法，建立以国家粮食期货交易所、国家粮食批发市场为核心，以各级粮食现货交易市场、多种类型的集市贸易为支柱，超市、零售商店、商贩为基础的全国的市场体系。从期货到现货、从批发到零售、从企业经营到经纪人经营，应有尽有。当时是冒极大风险的。我们在指导思想上实行"总量平衡，适量储备，掌握批发，放开零售"，多渠道、少环节、低成本、高效益搞活粮食流通，在保证粮食安全的原则上办事。当时上市的证券交易所、大连商品交易所、上海证券交易所都是在 20 世纪 90 年代粮食部门发起创建的。当时请进来、派出去，经过无数次探索创新，员工们用行动谱写动人的创业史，现已跻身世界几大粮食交易所的行列。

（二）建立符合中国国情的粮食储备体系

1990 年 10 月，国务院批准了建立这一体系的文件，即以中央储备为核心、地方储备为支柱、社会储备（企业储备、农民储备）为基础的三级储备体系。同时相继建立粮食安全的省长负责制和地方首长负责制做保证，成为国家对粮食工作的主要抓手和粮食安全的压舱石。目前不仅规模大，数量居世界首位；而且在生态保粮、轮换更新、建立智能粮库等方面均有创造，正在向生态保粮、与互联网联系等方面迈出新步伐，并获得过国家科技进步一等奖。这一课题也获得过国际上粮食储藏专家和协会的多次鼎力相助。

（三）引进世界银行贷款改善我国粮食流通设施建设（从 1993～2003 年）

这是我国粮食系统利用外资建设的第一个大项目，也是世界银行成立以来世界上贷款资助粮食上的最大项目，总投资达 82 亿元（其中世界银行贷款 4.9 亿美元，当时折合人民币 40.67 亿元）。更重要的是，世界银行集中了一批优秀专家，帮助设计、规划建设中国的粮食物流体系。包括从仓库到全国的四大散粮流通走廊、沿海沿江的骨干码头以及人才培育、信息开发等一系列粮食流通的硬件、软件，为中国粮食流通体系的现代化打下了宝贵的基础，提升到崭新的水平，至今仍发挥着不可替代的重要作用。

（四）利用应对亚洲金融危机我国增发国债之机，大规模建设国家储备库（1998~2003 年）

经国务院批准，三次共投 343 亿元，共安排建设仓库 1100 多个，新增仓容 1000 多亿斤。这是新中国成立以来，投资规模最大、建设仓容最多、采用现代化技术最广泛的一次粮食流通体系的宏伟建设，它和利用世界银行贷款建设工程相配合，为我国粮食物流设施的建设打下良好基础，为国家宏观调控的骨干公司进入跨国公司之列打下物质基础。

此后，国家又支持粮食系统继续进行仓库建设填平补齐、升级换代等工作，到 2018 年全国共有标准仓房粮库 6.7 亿吨，简易仓车 2.4 亿吨，有效仓容总量比 1996 年增长 31.9%，这是一项了不起的震惊世界粮食业的成就。

首先，在粮食安全和企业发展上，采取全过程产业链的组合方式，从收购、交换、储存、消费层层落实安全责任制，以确保产品的质量安全，使粮食安全的责任贯穿到各个环节，环环扣紧；同时也促进了企业联合，形成大粮库、大企业、大集团。从总体上来看，粮食安全做到每个环节有人管，落实在个人、班组、企业、全员行动保安全、促联合，起到良好作用，确保粮食的安全性。

其次，在粮食经营上采取放开搞活的措施。在企业流动、资金流转、人才流通等方面，采取开放、开明的政策，打开国门，请进来，走出去，互利互惠，包容性增长。倡导粮食流通多渠道、少环节、降成本，增效益，多种经济成分并存，把市场做大、做活，把效益做好。发挥各个方面的积极性，在实践中，凭实绩说话，凭本事赚钱。既不搞"国进民退"，也不搞"民进国退"。我国正在加快构建现代化粮食产业体系，现在纳入国家粮食和物资储备局统计范围的粮食企业已达 2.3 万户，2018 年工业总产值突破 3 万亿元，涌现了一批名牌产品、名牌企业，在市场风浪中成长壮大。既有中国跨国公司走出去，又有跨国公司走进来，在世界 500 强企业中，已有不少中国大企业；世界的 A、B、C、D 等跨国粮食公司也都进入了中国市场。中国的粮食大市场，是面向世界、各自发挥所长，造福于当地、贡献于世界。

三、立足于国际经济大循环中，掌握中国粮食安全的主动权

中国从 20 世纪 80 年代开始，启动改革开放的新征程，成为新时代国际经济改革的开创者之一。比有的国家早一点，也比有的国家晚一点。例如，当时除了亚洲有"四小龙"的腾飞之外，还有欧洲、美洲、拉美一些国家走得快一些。1984 年前后中国经济经过调整，迈入"六五"计划建设之时，我国的改革者们从建立深圳经济特区、开放十四个沿海城市，进而提出沿海经济发展战略。当时议论的主题是中国必须参加国际经济的大循环、大改革、大开放、大创新，走振兴中国经济之路。为此，国务院抓紧成立恢复关贸总协定缔约国地位的工作小组，积极展开工作。加入世界贸易组织（WTO）是中国对外开放的里程碑。经过 15 年漫长而艰辛的谈判，于 2001 年 12 月 11 日在卡塔尔多哈举行的世界贸易组织第四届部长会议上通过，中国终于成为世界贸易组织（WTO）第 143 个成员，开启了中国全面参加经济全球化，充分利用两个市场、两种资源的新时期。据参加会议的中国代表反映，当时谈判中真正担心的是农业问题，争论的焦点是成员国对农业的支持度不得超过本国农业生产的比例问题。谈判代表团经过不懈的努力，最终达成了重要的、历史性的决议。

从我国的总体形势来看，入世最大的成果是带来经济的腾飞和总体国力的增强，这是举世公认的。中国加入世界贸易组织后，进入了国际经济的大循环、大改革、大开放、大创新的浪潮之中。我们抓住这个战略机遇期，在不太长的时间内，就实现了 21 世纪中的经济腾飞，走到了世界的前列。这是全国各族人民在党中央领导下，卧薪尝胆、奋力拼搏的结果。不管今后形势如何变化，世界贸易组织的前程如何，但这是时代发展的趋势，经济发展的规律，是任何人都阻挡不住的。它将和世界新的工业革命的兴起相配合，冲破险阻，开创出经济全球化的新天地、新秩序，发展到新高峰、新境界。自党的十八大、十九大以后，中国的深化改革、扩大开放进入新的征程，我们要在以习近平同志为核心的党中央领导下，把世界发展的新科技、新经验同中国国情粮情结合起来，努力实现我国经济的良性循环，实现我们的战略目标。

从我国粮食业来看，加入世界贸易组织（WTO）以后促进了整个行业的腾飞。目前我国已成为粮食进出口总额居世界首位的贸易大国。粮食进口逐年上升。从 2001 年起，粮食进口由 1950.4 万吨（其中，谷物 344.3 万吨，大豆 1393.9 万吨），到 2017 年上升到 13061.5 万吨（其中，谷物 2559 万吨，大豆 9552.6 万吨）。而同期粮食出口由 2001 年的 991.2 万吨减少到 2017 年的 288 万吨。这样，中国粮食净进口已超亿吨。目前中国人口已达 14 亿人，这样一个粮食消费水平，在世界上也属相当高的。虽然每年要上亿吨的进口来补充、调剂，成为一个很重要的因素，但也是一个值得关注的可变因素。

回顾历史，展望未来，在世界粮食形势复杂多变的今天，我们要时刻记住：中国的基本国情、基本粮情，就是人多地少、粮食资源不足，这是我国的软肋，是我们的短板。我国人均只有一亩地，水资源也缺乏，是大国中人均占有量最少的大国。我们用占全球 9% 的耕地、6% 的淡水资源，养活了近 20% 的人口。我多次对外宾讲过：中国的人口相当于欧洲的全部人口（7.3 亿）加上非洲的农村人口（6 亿多），而土地比他们少得多。中国人的嘴排起来就相当于万里长城，每天要用火车拉粮食去倒，才能保证供应，工作难度是非常大的。今后在我国粮食改革中，粮食总供给与总需求的矛盾将长期处于紧平衡的状态，并可能向偏紧方向发展。国内再增产相当难，增加进口也有风险。粮田、粮种、粮民、粮企、粮技等许多重大课题有待落实，有待破解。需要我们发扬改革开放初期那股干劲、那种精神、那种作风，只有下苦功夫、真功夫、硬功夫，才能攻坚克难。这是我们在新时期面临的新考验。

解决人民的吃饭问题，历代都是第一位的大难题。经过多年的反复实践，得出结论：粮食是关系国计民生的具有资源性、战略性、公共性的特殊商品，粮食安全是治国安邦的头等大事和永恒主题。党中央、国务院提出的"坚持以我为主、立足国内、确保产能、适度进口、科技支撑"的国家粮食安全战略，强调"中国饭碗装中国粮"等指示，是多年粮食工作的结晶，是今后工作的指南，在任何时候、任何情况下都必须重视，千方百计地贯彻执行，确保全民的粮食安全，防患于未然，立于不败之地。

改革开放以来，历经多次灾害和突发事件等严峻考验，例如，1991 年淮河水灾、1993 年平抑市场粮价、1997 年亚洲金融危机的冲击、1998 年的长江大水、2003年"非典"疫情的袭击、2008年"5·12"汶川大地震、2008年世界粮食危机等，全国粮食供应都确保无虞，粮食安全受到多种冲击，都"稳坐钓鱼台"，从未发生大的问题。实践证明，粮食改革开放40年堪称粮食工作的黄金时期，这是解决中国人吃饭问题的唯一正确道路。

我和一些"老粮食"交谈，大家认为，当前粮食工作总体是好的，粮食安全是有保证的，但近期还有两个问题未解决好：一是粮食市场价格形成机制问题；二是对外开放、利用国际国内两个市场、两种资源，开拓对外发展的新局面的协调问题，切望国家加强领导和协调。建立强有力的宏观调控和各部门协作机制，迫切希望加强组织领导和宏观协调，把工作做得更好。

四、中国粮食人心中永远装着亿万百姓的饭碗，行动时刻捍卫国家的粮食安全

标题这句话是中国粮食人的始终追求，既是粮食系统优良传统的集中表现，又是粮食行业的软实力精髓所在，更是我们粮食行业的立业之本、传家之宝。回顾改革中的艰难岁月，大家经历了不少险滩恶浪，承担着许多困难与挑战，但中国粮食人都能舍身忘己，团结一心，坚决克服。几十年我印象最深、铭记在心、感动肺腑的一件事，就是20世纪末、21世纪初的全行业改革重组，下岗分流。由于在计划经济时期，全国按行政区划组织粮食购销，每个乡镇都设站设点，专门负责购销，直接到户。城市每万人设一个粮店，平价供应。那时全国粮食行业垂直管理，经费财政包干，吃大锅饭、人浮于事的现象较为突出。全国粮食系统号称四百多万大军。当时，国务院领导下决心把粮食行业列入重点整改行业之一。据2002年统计，下岗分流、另谋职业者有220万人以上，有的一家几口均在分流另谋职业之列，按经济能力，每个下岗职工大多分流时仅发给几千元一次性经济补偿金，听后令人泪下。改革重组之后，形成今天按市场购销网络布局，全系统只留下100多万人。这是全国粮食系统经过大改革中的阵痛。全系统下岗职工以大局为重，有的另谋职业，有的投入新的创业，历经艰辛渡过这次难关。作为"老粮食"，当时我深受感动而掉泪。从总体上来

讲，中国粮食队伍是一支好队伍，受党的多年哺育，是能够担当重任的。全国已涌现了一大批优秀单位，进入世界 500 强企业行列，产生了许多先进模范、跨国大公司、大企业家等。行业中涌现出自称为"粮食迷""粮痴"的工作者，埋头苦干，事事为老百姓的饭碗着想，抢险救灾冲锋在前，堪称粮食行业的模范。

当前粮食工作面临改革、开放的转折时期，各类矛盾交错，工作纷繁复杂，千头万绪，但最重要的是要继续发挥粮食系统的优良传统，并与时代精神教育相结合，增强企业软实力，抓队伍，聚人心。净化食品，首先要净化人的灵魂，其次要净化行业和企业之风，"要以天下粮食是一家""天下粮食为大家"的精神武装粮食人的思想。粮食行业上上下下，要恪守"遵法、厚德、尚智、为民"的行业精神，坚持社会公德，职业道德、家庭美德、个人品德教育。坚持下去，持之以恒，就会出名品、出人才、出效益、出百年老店、跨国公司，最终屹立于世界东方。虽然中国的粮食行业是传统产业，但又是常青产业、朝阳产业，是实体经济中的基础产业，是大有希望、大有活力、大有用武之地的产业。在我们这样一个粮食生产、消费的世界大国的广阔天地里，在实现中华民族伟大复兴的新征程中，一定会涌现出一批世界级的领军企业、领军人才和先进个人、先进单位，为粮食事业开辟出新天地，作出新贡献。

最后，祝粮食界的同行们，宁静以致远，创新以致强，为新时期国家粮食安全作出新贡献，书写中国粮食改革开放历史的新篇章！

中央储备粮垂直管理体系的建立与完善

高铁生[①]

一、粮食储备是国家粮食安全的重要保障

(一)粮食储备古已有之,中外普遍重视

我国粮食储备历史悠久。从周朝开始,实行官方仓储与民间仓储相结合。国家对粮食储备按中央与地方两级进行管理。西汉时期正式建立以平抑粮价为主要功能的"常平仓"。同时支持民间兴办"义仓"。国外除一些小国外,大国多设立国家粮食储备,在产销区之间、丰歉年之间发挥平衡调节作用。

(二)联合国粮食与农业发展组织对各国粮食安全提出设立安全警戒线建议

其安全评估的标准是粮食储备不低于下一年度消费量的 17%~18%。其中,5%~6% 是战略储备,其余为周转储备。

(三)新中国成立后粮食储备制度逐步完善

按照毛泽东"备战备荒为人民"和"广积粮"的指示,1962 年,国务院、中央军委决定建立"506"战备粮储备,其规模为 50 万人 6 个月用量的战备粮油储备。1965 年根据中央有关文件设立"甲字粮",以应对灾

---

① 国家粮食储备局原局长、中国储备粮管理集团有限公司首任总经理、中国粮食经济学会原名誉会长。

荒和各种意外。1990 年 9 月 16 日,《国务院关于建立专项粮食储备制度的决定》（国发〔1990〕55 号）正式颁布。要求成立国家粮食储备局负责管理中央粮食储备。2000 年,成立"中国储备粮管理总公司"之后,"506粮""甲字粮"划入中央储备粮。

（四）中央储备粮运用实践

20 世纪 90 年代中期,由于外汇制度改革,广东省由之前以较多进口大米,转为增加国内采购,由此引发一波国内粮价上涨。为平抑粮价,国家抛售 400 亿斤储备粮,收到了很好的效果。

1998 年长江流域抗洪抢险,为堵塞九江一带大堤决口,曾动用粮食储备。在历次地震救灾中,中央储备粮及时支援,均发挥了重要作用。此外,国家有关部门还通过"推迟轮换""进口转储备"和"去库存"等手段服务于国家宏观调控。

（五）建立中央储备粮垂直管理体系的背景与初衷

最初,中央储备粮主要委托地方管理,粮权在国务院。国家粮食储备局直接管理的粮库只有 15 个。这种管理体制的突出问题在于粮库人、财、物均由地方管理,导致粮食存得进,但调出难,被地方挪用问题频频发生。一些省级承储单位屡屡发生虚库空储,套用国家补贴。1998 年粮食流通体制改革前后,不少地方出现盗卖中央储备粮,盖酒店宾馆和办其他企业的乱象。基于这一背景,时任国务院总理朱镕基提出,要建立起一个人、财、物均由中央垂直管理的新的储备粮管理体系和制度,走出一条新的储备粮管理的路子。

（六）两级储备体系的建立

中央储备粮垂直管理体系建立起来之后,划转收回原来由地方代为管理的中央储备粮。地方按产区三个月消费量、销区六个月消费量建立省级储备。有些省市区为减轻本级财政负责,又把储备任务分解到地、县两级。按中央有关文件规定,把对地方储备粮的管理,纳入省长负责制进行监督考核。

二、中央储备粮垂直管理体系建立以来的得与失

(一) 建库与收库

1998 年国家启动国债投资建设粮库项目,1998~2001 年,连续三年安排国债资金 343 亿元,共建设 1164 个国家储备库。新增仓容 5260 万吨。国家收了其中产权比较清晰的大部分粮库。考虑一部分粮库是依托老库建设新库,通过产权置换将一部分新建粮库留给地方。加上后续粮库建设,迄今中国储备粮管理总公司的现代化粮库有近 1000 个,是世界最大的现代化粮库群。

(二) 实现储备粮划转,完成新库装新粮

把原先委托地方管理的中央储备粮,以实物形态划转中国储备粮管理总公司管理,是一项复杂繁重的工作。涉及实物转移和经费结算。经过与地方粮食部门反复协商,妥善完成了移交工作。大批新库建成,如何收储新粮,既要考虑新库压仓的技术要求,又要避免新粮收储中的腐败行为,也经历了一场博弈(因为国家规定的收购价格高于市场价格,极易产生寻租行为,损害农民利益)。由于中国储备粮管理总公司狠抓预警,严加防范,因此,顺利完成了新库收新粮装新粮的工作。

(三) 建立中国储备粮管理总公司三级管理架构

根据工作需要,经过反复论证,中国储备粮管理总公司决定采取三级管理架构,即总公司—省级分公司—直属库。初期,设立六个大区分公司,省里先设联络处。后逐渐过渡到统一设立省级分公司,享受厅局级待遇。党的关系隶属当地省委领导。直属库享受处一级待遇,党的关系亦接受地方领导,在地方党委和政府的支持下,选拔一批地方干部,到分公司和直属库任职。管理机构和职能逐步得以健全。

(四) 承担起托市与临储两项任务

建立中央储备粮管理总公司的目的是管理好中央储备粮。2004 年由于出台小麦、稻谷最低收购价政策,把这部分政策性粮食业务交由中储粮总

公司管理。2008 年出台玉米、油菜籽临时收储政策，也把具体收储管理责任加给中国储备粮管理总公司。这样一来，增加了中国储备粮管理总公司的政策性粮食业务，而且也有违建立垂直管理体系的初衷，超出其原有的管理范围和能力。尽管这种做法在一定程度上又回归到原有粮食行政系统的业务，但却没有行政系统的地位和权限。而且管理各种政策性粮食的数量大大超过中央储备粮的规模，客观上形成"小马拉大车"的局面。在为国家承担重任的同时，也埋下了出现疏漏的隐患。

（五）担负起"统贷统还"的重任

最初，承担中央储备粮储存任务的粮库，是直接与所在地农发行分支机构结算粮食贷款业务的。有关方面为了提高效率，让中国储备粮管理总公司负责统一贷款、统一还款的责任。此即所谓"统贷统还"。这样做对确保贷款安全性大有裨益，但无疑增加了工作压力和负担。

（六）执行各项国家宏观调控的要求和完成中央交办的其他任务

这包括配合粮食行政部门完成历次拍卖任务，异地调粮任务以及中美贸易战爆发后在国际市场上的询价和采购任务。

（七）怎样看待中国储备粮管理总公司出现的一些问题

出现这些问题直接原因在于中国储备粮管理总公司疏于管理，对形势和任务发生变化后的风险估计不足，防范不力。但是，从统计上来看，有两个明显的特点：一是问题多出在管理范围扩大之后；二是多发生在社会库，即委托代储的社会仓库。这说明，中央储备粮垂直管理体系的架构和编制不适合承担托市任务和临储任务。这种"搭便车"的制度安排，客观上放大了管理风险。下一步改革要认真解决以上问题。

三、当前我国储备粮管理体系需要认真研究的问题

（一）储备粮究竟承担什么任务

这个问题的重点在于如何处理保护农民利益和调控市场之间的关系。

农业是弱质产业，国家一定要扶植。农民的种粮积极性，也一定要保护好。问题在于如何保护，通过什么手段？如果把提高粮食收储价格作为手段，就会与调控市场产生矛盾。脱离供求关系，人为提高粮价，就会带来一系列负面影响，如果盲目扩大生产、国内外价格倒挂、库存积压，就会与世界贸易组织（WTO）相关规定相抵触。解决这个矛盾，不能靠国家高价收储，必须通过补贴制度改革，使"黄箱"政策"绿箱"化。

（二）如何调整优化储备粮的规模、结构与布局

储备规模究竟多少为宜？根据联合国的建议，一国粮食储备应相当于一年消费量的17%~18%，我国是一个人口大国，粮食供给必须"以我为主，立足国内"。粮食储备理应比其他国家多一些。但是应当多多少呢？依据是什么？怎样根据历史经验、国际上类似大国的做法、世界市场上贸易粮食的数量、我国丰歉年规律变化、现代交通、通信条件的改进与完善、不同地区储备运用频次，等等，制定出粮食储备总量数量模型。根据国外一些国家（如以色列）的经验，还应使这样一个数量模型保持必要的动态性，以便根据变量每年或每个阶段做出相应调整。但是，我们这样一个大国却没有这方面的研究成果，更遑论实际应用。

近些年来我国某些品种储备过多，不得不"去库存"，与这方面"心中无数"有很大关系。我们强调"手中有粮，心中不慌"是对的。但倘若"心中无数"，也会造成不必要的损失。现在，社会上有一种质疑：鼓励农民种粮有政策支持，指令中国储备粮管理有限公司收储要有各种费用补贴，然后还得"去库存"又要财政承担损失，我们图什么呢？应当把这种质疑做动力推动我们研究制定合理储备规模。

（三）怎样确定合理的储备结构

根据国家粮食安全观，要求保证"口粮绝对安全""谷物基本自给"。作为口粮的小麦、稻谷肯定要作为储备。现在主要问题是按托市价格收储入库的多是"大路货"。优质稻、麦收不进来。除小麦、稻谷外的"谷物"主要是玉米。玉米主要用做饲料和工业加工原料。作为饲料的玉米与民生密切相关，近年来的猪周期问题，引起各方广泛关注，应当通过玉米储备给予必要的支持。但玉米深加工产品有相当大的比例用于出口。这是因

为：一是国内劳动力报酬相对较低；二是环保成本低；三是一些地方对玉米加工厂有补助；四是玉米"去库存"对加工业是有力的支撑。但用玉米储备支持深加工产品出口，客观上补贴了国外企业和消费者。因此，要不要为支持玉米深加工出口而保持必要的储备，应当认真加以研究。

此外，还应研究要不要储备大豆？考虑中美贸易摩擦有常态化趋势，进口的数量变数较大，为稳定和发展大豆产业，是否应当适当增加大豆储备？除了储备国产大豆之外，还要不要储备一些进口大豆，也有必要认真研究。

（四）怎样布局

现在的粮库布局大体形成于一二十年前。改革开放初期基本上是一个乡一个粮管所（粮库）。到 21 世纪初已经做到每个县有一个较大的现代化粮库。但是经过 20 多年，粮食主产区、主销区、平衡区的划分发生了变化，调入调出的格局也与以前有所不同。特别是交通运输的条件有了明显的改善。许多地区，从省城到县里往往只需要一个小时。而且通信越来越便利。这就客观上要求降低资源配置的空间密度，不需要一个县设立一个大型粮库。可以几个县共用一个粮库。甚至一个地区一个较大的粮库。各县财政承担的相关费用也可以统一使用。通过这种共享模式可以较大幅度降低粮食安全成本。

（五）如何解决收储标准与市场需求的脱节

多少年来我们的储备粮（包括托市、临储粮食）的收购标准几乎没有多大变化，主要是水分、杂质、不完善粒等几项，按照这样标准收储的粮食基本上是"大路货"，做不到真正的优质优价。这种做法在追求粮食数量安全、满足老百姓吃得饱的时代是适用的。但是，随着人民群众生活水平的提高，吃粮越来越追求多样化、精细化，而与之相应企业用粮日益专业化，我们相沿成习的收储标准日益落后于市场需求。

不仅如此，我们现在这样的收储标准对农民的种植结构还存在不容忽视的逆向调节作用。因为在价格一定的条件下，农民只有种植产量高而又合乎收储标准的粮食，才能在经济上做到收益最大化，以致在不少地区出现"农民卖的粮自己不吃，自己吃的粮不卖"的现象。当然，要彻底解决这个问题，要依靠市场机制的调节作用。但由于每年托市收购的数量很大，而且储备粮每年还要有 1/3 总量轮入轮出，所以这种负面导向作用不容小觑。

（六）如何实现合理轮换

如何降低轮换成本而又不因集中轮换冲击粮食市场，一直是储备粮轮换中有待解决的问题。储备轮换规定是四个月"架空期"，有利于承储粮库在新粮上市前按较高价格轮出，在新粮上市后以较低价格轮入。但这样做往往带来集中抛售和集中抢购的现象，导致对粮食市场的冲击。尤其是在遭遇歉收的地区容易引起哄抬粮价。考虑近些年来许多地区推进期现货相结合以及"保险+期权"的售粮模式，农民和专业合作社改变了粮食出售的习惯。如果仍一如既往地推行"四个月架空期"，可能会加剧对粮食市场的冲击。而且在不存在农民卖粮难的情况下，是否坚持要求轮换一定要收当年的新粮也值得重新审视。

（七）如何看待动态轮换

现在一些地方储备库已实行动态轮换，即按照储备总量库里恒常沉淀较大比例的合乎质量要求的粮食。同时，有一定的比例允许随进随出。这种动态轮换在国外亦较为常见。且我国所有的植物油脂储备均实行动态轮换。这种动态轮换没有"架空期"的规定，也不要求一定要轮入当年新粮，只要符合宜存标准即可。这种轮换方式不会冲击市场，同时又能节省轮换费用，降低储存成本。

目前，一些中央和省级粮食储备库重视与加工企业合作，按加工经营企业要求的标准收储粮食，待轮换时又将这部分粮食卖给企业做原料。这样做的结果是实现互利双赢，减少了与市场衔接的难度，大大降低了运行成本。因此，无论是直属库自己通过加工轮换还是与企业合作轮换，都应当允许。

与此同时，我们还应当看到，现代的备战备荒已今非昔比。过去在市场上抛售一批原粮，可以让千家万户的小加工厂转化为成品粮。现在救灾也要提供终端食品。所以，动用储备粮救灾需要尽快把原粮转化为成品粮乃至终端食品。没有相应配套的加工能力，是很难做到这一点的。当然，建立一定的应急成品粮储备也是必要的。但各地应急加工往往规模小成本高，而且成品的储备条件要求很高，轮换费用不菲。如果允许储备企业与加工企业合作，或本身通过加工实现轮换，可以顺理成章地解决这一难题。

（八）如何实现中央与地方储备体系的协调与合作

现在这两个体系之间基本上很少合作。由于补贴标准不一致，轮入轮出常常出现恶性竞争，因此，结果导致成本增加，扰乱市场秩序。不仅如此，两个体系的粮食仓储物流设施重复建设，造成严重浪费。在有的地方，中央库、省级库、地市县级库扎堆建设，平行摆布。为什么不可以加强协调、明确分工、共享设施、裁撤冗余，降低储备成本，避免无谓竞争呢？现在全社会都在提倡共建、共享、互联互通，我国的粮食储备体系应当在这方面做出表率。

（九）如何处理好行政管理与公司运作的关系

中央储备粮的行政管理由国家粮食与物资储备局负责。日常具体收购、储存、轮换等业务则由中央储备粮管理集团有限公司承担。两者之间有必要为达成国家粮食安全的共同目标而厘清各自的责任。公司应自觉接受政府主管部门的监督与调控；而政府部门则应减少不必要的行政干预，不断提高管理和服务水平。现在基层普遍反映，应付多方高频检查成为日常工作的主要内容。处理正常业务的时间反而不足，这种情况亟待妥善解决。现在不少政府部门都在推行"放管服"，提倡"一个窗口办公""跑一次即成"。建议各个检查机构搞联合检查，避免"轮番轰炸"式的检查，把重点放在切实提高检查的质量和效率上，给基层粮库留出更多的业务工作时间。

四、中国储备粮管理体系改革思路

（一）需要一个顶层设计

要明晰规定中央储备粮储备的主要目的是什么？担负什么职能，不应有过多且相互冲突的目标。

（二）要彻底摒弃储备越多越好，多多益善的认识误区

要突破狭隘的部门利益局限，要根据上述顶层设计，认真地进行定量研究，找出储备规模、结构、布局的科学根据。当然也要防止有些部门片面地甩包袱的错误倾向。总之，为确保国家粮食安全，不仅要"手中有粮"，还要"心中有数"。

（三）既要重视粮食储备的数量，又要重视储备的质量

为保证储备粮有高质量，既要调整优化品种结构，又要改进完善收储标准，使储备粮能更好地满足市场需求。

（四）既要搞好清仓查库，确保储备的粮食账实相符，量足质优，又要坚持理顺与粮食储备的相关政策，避免决策失误

要及时发现和解决政策执行过程中出现的问题，准确把握政策绩效的临界点，恰到好处地做出正确的调整或终止执行。要对造成重大决策失误或因调整滞后带来的损失认真总结经验教训，并对相关机构和人员进行追责。

（五）要对与粮食储备相关的产业链、供应链各个环节进行认真检查

要对收购、仓储、轮换、物流、加工等环节的现行规定和运行过程的合理性，结合现实条件的变化重新进行论证，找出粗放管理中的漏洞，避免或减少各种浪费，千方百计地降低储备运行成本。

（六）要整合全社会粮食储备

包括中央储备与地方储备，国家储备与企业储备，正常储备与应急储备，在厘清各级职能的基础上，搞好协调与配合，以便建立起分工明确、各司其职、竞争有序、协调高效的体系和机制。

（七）粮食储备有数字化、智能化

充分利用大数据、云计算、区块链和人工智能等"互联网+"的新工具、新手段，使储备粮的管理数字化、智能化，切实提高储备管理的效

率，降低储备运作成本。

（八）引领全球共同治理粮食安全

运用好中国粮食储备体系的实力和经验，推动"一带一路"国家和地区参加建设"共同储备"体系，引领全球共同治理粮食安全，助推人类命运共同体建设。

开拓奋进的粮食物流现代化建设

宋廷明[①]

新中国成立70年特别是改革开放40多年来，我国粮食物流从原始简陋跨入世界先进行列，取得了举世瞩目的辉煌成就。

一、机械化骨干粮库建设启动粮食现代化物流设施建设新探索

新中国成立之初，接收了从旧社会遗留下来的570.2万吨仓容，其中，由庙宇、祠堂改建的原始仓容289.25万吨，占50%以上；简易仓容266万吨，占47%；正式仓房只有14.95万吨，仅占3%。这种以原始落后的仓容为主的存储结构，根本无法适应新社会迅猛增长的粮食收储和流通的需要。当时国家在财政极其困难的情况下，仍然挤出资金加强了粮库建设，到1952年底新建仓容537.5万吨，部分缓解了仓容紧张的状况，但仍有大量粮食不得不露天存放。

1954年，国家对粮食实行统购统销以后，根据苏联专家的建议，学习苏联新建了一批苏式平房仓。这种仓型主要依靠人工进出仓，低矮占地多，容积小，通风差，抛撒浪费很大，储粮安全受影响，后来不得不进行加高、气密和通风改造。为了解决仓容不足的困难，北方粮食主产区就地取材建了许多席茓囤，还有不少只有场地、没有仓储设施的"光腚库"。

由于"大跃进"决策失误和"文革"动乱的干扰破坏，国内资金、物资十分匮乏。黑龙江明水县的粮库职工当时用一把草、一把泥建成许多土圆仓。在此基础上，许多地方又建了一批半机械化的砖圆仓。因土圆仓和

---

① 国内贸易部外贷办原主任、中国粮食经济学会副会长。

砖圆仓与席茓囤比较，有就地取材、造价低、进出粮方便等优势，北方各地纷纷效仿，起了一定的积极作用。

改革开放使粮食物流基础设施建设进入了一个快速发展的新时期。1983年冬，国务院决定进行三库建设（粮食库、棉花库、水果库），并将粮库列为建设重点，分两批共投资30亿元，由中央和地方政府共同出资新建仓容2870万吨。同时，还建立一批简易库，有效缓解了仓容不足的困难。

20世纪90年代初，经粮食部门负责人白美清同志努力争取，国务院领导同意用总理基金拨款建设18个机械化骨干粮库，总投资10亿多元，共新建现代化仓容100万吨，主要分布在粮食主产区有关省（区）市。这批骨干库全部采用立筒仓，实行机械化作业和自动化控制，在库内达到了粮食散存，为实现粮食物流现代化进行了新的探索。早在1958年"大跃进"时期，粮食部门就开始在河南省信阳地区搞过粮食局部"四散"（散装、散卸、散存、散运）流通试验，但由于当时设施简陋，仓容、财力、运力均不足而未能成功。这次18个机械化骨干库的实体建设，对发展粮食现代物流具有开创性的示范作用。

过去，国内的立筒仓仅作为与面粉厂配套的原料仓使用，使业内一些人士产生了一种错觉，似乎立筒仓不能作为粮食流通的中转仓型，其实这是一种误解。如今，这次18个机械化骨干库全部建的是立筒仓，以工程实例纠正了这一误解，具有开创意义，也为后来大规模现代化立筒仓建设积累了经验，十分难能可贵。

粮食物流现代化建设是一个宏大的系统工程，必须从粮食收购、储存、运输、销售、加工全流程实现自动化、机械化、四散化作业，只有全方位展示现代物流体系的优势，才能达到预期效果。由于18个机械化骨干库投资有限，只能按一省一库平均布点，项目库点周边仍为传统的平房仓，而且库点本身也只实现了一散即散存，进出仓仍是包装包运，需要拆包打包重复作业，使其自身优势无法正常发挥，使用反而不便，变成了"鹤立鸡群"的特殊样板。因此，这些教训也为今后大规模现代物流设施建设提供了警示和鉴戒。

二、世行贷款粮食流通项目开创粮食现代物流设施建设新局面

20 世纪 90 年代初，我国粮食总产量达到创纪录的 4.5 亿吨左右，粮食商品量连续猛增，又一次出现了"三难"，即农民卖粮难、粮库收储难、铁路运粮难，各方面压力很大。为此，1991 年 8 月国务院第 154 次总理办公会议决定用三年时间在全国重要铁路干线周边建设 1000 万~1500 万吨仓容的永久性粮库，并同意利用世界银行贷款以缓解国内资金紧张局面。

为建设好项目，经国务院批准，专门成立了由国家计委副主任郝建秀任组长、国内贸易部副部长白美清任副组长的项目协调领导小组，成员有 8 个有关部委的 15 个相关司局负责人。根据领导小组确定的"技术先进、经济适用、符合国情、着眼未来"的原则和实现现代化、标准化、系统化的要求，进而确定了项目的实施目标是"两保一控成系统"，即一保完成总仓容，二保设计、工程质量，严格控制总投资，形成粮食现代物流新系统。为强化项目管理实施，专门成立内贸部外贷办经办具体事项。

为搞好项目可行性研究和工程规划、设计，外贷办采用世行短名单招标，择优选聘国内外知名粮食工程技术和有关专家进行联合设计，其中，包括国内 12 个具备资质的粮食、交通、铁路设计科研院所的 100 多人，选聘国际美、英、法、加、澳、荷、奥专家 30 多人。经过两年多深入细致的粮源物流测算和精心准备，最终规划形成了东北、长江、西南、京津四大粮食流通走廊，并对陇海粮食流通走廊进行了初步规划，拟在后续项目中进行建设。

中外专家在联合设计中，主要在设计技术路线的几个焦点问题上展开了以下六个方面的讨论：一是粮食储运以"包粮"为主还是以"散粮"为主；二是粮食库存以"储"为主还是以"流"为主；三是粮食仓型以平房仓为主还是以立筒仓为主；四是粮食晾晒搬倒以机械化、自动化作业为主，还是以人工作业为主；五是项目设备采购和施工以国际国内竞争性招投标为主，还是以直接委托为主；六是工程监理以国内外短名单招标选聘专家监理为主，还是以由业主单位成立庞大的工程指挥部自己监理为主。经过耐心谈判和相互磨合，最终达成了一致意见。例如，在项目设计技术

路线选择上，采取"以粮源定库点，以流量定仓容，按仓容定仓型，按仓型配设备，多点连线形成物流网络"。同时，根据项目库点多面广的特点，采取从实际出发合理选定仓型：仓容在 5000 吨以下的，可以建平房仓；仓容在 5000~10000 吨的，可以建矮圆仓配建少量平房仓；仓容在 10000 吨以上的，特别是中转库和港口库，必须建立筒仓。这样，可以使一些地处边远的小收纳库搞一些平房仓建设，比较符合实际。

1993 年 4 月 28 日，我方与世界银行在华盛顿谈判最终达成了贷款协议。8 月 25 日按惯例由我驻美大使与世界银行签字，于 12 月 15 日正式生效实施。贷款协议规定世界银行为项目提供 4.9 亿美元贷款，其中，1/3 是软贷款。为使项目在世界银行执董会顺利审查通过，世界银行项目官员建议将原规划世界银行贷款额在协议中改为 4.9 亿美元，因世界银行规定贷款实际使用额可超协议金额的 10%，意味着我国可使用限额为 5.4 亿美元。对这一小改动，我方表示不反对。国内相应配套提供与 4.9 亿美元等值的人民币资金 42 亿元，其中，中央基建拨款为 12 亿元（后来中期调整增加到 22 亿元），其余为国内银行贷款。按当时汇率折算，项目总投资为 82.85 亿元。项目区域涵盖南北粮食主产区的 15 个省份。该项目当时是我国粮食行业一次性投资规模最大、系统配套最完备和现代化程度最高的现代粮食物流项目，是全国粮食系统首个国家重点建设项目，同时也是世界银行成立自 1946 年 6 月正式运营以来，累计出资支持的 18 个粮食项目中最大的项目，在国际粮食行业中引起了广泛关注和重视。

在项目进入实施以后，又经历了大连项目换址和项目中期调整两次大的变动，使项目工期有所延长。到 2002 年底，全部项目点基本建成投入试运营。2003 年 5 月，国家成立了以国家计委李盛霖为主任的国家竣工验收委员会，对项目进行国家竣工验收。2003 年 9 月 30 日，在大连北良港召开项目完成国家竣工验收交付使用大会，标志着项目建设取得了圆满成功。世界银行项目官员和高层也对这个项目建设给予了很高评价，称它是 18 个世界银行粮食项目中最成功的一个。

按照调整后的项目规划，最终建成的项目内容是自动化散粮装卸铁路（港口）中转库 72 个，其中，港口库 8 个，海港库 2 个，内河港口库 6 个，铁路中转库 64 个；农村和后方收纳库 161 个（收纳库比项目调整后规划的 202 个减少 41 个，另用国家简易建仓费建成），新建总仓容 437 万吨，购

置 L18 新型散粮火车皮 2083 辆，散粮船舶 4 艘，库内装载机 164 台，8~
10 吨散粮运输卡车 164 辆，公铁两用牵引机车 67 台，玉米烘干机 138 台，
粮食期货市场、信息、培训、维修服务机构等软件项目 7 个。

项目最终完成总投资为 76.28 亿元，共为国家节省投资 6.57 亿元，其
中，节省世界银行贷款 1659 万美元。在当时通货膨胀比较严重的情况下，
许多大项目均大幅度超支，而该项目有这么多投资节省，实属难得。能够
实现这一成效的根本原因主要有以下两点：一是不折不扣地实行了项目工
程国内外竞争性招投标，为节省投资打下了坚实基础；二是坚决落实世界
银行项目报账制，项目单位先垫付资金，严格按合同和资金管理规定，事
后到世界银行申请报账，凡审查不符合规定的，一律不予支付，从制度上
防止资金浪费和贪腐。这 76 亿多元项目使用资金，经事后严格审计，没有
发生过一例贪腐，没有人受党政处分，也没有人触犯刑律。在本项目建设
中只发生过一个人身伤亡事故，大大低于国家规定。

项目建设的重点是新建大连北良港，投资 26 亿元，占项目总投资的
1/3。北良港共建成 5 个 2 万~8 万吨级的散粮专用泊位（含一个工作船泊
位），配有两台每小时各 2000 吨的装船机和两台每小时各 1000 吨的卸船
机，粉尘和噪声等均严于国家标准。过去用门机靠人工装卸万吨粮船需要
一周多时间，现在自动化、机械化装卸只需要十几个小时即可完成，效率
大大提高，而且杜绝了粮食抛撒浪费。除了用项目资金建设的 40 万吨立筒
仓之外，北良港还吸引社会资金新建 40 万吨筒仓商品粮库，利用国债资金
建设 60 万吨大圆仓国储库，单仓仓容达 3 万吨，为世界首位。港口还自主
配置了集装箱装卸门机，实现了港口专业化与多用途有机结合，此外，还
有近 10 万吨港前罩棚仓用作临时堆场，另建 10 万吨储油罐，使粮油总仓
容达到 160 多万吨。配套建设了两个共 39 股道的铁路整备到发车场，港口
年吞吐能力达 1500 万吨以上，还具备集装箱货物装卸能力。近年来又新建
了煤炭转运码头，实现了以粮为主、多种经营的目标。北良港设施先进，
当时即可通过中控室与后方中转库视频联系发运，并可随时观测粮食专列
的动态运行位置。通过项目建设者不懈的努力，使北良港成为名副其实的
亚洲最大、世界一流的东北亚现代化粮食物流中心。

该项目的一个重要特点是在进行粮食物流硬件建设的同时，配套进行
了粮食物流软件建设。项目支持的大连和上海两个粮食期货市场，与郑州

粮食期货市场并列为国内三大粮食期货市场，也是国内首创。项目还在郑州粮食学院（现河南工业大学）建立国内首个中国粮食物流培训中心，支持该院在全国高校中设立首个物流专业和成立物流系，为国家粮食系统和各行业培养了大批物流专才；在南京粮食经济学院（现南京财经大学）建立中国粮食管理培训中心，重点培训了大批粮食经营管理和财务会计人才。在国内贸易部（后国家粮食储备局、国家粮食局、现国家粮食和物资储备局）设立国家粮油信息中心，定期权威发布国内外粮油信息和粮情分析研究报告，为全行业及时提供详细可靠的信息和分析研究报告。这些带中国和国家字头的软件服务项目，为促进粮食物流现代化作出了重要贡献。

该项目在技术上的一大收获是采用了一系列国内首创和国际领先的现代粮食物流先进技术。例如，40万吨斜交式自动化筒仓群，大直径、大容量矮圆仓，全封闭连续自动化散粮进出仓系统，大产量斜皮带提升设备，自动化熏蒸和粮情监测系统，路堤合一的宽肩台式防波堤，10万吨级怀抱式多泊位港池，直立式顺岸排列大型沉箱码头，大产量自动化装卸船系统，进口铁路车皮高速转向架专利，率先为国为铁路客货运输提速和高速发展奠定了基础；圆弧式高速L18散粮新型火车皮，高桩梁板式内河装卸船码头等这些先进技术的应用，既提高了我国粮食现代物流的效率和水平，又对国内同类物流设施提升建设水平起了促进作用。例如，项目设计的L18新型散粮火车皮，曾批量出口到澳大利亚。1998年长江发大水，武汉市几乎所有码头均被淹没，唯有严格按五十年一遇大洪水标准设计建造的青山粮库世界银行粮食项目码头昂然屹立，被市政府征用为抗洪救灾物资转运专用码头，发挥了重要作用。事后武汉市长感慨地说，在大灾面前，这个世界银行项目粮食码头还真管用。湖南岳阳市的世界银行粮食项目码头在这次洪灾中也发挥了同样的作用。

国际咨询专家在大连北良港项目设计中所提的三个建议，使我方深受其益：一是增加港池的宽度，以保证10万吨的粮船能在港池内灵活掉头靠离泊位进出；二是增加突堤泊位的长度，以便5万吨级的粮船能顺利靠离；三是加大港前停车场两侧排水沟的泄洪能力，以确保在台风暴雨袭来时卸粮地坑和地下廊道绝对安全不被水淹以及在港前停车场增加两股行车道，以保证运粮列车到发能灵活调度装卸。这三条建议，都是国际咨询专家运用我方提供的基础资料进行仔细测算得出来的。经初步估算，不仅为今后项目运营避免了许多麻烦，而且可为项目运营节省 3 亿多元。原来担心用高薪聘请国际专家是否值得，实践证明不仅值得，而且非常有必要。

由于农业结构调整、粮食品种变化和港口发展很多，这一当初很乐观的项目现在也面临着四项新的挑战：一是平行港口新建了许多粮食码头，粮源竞争激烈；二是东北粳稻产量增长，原来的玉米、大豆产地大量改种水稻，项目运输水稻还需要进行技术改造；三是部分项目库点经营管理不善，处于亏损状态；四是网购、配送、电商等新业态快速发展对原来的系统提出新的挑战。这些问题的存在，促使这个系统必须进一步解放思想，及时调整业态，只有迎头赶上技术创新的潮流，才能得到新的发展。

三、大规模国储库建设巩固和提升现代粮食物流设施建设水平

1998 年，为了应对突然爆发的亚洲金融危机、全面启动国民经济，国务院决定利用国债资金建设国家粮食储备库，进一步强化粮食现代物流设施建设。为此，专门成立由国家计委牵头、国家粮食储备局等部委局组成的建库领导小组，由设在国家粮食储备局的建库办经办具体事项。

1998~2000 年，国家连续三年安排国债资金 343 亿元，共建设 1144 个中央储备库，新增仓容 5260 万吨。项目建设全部由中央投资，地方负责无偿提供场地和水电供应、交通等配套条件，库点主要布局在粮食主产销区和重要粮食物流节点上。在建设过程中。建库办组织国内粮食物流专家，对国储库点进行研究论证，在过去的基础上增加京九铁路沿线和沿海粮食物流通道，并确定在黄淮海小麦主产区发展大吨位散粮汽车运输。1998年、1999 年、2000 年这三期国债资金建成的国储库，国务院决定整体划归中国储备粮管理集团有限公司运营管理，并在有关省份成立中国储备粮食管理集团分公司。相应的地方省、市、县三级政府也着手建设一批地方粮储库充实地方储备，共同为完善国家粮食储备、维护国家粮食安全提供了坚实可靠的物资基础。

这三期国储库建设，充分反映了党中央对维护粮食安全、推进粮食物流现代化的高度重视。这也是自新中国成立以来投资规模最大、建设内容

最多、采用先进科技最广泛的现代粮食物流设施建设，为巩固提升物流建设成果，进一步降低物流成本，提高物流效率，在全行业发挥了示范带头作用。经过后续的改、扩、新建，目前全国仓容已达到 6.5 亿吨，基本实现与粮食产量 1∶1 的水平，是很了不起的成就。

诚然，尽管这次大规模国储库建设取得了前所未有的成就。但我个人认为，仍未彻底摆脱原苏式平房仓的束缚和影响，大多数庑点设计仍采用改进型的所谓高大房式仓，不仅占地多，还是以人工作业为主，高大平房仓要靠卷扬机从通气窗中把粮食输入粮仓，在仓内需要靠工人在超高粉尘环境下进行人工平整。在众多项目对象设计中，有的图省事而没有考虑如何妥善解决散粮进出仓等关键问题，用的是进仓要拆包、出仓再打包的老办法，而且仓内作业环境更加恶化，粉尘污染成倍超标，让工人在这种高浓度粉尘密闭式仓房内作业，身体根本无法承受，甚至多次发生人身安全事故。这种违背劳动保护法规，无视作业人员健康安全的设计，给企业运营带来了仓储费用不断攀升等严重后果。这种"复制古董"的落后设计，是阻碍粮食物流技术进步的绊脚石，今后应当尽量排除。

四、科技兴粮给粮食现代物流注入新活力

粮食流通产业作为关系国计民生的基础产业，既古老又年轻，与其他行业相比，科技含量仍然偏低。

在我们这个近 14 亿人口的大国里，发展现代粮食物流，更必须紧紧依靠科技创新，着力提高科技含量，才能满足全社会日益增长的多元化粮食需要。

在大规模国储库建设完成以后，当时国家粮食局及时把重点转移到科技兴粮上，进一步提高粮食物流现代化水平。据统计，到 2007 年底，全国粮食总仓容为 3.2 亿吨，其中，有效仓容 2.87 亿吨，立筒仓、矮圆仓等机械化仓容约 3410.7 万吨，仅占有效仓容的 11.9%。通过初步改造，提高了高大房式仓保温、自动测温和气密性，增强了安全储粮性能。同时，现代化粮食物流的装备水平也大为改善。全行业共购置 L18 新型散粮专用火车皮 2966 辆，大吨位散粮运输汽车 6798 辆，散粮运输船舶 84 艘，强化了机械通风、电缆测温、自动扦样、环流熏蒸等安全储粮措施，建设信息联

网、远程调度监管措施，强化粮食物流精细化管理，提高粮食物流全流程科技水平。国粮局通过产学研结合和提倡集成创新，促进了科技成果转化和产业化，引领粮食物流向高水平不断攀登。与此同时，还通过推广农户科学储粮减损示范工程，引导农户从源头上保证粮食质量，为粮食质量安全奠定了基础。

五、创新现代物流 致力粮业振兴

原始人类社会从远古渔猎进入农耕以后，先民们就与粮食须臾不离。粮食这个古老产业，与人类休戚与共。因此，我个人认为，粮食产业既不是新兴的朝阳产业，也不是迟暮的夕阳产业，而是与人同在、同天共老的"万岁产业"。只要有人类存在，就必然有粮食产业和粮食物流。今后即使科技发达到人类可以移居月球、火星和外太空，行前也必须带上地球上以粮油、蔬果、生物蛋白等为原料制成的太空食品才能生存。所以，我们必须有自觉从事粮食这个"万岁产业"的使命感、责任感和自豪感，为实现粮食物流高水平、现代化多做贡献。在此，谨以八点建议与大家共勉。

第一，切实搞好平房仓机械化、自动化改造。重点攻克进出仓的瓶颈制约，用机械取代人工作业，降低仓储物流成本，实现粮食全封闭、无障碍"四散"流通。

第二，整合培育专业化大型粮食物流集团。以市场需求为导向，取得物流规模效益。

第三，创新发展原粮和成品粮网购、配送和电子商务等新业态。尤其要尽力满足粮油饲料加工企业大批量需求和城乡居民个性化需求，搞好门到门的物流配送服务。

第四，拓展粮食现货、期货市场物流服务。争取逐步推行散粮期货标准化交割合约，促使由包粮改为散粮，以实现降低期货交割成本，并进一步推广完善散粮现货交易标准化。

第五，强化对粮食物流设施全流程、标准化、规范化管理。特别要做到诚实守信，依法办事。坚决杜绝抛撒浪费，严防假冒伪劣粮油及制成品混入粮食物流系统。

第六，深化粮食物流放管服改革。特别是要给基层粮食企业和粮库更大的运营自主权，在放权的同时强化监管，使其重新焕发生机与活力。

第七，坚持搞好粮食物流系统体制改革和机制创新。关键是使市场在粮食物流中真正发挥决定性作用。

第八，继续解放思想，加强与国际粮食物流的交流与合作。通过业务往来、考察交流、人员培训等多种方式，互学互鉴，彻底突破小农经济的狭隘眼界和计划经济思想的束缚，树立现代化、国际化、市场化的开阔眼界，不断提高我国粮食物流现代化的水平。

我们坚信，广大粮业同仁一定会以"会当凌绝顶，一览众山小"的气概，迎接粮食现代物流设施建设新高潮的到来。

粮食储备"四合一"
新技术获得国家科技进步一等奖

付嘉鹏① **闫 巍**②

吴子丹,吉林大学教授,曾任国家粮食局科学院党委书记、研究员、享受国务院政府特殊津贴专家、国家粮食局副局长。在其带领下的团队创造性地推出具有中国特色的粮食储备"四合一"新技术,改变了我国粮食储备条件。2010 年,粮食储备"四合一"新技术获得国家科技进步一等奖。

"1989 年,我申请了第一个专利。""1992 年,我获得了第一个商业部科技奖。"

……

回首过去 30 年,吉林大学吴子丹教授能清晰地记起许多值得自豪的第一。

一个人能有多少个 30 年?一个人的 30 年又能做多少事儿?对于已经年过花甲的吴子丹来说,30 年很短暂,30 年也只能尽心尽力地做好一件事。

近十多年,国内陈化粮(重度不宜存粮食)销声匿迹了,这是为什么?记者期望找到答案。

直到记者见到吴子丹,了解他呕心沥血几十年的研究——"粮食储备'四合一'新技术研究开发和集成创新"。

该项目获得 2010 年度国家科学技术进步一等奖。也就是它,彻底避免了陈化粮的产生。

现在中央和地方储备粮 100% 都使用了"四合一"技术,很多商品粮

①② 《粮油市场报》的记者。

库也使用了该技术。"老百姓餐桌上，3 碗米饭中就有 2 碗使用了我们的技术。"该项目总负责人吴子丹介绍："简单地说，我们的技术就是让粮食保鲜，农药残留远优于国际卫生标准，还没真菌毒素污染。"

储备粮食，听起来简单，但真正做起来可不像储备水泥、沙子那么简单。"因为粮食是有生命的高能量有机体，它像人一样会呼吸，能发热。你想想，粮食能酿酒精啊，酒精能开汽车啊！它就像一罐子油一样的，是高能量的，搞不好就会发热霉变。"吴子丹说，"要想让新鲜的粮食保存时间更长久，就需要许多科学技术的综合利用。"

一、打造天下粮仓

吴子丹谈到了他带领团队研究"四合一"技术的初期。

他说："1990 年，国家开始建立专项储备制度，一下子要储存几百亿斤的粮食。但由于设备有限，大量的粮食就露天存放，或储存在祠堂庙宇里。当时最好的仓是苏式仓，矮趴趴的，堆粮高度大概在 3~3.5 米，仓容也仅有 2000 多吨。"随着时代的发展，这些借鉴苏联经验建立的仓库日益显现出其容量不足、设施陈旧、技术和设备落后等问题，储藏期间粮堆结露、发热、虫害、霉变等现象时有发生。而我国的国情又决定了我国的粮仓必须具有储量大、储期长等特点。

1998 年，国家决定拿出一批国债资金建造现代化、能长期安全储存粮食的大粮仓。

"国家提出第一期要建 500 亿斤现代化的储备粮库。当时拟定的方案要求少占土地。那怎么办呢？就只好选择向空中发展吧，建设大仓容、高粮堆。"吴子丹说，新建的储备粮库遂采用了大仓容、高粮堆方案，最矮的有 6 米，最高的达到 20 多米，单仓容量是过去粮仓的 2~10 倍。

虽然高大仓型节约土地，但这种高大的仓型给粮食的安全长期储存带来很大的风险。面对新型粮食储备库的兴建带来的新机遇和挑战，领导指定由时任国家粮食局仓储司副司长的吴子丹承担组织设计技术方案的重担。

如何实现粮库现代化？吴子丹和他的团队首先想到国外先进技术。然而，国外粮食一般储存 3~6 个月，有关长期储存保管的研究也很少。没有现成的经验可以借鉴，吴子丹和他的科研团队必须自主创新！困难一个接着一个：为了节约土地，新建的粮仓采用大仓容、高粮堆设计，一般有 6~20 米高，而熏蒸害虫的药剂只能渗透到 3 米深处，无法彻底杀死害虫；加大药量，又容易导致害虫产生抗药性。还有，如何预防高粮堆的水分转移和结露霉变？如何监控粮堆的异常变化？关键时刻，吴子丹和专家们通过讨论有了灵感：如果把以前的技术成果升级，或许能找到办法。

项目组迅速对以前的科研成果进行筛选，选出六七项进行论证。他们一边设计升级改造方案，一边在天津武清储备库做对比试验，最终确定四项技术作为突破目标——智能控制储粮机械通风技术、低剂量磷化氢环流熏蒸技术、智能粮情检测分析技术、高效谷物冷却技术。

经过无数个日夜的研究，吴子丹最终与来自河南工业大学的教授卞科、来自粮食科技企业的团队成员高级工程师徐永安一起，设计了融合四项技术的高大型粮仓新工艺草图。时任国家粮食储备局仓储司司长的张汉麟研究后认为，这是一个符合我国特点的储粮技术集成创新方案，并将这个技术命名为粮食储备"四合一"新技术。

二、为粮食安全穿"防弹衣"

生产是粮食安全的基础，储备是粮食安全的保证。如果说袁隆平的杂交水稻技术是从生产领域着手，为粮食安全奠定了重要基础，那么，吴子丹、卞科和徐永安等十多位专家组成的项目团队以粮食储备技术为突破口，研究开发新型的储粮技术，恰似替粮食安全穿上了一件"防弹衣"。

"粮食储备'四合一'新技术，系统解决了我国储备粮防霉保鲜、抗性害虫治理和降耗减排问题。"

谈起"四合一"技术，吴子丹如数家珍。所谓"四合一"，体现在以下四个方面：

其一，就是智能控制储粮机械通风技术。粮食是有生命、高能量的有机体，会呼吸、能发热。该技术运用自主研发的粮食通风数学模型和计算机智能分析技术，可以精确预测粮堆的平衡湿度和露点变化，跟踪大气和粮堆的温差、湿差变化以控制通风，防止粮食结露霉变。

其二，为低剂量磷化氢环流熏蒸技术。吴子丹和他的项目组开发了均布气流、低线速防爆的环流系统。其中，二氧化碳阻燃、精确定量的仓外气体发生器以及快速检测、适时补药等技术和设备，更是突破抗性治理的难题，用药量只有常规熏蒸的几分之一。在这一技术基础上，他们项目单位还制定粮食仓库磷化氢环流熏蒸装备的国家标准。

其三，为智能粮情检测分析技术。该技术好比为仓库安装了"大脑"，利用智能分析模型，来分清粮堆里出现的温度变化，哪些是粮堆自身造成的，哪些是外界气候变化所致，区分正常与异常变化，可尽早查出粮堆可能霉变的蛛丝马迹。

该技术的创新不仅解决了基层储备粮库缺乏高级专业分析人员、大量粮情数据不能及时分析的难题，还克服了以往检测系统不耐熏蒸腐蚀、不抗雷击、可靠性差、损坏率高等技术难题，为储粮安全提供了利器，并成为制定《粮情测控系统》行业标准的依据。

其四，为高效谷物冷却技术。机械制冷低温储粮需要精确地在线控制冷风温度和湿度，不稳定的温湿度易造成储粮在降温中吸潮、结露、变质等。项目单位通过反复攻关，开发了智能变频调节、分级制冷、回收余热控湿等自主技术，并被大批储备粮库采用，相关技术指标已纳入国家标准和行业标准。

吴子丹说："以前这种技术被国外企业垄断，现在北京粮食科学研究院等单位自主开发生产出谷物冷却机，冷却效率达到国外名牌产品的1.6倍，价格只有前期进口国外机型的一半。"

在以上四项技术分别取得重大突破的基础上，吴子丹和他的项目组又进一步开展四项技术的集成创新。新形成的"四合一"新技术、新工艺，实现了机械通风系统与环流熏蒸系统的网路共用，粮情测控分析系统与机械通风系统的数据共享、设备联动，谷物冷却系统与机械通风系统的冷量匹配、作用互补。

系统集成实现功能优化和标准化，提高了技术和设备的整体效能，基于这一集成技术创新，项目单位还制定和修订了七项国家标准和行业标准，系统地规范了工艺流程，提高了成套设备的性价比。

三、消灭陈化粮

粮食储备"四合一"新技术，在保障粮食安全的同时，更创造了巨大的经济效益和社会效益。

据国家粮食局和中国农业科学院农业与经济发展研究所统计，该项目从 2003 年全面应用以来，中央储备粮中就没有产生新的陈化粮，库存中积累的陈化粮随着逐步非口粮化处理，两年之内就被基本消灭了，大大减少了粮食损耗，改善了出库粮食的品质，降低了能耗和储粮费用，截至获奖前的 2009 年底，创造的经济效益高达 290 多亿元。

为使这些技术得到更好的应用，项目单位在"四合一"技术方案投入工程建设后，又成立了由中国粮油学会副会长靳祖训教授牵头的专家组，制定标准，编写培训教材，先后培训了粮食企业技术骨干和创新型人才 1 万多人，对我国的粮食储藏科技进步产生了深远的影响。在国际交流中得到世界著名粮食专家的高度关注与肯定，显著提升了我国在粮食产后技术领域的国际地位。

2009 年国务院组织的全国粮食清仓查库结果表明：体现储备粮新鲜程度的宜存率指标从 70% 提升到 99%。

国家粮食局组织专家组对本项目评审意见认为："（该项目）集成创新了粮情检测、机械通风、环流熏蒸和谷物冷却'四合一'储粮新技术体系，系统解决了我国粮食储备特有的仓型大、粮堆高、储期长的技术难题，使我国储备粮库的技术装备水平实现了向现代化的整体跨越。""另外，该项技术具有自主知识产权，其集成创新成果的全面转化应用，使中央储备粮的质量总体达到历史的最好水平，社会和生态效益巨大，显著提升了我国在粮食产后技术领域的国际地位，对确保国家粮食安全意义重大。综上所述，该项技术总体达到国际先进水平，部分技术处于国际领先地位。"因此，这项成果最终获得 2010 年国家科学技术进步一等奖。

2014 年在北京召开的第 22 次亚太经合组织（Asia Pacific Economic Co-operation，APEC）会议上，将推广"四合一"技术纳入了《APEC 减少粮食损失和浪费行动计划》共同文件。这标志着中国储粮技术的国际化推广开始加速。

鞋合适了，脚就没感觉。粮食安全的最大目标，就是要尽可能地让国民避免粮食问题带来的不适感和危机感。

谈及未来，吴子丹满怀憧憬："现在我们还有很多工作要做，包括节能减排、低碳等。近几年'四合一'技术的升级更多体现在绿色技术和信息技术的发展。现在完全不使用化学药剂的气调等绿色储粮技术已经推广到主要省会城市范围，仓容达 1000 多万吨。'智慧粮库'建设正在快速推进。未来几年，希望有更多的新技术提供给老百姓。"

全面加强国家粮食安全保障能力建设

程国强[①]

新冠肺炎疫情在全球加速扩散蔓延之际，美国彭博社 2020 年 3 月下旬一篇新闻稿"多国纷纷禁止粮食出口"，拉开了全球粮食市场恐慌的序幕，全球粮食危机风险骤然上升。疫情及其引发的次生灾害，也给我国粮食安全保障带来严峻挑战。

一、全球粮食市场异动的成因

自疫情在全球扩散蔓延以来，印度、俄罗斯、哈萨克斯坦等国家先后采取粮食出口限制措施，伊拉克、沙特等部分粮食进口国则宣布要增加粮食进口，导致部分粮食产品国际价格急剧上涨，全球市场出现异常波动趋势。2020 年 3 月底，泰国大米基准出口价涨至每吨 550 美元，为 2013 年 8 月以来的最高水平。越南大米价格超过每吨 400 美元，是 2018 年 12 月以来的最高价格。初步分析，其成因有以下三个方面。

（一）疫情冲击导致部分国家粮食供应预期趋紧

自 2020 年 3 月中旬以来，随着疫情逐步在全球蔓延，许多国家对粮食供应的预期趋紧。这不仅是他们对粮食安全强烈的忧患意识和危机思维，也是他们对 2008 年全球粮食危机的恐惧记忆。2008 年，美国次贷危机引爆全球金融危机。当时澳大利亚、阿根廷发生干旱，引发全球粮价恐慌性上涨，并高位持续一年多。全球 37 个国家爆发粮食危机，全球 8.5 亿贫困人口遭受饥饿威胁。这次疫情引发的全球公共卫生危机，除部分国家已采

---

① 同济大学特聘教授、中国粮食经济学会副会长。

取粮食出口限制措施之外，还有可能随着有关国家采取愈加严格的疫情防控措施，导致物流中断、交易停顿。加之部分国家蝗灾影响粮食生产，进一步引发全球粮食市场不稳定预期，使有关国家对粮食安全的担忧随之加大。

（二）部分外媒新闻是全球粮食恐慌预期的放大器

彭博社 2020 年 3 月 25 日发的新闻稿"多国纷纷禁止粮食出口"，虽然翻译成中文只有 500 字，但直接推升全球市场的恐慌。一方面，这则新闻加剧了部分国家对粮食问题的担忧。最初，只有 2 个国家限制粮食出口。到目前为止，至少有 12 个国家加入限制粮食出口的行列①。另一方面，引发了国际粮食市场波动。特别是，虽然我国粮食库存充裕，具有保障口粮绝对安全的坚实基础，而且我国舆论引导及时，在总体上没有出现粮价大幅波动情况，但部分涉农股票、期货以及现货市场出现上涨行情，个别地区的居民也出现囤粮现象。

（三）蝗灾对全球粮食市场不稳定预期具有一定推动作用

据报道，近 70 年来最严重的蝗灾，目前正冲击埃塞俄比亚、肯尼亚、索马里、南苏丹、乌干达和坦桑尼亚等非洲国家的粮食生产，将给这些国家的粮食安全带来威胁，对全球粮食市场不稳定预期具有一定推动作用。从总体上来看，蝗灾对全球粮食生产的影响尚待进一步观察。目前，全球粮食供需形势总体稳定，主产国没有出现粮食减产、供不应求问题。特别是美国、巴西等部分主产国，粮价低迷、存在一定下行压力。这意味着，即使后期全球粮食市场异动升级、爆发粮食危机，也不可能是因为全球粮食短缺而引发的危机。

二、疫情对全球粮食市场的影响

疫情对后期全球粮食市场的影响，主要取决于粮食主产国疫情的持续时间、防控举措、影响范围及其对粮食生产、贸易等的冲击。特别需要警

---

① 尽管 2020 年 4 月越南宣布重新出口 40 万吨大米，但具有明显的出口管理和数量限制特征。

惕的是，后期全球金融市场流动性充分释放后，国际投机资本若借机炒作农产品，全球爆发类似 2008 年粮食危机的风险有可能进一步增加。

（一）疫情对全球粮食生产与贸易的冲击将进一步加大

疫情导致许多国家经济进入停摆半停摆状态。尽管目前尚未对相关国家的农业生产形成明显冲击，但对相关农畜产品生产的影响已经初步显现。据《华尔街日报》报道，美国主要肉类加工商泰森食品公司、嘉吉公司等，近期因部分员工感染新冠病毒而临时停止部分工厂运营，对肉类产品供给将形成不利影响。随着疫情影响持续加深加大，部分农产品出口国或将采取更加严格的防控措施，有可能进一步导致粮食物流中断、交易停顿，阻断正常的国际贸易，推动形成国际粮食价格上涨预期。

（二）全球粮食市场不稳定预期有可能愈加恶化

如果后期世界疫情仍不能得到有效控制，加之部分国家蝗灾影响粮食生产，全球粮食市场预期有可能进一步恶化。目前，虽然越南等国已恢复粮食出口，但不排除后期疫情恶化后，其他有关粮食出口国再度收紧出口，而部分进口国加大进口，最终有可能演化为全球抢购、限卖以及物流不畅的恐慌叠加效应，使全球粮情更加趋紧，有可能进一步加大全球粮食市场异动。

（三）投机资本炒作引发全球粮食危机的风险或增加

国际投机资本炒作引发全球粮食危机，是 2008 年全球粮食危机的深刻教训。虽然国际粮食市场环境与 2008 年不尽相同，如当前粮食供需矛盾不突出，石油价格低迷，金融市场流动性尚未充分释放等。这次疫情冲击引发的粮食市场异动，也有着不同的成因和路径，后期真正的威胁，是来自国际投机资本对粮食市场的炒作。从时机上来看，今后几个月是国际投机资本入场炒作大宗农产品市场的窗口期。一是全球金融市场流动性将逐步释放，巨量游资在美国股市进入高位后，极有可能转向包括农产品在内的商品市场；二是南美等主产国疫情防控或进入复杂期，有可能对物流、人员流动以及港口码头等运行产生重要影响。因此，后期在全球流动性充分释放背景下，国际投机资本极有可能利用这个窗口期，通过诱导舆论、恶化预期来制造行情，伺机炒作大豆等大宗农产品市场，推动全球农产品价格从结构性上涨转向全面上涨，酿成严重的全球粮食危机。长期以来，大多数发展中国家依然没有实施有效的农业发展战略，粮食安全仍然十分脆弱。如果粮食价格高涨引发全球粮食危机，那么最终危及的将是发展中国家的粮食安全，直接威胁发展中国家数亿人口的吃饭和生存。

三、中国的粮食安全保障体系与应对能力

如果今后一段时间国际粮食市场异动升级，乃至爆发全球粮食危机，必将对我国粮食安全形成深刻影响，由此引起国内消费者的担忧。目前，我国粮食安全保障体系能够从容应对全球粮食危机的风险挑战。

（一）应对突发事件冲击的粮食安全保障体系

解决好 14 亿人的吃饭问题，始终是我国治国安邦的头等大事。按照"以我为主、立足国内、确保产能、适度进口、科技支撑"的粮食安全方针，确保"谷物基本自给、口粮绝对安全"，不断强化粮食安全保障能力建设，已建立形成符合我国国情粮情的粮食安全保障体系。综合而言，我国粮食安全保障体系主要包括三个部分：一是以主粮为重点的国内粮食生产体系；二是应对各类突发事件和紧急状况的粮食储备体系；三是能够有效利用国际粮食市场和农业资源的全球供应链。

1. 以口粮绝对安全为核心的三位一体保障结构

国内粮食生产体系与储备体系体现了"以我为主、立足国内"确保谷物基本自给、口粮绝对安全的刚性要求，而全球供应链则反映了以保障口粮绝对安全为核心的"适度进口"政策设计，通过进口大豆、肉类等非主粮农产品以集中国内资源保口粮生产重点。三者互为支撑、协同一体，构成我国应对粮食安全风险的三位一体保障结构，也是多年来我国成功应对国际金融危机、重大自然灾害等各类突发事件对粮食安全严峻挑战的根本支撑。

2. 不断强化粮食安全保障能力建设

一方面，持续增强国内粮食生产能力，通过不断加强农田基础设施建设和科技投入，逐步实现"藏粮于地、藏粮于技"。自 2004 年以来，我国

粮食生产实现连续 16 年丰收，从 2003 年的 4.307 亿吨，增长到 2019 年的
6.638 亿吨，连上 2 个亿吨级台阶。特别是自 2015 年以来，连续五年粮食
生产能力稳定在 6.5 亿吨以上的水平。另一方面，注重加强和完善中央和
地方两级粮食储备体系建设。其中，中央储备自 2000 年建立，主要担负应
对重大突发事件的战略性保障功能，是保障国家粮食安全的"压舱石"；
对于地方储备，要求主产区储备规模保持三个月的销量，主销区保持六个
月，产销平衡区保持四个半月的销量，是我国区域性粮食安全保障的重要
支撑。

3. 统筹国内国外的农业资源配置机制

我国三位一体的粮食安全保障结构，逐步推进形成统筹国内外农业
资源的配置机制，即"国内供给+进口补充"资源配置模式。以 2017 年
为例，如果要保持我国农产品供需总体平衡，按照现行国内农业生产水
平测算，约需要 38.5 亿亩种植面积。从资源供给来看，主要由两方面构
成：一是国内供给 25 亿亩①，即土地资源自给率为 65%。其中，粮食
17.7 亿亩，占国内种植面积的 71%；其他非粮农作物 7.3 亿亩，占
29%。二是通过进口农产品来弥补国内不足的 13.5 亿亩，即土地资源对
外依存度 35%。这种农业资源配置机制，实质是通过"适度进口"非主
粮农产品，解决了 35% 的耕地缺口，以腾出国内宝贵的耕地资源来确保
水稻、小麦生产。

（二）我国能够有效应对疫情带来的粮食危机风险冲击

今后全球疫情如果不能得到有效防控，后期全球粮食市场异动升级为
粮食危机的风险将越来越大。无论后期可能的粮食危机以怎样的方式、在
多大的程度爆发，我国粮食安全保障体系均可从容应对。

特别是如前所述的以口粮绝对安全为核心的三位一体保障结构，当前
我国粮食安全形势处于历史上最好时期。例如，我国稻谷自 2007 年以来连
续 13 年产大于需，自 2013 年以来小麦连续 7 年产大于需，具有长周期阶
段性供大于求特征，积累大量库存，两者库存大体相当于全国一年的消费
量。与此同时，水稻和小麦进口依存度较低，进口主要用于品种调剂，占

---

① 2017 年我国农作物种植总面积（国家统计局，2018）。

国内消费仅 1%、2%，具有保障绝对安全的物质基础。因此，如果国际粮食市场价格异常波动升级，对我国内市场的冲击将非常有限。相反，如果在一定程度上形成国内粮价上升预期，既有利于提高农民种粮积极性，对稳定今年粮食生产具有积极作用，又有助于消化积压的粮食库存，对推进农业供给侧结构性改革有利。即使后期由于国际投机资本炒作引发全球粮食价格上涨危机，我国完善的粮食储备调控体系和应急管理机制，将能够有效发挥稳定市场预期、安定人心的"压舱石"作用，实现粮食保供稳价目标。

但是，必须注重防范疫情对我国农产品全球供应链带来的不确定性影响。我国主要进口大豆、杂粮、植物油等非主粮农产品，以腾出国内有限的农业资源守住口粮安全底线。因此，非主粮农产品全球供应链的持续性和稳定性，也成为我国粮食安全保障的重要方面。未来需要关注以下三个风险因素：一是疫情对全球农业生产的挑战将逐步增加。美国、巴西、加拿大等粮食主产国是疫情较重的国家，2000 年 4 月下旬美国大豆进入播种期，需密切关注疫情对其农业生产的影响。二是全球疫情加速蔓延对全球农产品贸易冲击日益严重。因全球疫情恶化，部分农产品出口国采取疫情防控措施，大豆等农产品进口贸易面临较大的不确定性。三是如果后期国际投机资本炒作大豆等农产品市场，将使我国进口企业和加工企业面临巨大的价格波动风险，不仅进口成本会急剧增加，而且如果防控不当，极易重蹈 2004 年、2008 年国内大量加工企业破产倒闭的覆辙。对此必须高度重视，严加防范。

四、全面加强国家粮食安全保障能力建设

针对当前全球粮食市场异动以及后期可能出现的全球粮食危机风险的严峻挑战，要毫不动摇地坚持中央确定的粮食安全方针，及早谋划应对策略和防范措施，全面加强粮食安全保障能力建设，为我国统筹推进疫情防控和经济社会发展奠定坚实基础。

（一）有效管理输入性不稳定预期对国内粮食市场的干扰和冲击

这是在当前严格抓好疫情防控的同时，必须高度重视并严加防范的重

大风险点。建议综合施策，有效引导和管理预期，谨防市场恐慌、抢粮囤粮。在当前疫情防控的关键时期，尤其要注重确保国内粮食市场和流通信息畅通、运输畅通和物流畅通，完善和强化应急保障机制，确保粮食流通有序、供应充足、价格基本稳定。

（二）加强粮食生产能力建设

进一步筑牢粮食有效供给基础，确保 6.5 亿吨粮食产能基本稳定。一要加强和完善农业支持政策体系，继续推进农产品收储制度改革，实施更加有效、合规的支持补贴措施，切实保障农民种粮基本收益，保护和提高农民种粮务农积极性；二要加大对粮食主产区的支持力度，夯实地方重农抓粮的积极性和责任心，增强地方政府保障粮食安全的责任意识和大局意识；三要加大农业基础建设支持力度，大力推进农业科技创新，有效提高粮食综合生产能力；四要深化农业供给侧结构性改革，促进农业转型升级、高质量发展，提高粮食质量和品质。

（三）构建国家粮食安全保障风险治理体系

按照国家治理体系和治理能力现代化的要求，全面落实总体国家安全观，建立从粮食生产到消费全程风险研判、监测预警、宏观调控和管理体系，全面提升粮食安全保障的宏观调控水平和风险治理能力。一是加强粮食全产业链风险调查研判，建立动态监测、实时预警机制，完善和优化宏观调控，把粮食安全风险化解在源头、防控在前端；二是建立粮食安全风险治理责任机制，压实各级主体责任；三是处理好粮食安全保障的常态与应急、政府与市场、中央与地方、生产者与消费者、国内与国际、当前与长远等关系，建立和完善统一高效、协调有力的粮食安全保障风险治理体系。

（四）加强和完善重要农产品储备体系

一要优化国家粮食储备的区域布局，完善品种结构，健全物流体系，创新配送机制；二要建议以油、肉、糖、棉等国内紧缺农产品为试点，通过连接进口机制和全球供应链，建立重要农产品商业储备调节机制，作为国家储备的补充，形成国储、商储相结合的重要农产品储备调节和保障体系。

（五）强化农产品全球供应链管理

一要建立和加强全球农产品市场风险监测评估体系，进一步提高大豆等大宗进口农产品风险管理能力，有效应对和防控国际市场波动风险；二要加强和完善全球农业食品供应链管理，研究制定综合支持政策，鼓励我国企业深度融入全球农业食品生产、加工、物流、营销及贸易产业链、价值链与供应链。

（六）加强国际粮食安全、贸易和投资政策协调

一是要加强国际协调，确保全球农业与粮食供应链安全运行与有效运转，不断完善和强化全球粮食安全治理，共同维护全球农业贸易和市场秩序；二是建议联合欧洲有关国家以及发展中国家，在全球发起限制对农产品投机炒作、避免全球粮食剧烈波动的国际倡议，有效遏制投机资本扰乱全球粮食市场、引发全球粮食危机的行为；三是积极支持和参与联合国机构开展的援助低收入、贫困国家粮食安全的国际合作。

新中国 70 年粮食学术座谈会报告

李经谋①

新中国成立 70 年特别是改革开放 40 年来，粮食流通体制逐步实现了从计划经济向社会主义市场经济转轨。粮食，从"吃不饱"到"吃得饱"，再到"吃得好"。因此，认真总结新中国 70 年粮食工作具有重要的现实意义和深远的历史意义。

2019 年 10 月 22 日，中国粮食经济学会在郑州市召开"新中国 70 年粮食流通体制改革开放"学术座谈会（以下简称新中国 70 年粮食学术座谈会），会议邀请部分粮食部门领导、粮食院校科研机构专家、粮食企业和交易所负责人等从六个方面进行了学术探讨，参加会议人员 40 多人，大家互相交流、互相补充、互相启迪，讨论热烈。由于会期只有一天，参加会议的代表感觉时间太短，部分同志会议上只讲了自己的主要观点，来不及展开；部分同志因上午会议、下午会议均超时近 1 个小时没有发言，但是向会议提交了书面材料；会议完成了预定事项，开得很成功。

现将会议主要学术观点报告如下。

一、我国粮食流通体制改革开放的初步回顾与探索

原国内贸易部副部长兼国家粮食储备局首任局长、中国粮食经济学会原会长白美清（第二至第六届）、中国粮食经济学会名誉会长（第七届）作了专题报告，他的主要观点有以下四点：

---

① 中国郑州粮食批发市场首任主任、郑州商品交易所首任总裁、首任理事长。

（一）党的十一届三中全会后农业粮食改革的起步与展开

1978 年 12 月，党的十一届三中全会后，全党全国的工作重点转移到集中精力、全力搞好经济建设上来，开始了中国改革开放的新时期。在农业、粮食生产方面，推行家庭联产承包责任制，推广四川省广汉县向阳乡撤社建乡的经验，形成了农业和粮食增产的新高潮。全国粮食产量，1978 年 3 亿吨，1984 年 4 亿吨，2010 年 5.5 亿吨，2012 年 6 亿吨，2018 年 6.6 亿吨，稳定了全国大局。在粮食流通体制改革方面，取消实行 30 多年的统购统销体制，建立一整套新型的具有中国特色并与世界水平相结合的市场经济粮食安全保障新体系。

（二）把握机遇，展开国家粮食安全体系的配套建设

建立高效适用的防范风险的宏观调控机制，形成一批具有中国特色的维护全民粮食安全的经济实体，发展成为国之重器。建立起符合粮食流通规律的粮食物流运转市场体系，建立起符合中国国情的粮食储备体系，建立起粮食现代物流体系，在粮食安全和企业发展上采取全过程产业链的组合方式，在粮食经营上采取放开搞活的措施。

（三）立足于国际经济大循环中，掌握中国粮食安全的主动权

中国加入世界贸易组织（WTO）后，促进了粮食行业的腾飞。目前，中国粮食净进口已超亿吨，人口 14 亿，是一个值得关注的可变因素。近期有两个问题未解决好：一是粮食市场价格形成机制问题；二是对外开放、利用国际国内两个市场、两种资源，开拓对外发展的新局面的协调问题。

（四）中国粮食人心中永远装着亿万百姓的饭碗，行动时刻捍卫国家的粮食安全

这句话是中国粮食人的核心价值观，是粮食系统优良传统的集中表现，是粮食行业的软实力精髓所在，是我们粮食行业的立业之本、传家之宝。

二、中央储备粮垂直管理体系的建立与完善

原国家粮食储备局局长、中国储备粮管理总公司首任总经理、中国粮食经济学会原名誉会长高铁生作了专题报告，他的观点主要有以下四点：

（一）粮食储备是国家粮食安全的重要保障

一是粮食储备古已有之，中外普遍重视；二是联合国粮农组织对各国粮食安全提出设立安全警戒线的建议；三是新中国成立后粮食储备制度逐步完善；四是中央储备粮运用实践；五是建立中央储备粮垂直管理体系的背景与初衷；六是两级储备体系建立。

（二）中央储备粮垂直管理体系建立以来的得与失

一是建库与收库；二是实现储备粮划转，完成新库装新粮；三是建立中储粮总公司三级管理架构；四是承担托市与临储两项任务；五是如何看待中储粮总公司出现的一些问题。

（三）当前我国储备粮管理体系需要认真研究的问题

一是储备粮究竟承担什么任务；二是如何调整优化储备粮的规模、结构与布局；三是如何确定合理的储备结构；四是如何布局；五是如何解决收储标准与市场需求的脱节；六是如何实施合理轮换；七是如何看待动态轮换；八是如何实现中央与地方储备体系的协调与合作；九是如何处理好行政管理与公司运作的关系。

（四）中国储备粮管理体系改革思路

一是需要一个顶层设计；二是要彻底摒弃储备越多越好的认识误区；三是既要重视粮食储备的数量，又要重视储备的质量；四是既要搞好清仓查库，又要坚持理顺与粮食储备的相关政策；五是要对与粮食储备相关的产业链、供应链各个环节进行认真检查，千方百计地降低储备运行成本；六是要整合全社会粮食储备，搞好协调与配合；七是充分利用大数据、云计算、区块链和人工智能等"互联网+"的新工具、新手段；八是推动

"一带一路"沿线国家和地区参加建设"共同储备"体系。

三、粮食现代物流体系建设

原国内贸易部外贷办主任、中国粮食经济学会副会长宓廷明作了专题报告，他的观点主要有以下五点：

（一）机械化骨干粮库建设启动粮食现代化物流设施建设新探索

20 世纪 90 年代初，国务院领导同意用总理基金拨款建设 18 个机械化骨干粮库，总投资 10 亿多元，新建仓容 100 万吨。

（二）世行贷款粮食流通项目开创粮食现代物流设施建设新局面

经国务院同意，1993 年 4 月 28 日，中国与世界银行发展委员会在华盛顿签订 4.9 亿美元贷款协议，用于粮食现代物流设施建设，项目计划投资 82.85 亿元。2003 年 9 月 30 日，在大连北良港完成了项目竣工验收。项目完成投资 76.28 亿元，建成中转库 72 个、收纳库 161 个，新建仓容 437 万吨，还建设了一批配套设施。

（三）大规模国家储备粮库建设巩固和提升现代粮食物流设施建设水平

1998 年，为应对亚洲金融危机，加强基础设施建设，保证国家粮食安全，国务院决定利用国债资金建设国家粮食储备库。1998~2000 年，连续三年安排国债资金 343 亿元，建设 1144 个中央储备库，新增仓容 5260 万吨。

（四）科技兴粮给粮食现代物流注入新活力

通过技术改造，提高了高大房式仓保温、自动测温和气密性，强化机械通风、环流熏蒸等安全储粮措施，建设信息联网等。

（五）创新现代物流，致力粮业振兴

一是切实搞好平房仓机械化、自动化改造；二是整合培育专业化大型粮食物流集团；三是创新发展原粮和成品粮网购、配送和电子商务等新业

态；四是拓展粮食现货、期货市场物流服务；五是强化对粮食物流设施全流程、标准化、规范化管理；六是深化粮食物流放管服改革；七是坚持搞好粮食物流系统体制改革和机制创新；八是加强国际交流与合作。

四、粮食市场体系建立与完善

中国郑州粮食批发市场首任主任、郑州商品交易所首任总裁、首任理事长李经谋作了专题报告，他的观点主要有以下三点：

经国务院批准，1990 年 10 月 12 日，中国郑州粮食批发市场成立，从粮食远期交易起步，正式开启商品期货市场建设，带动全国商品交易市场的创新发展，为探索发展期货交易、完善社会主义市场经济体系作出了贡献。

（一）中国粮食市场体系的建立

一是实现了从理论到实践的跨越；二是实现了从现货到期货的跨越；三是实现了从传统场所交易到现代网上交易的跨越。

（二）当前粮食市场急需解决的问题

一是如何改革粮食流通体制机制；二是如何扩大粮食批发市场、期货市场的服务领域，延长交易链条；三是如何解决粮食批发市场、期货市场的小麦、稻谷等大宗粮油品种交易量小的问题，促进其发展；四是如何充分发挥粮食期货价格的预期指导作用。

（三）促进粮食市场健康发展政策措施的建议

一是粮食宏观调控主要通过粮食批发市场来进行，要通过大规模粮食交易量形成全国的粮食批发市场指导价格。支持民营、外资粮食企业的粮食收购、销售、储存、轮换进入粮食期货市场，参与粮食期货套期保值交易。二是实行价补分离，粮食市场价格由供求关系形成。农民种植粮食的品种和数量要以粮食期货价格作为主要参考依据。三是按照国务院放管服改革的要求，下放审批权，粮食期货上市的品种由商品交易所自主确定。四是支持和鼓励国有粮食企业自主经营粮食进入粮食批发市场。五是粮食批发市场、期货市场新时代要有创新、转型发展的新思路和新举措，同时要加强粮食市场的规范和自律。

五、担当保障粮食安全重任

（一）内蒙古自治区的观点

内蒙古自治区粮食和物资储备局局长张天喜作了"不忘初心　牢记使命坚决担当扛稳粮食安全重任"的专题报告，他的观点主要有以下三点：

（1）切实提高政治站位，深刻理解把握粮食安全极端重要性。

（2）内蒙古粮食安全工作的短板和弱项。一是全区口粮不足局面短期内难以改变。2018 年，粮食产量突破 700 亿斤大关，达到 710.6 亿斤。但是，全区粮食结构性矛盾突出，玉米"一粮独大"，占总产量的 76%，杂粮有余，口粮不足。全区每年口粮消费 100 多亿斤，但小麦、稻谷年产量仅为 60 亿斤左右，缺口 40 亿斤以上。二是追求粮食质量安全和营养成为百姓对美好生活的基本要求。三是推动由粮食生产大区向粮食产业强区转变还需进一步努力。2018 年，全区粮食产业产值仅有 416.4 亿元，与产粮大省（区）身份极不匹配。

（3）深入贯彻新发展理念，在保障国家粮食安全重任上展现新担当新作为：一要坚持底线思维；二要坚持深化改革；三要大力发展粮食产业经济；四要落实好粮食安全自治区主席和盟市长责任制；五要守住管好"天下粮仓"；六要不断加强党的政治建设。

（二）江苏省的观点

江苏省粮食和物资储备局局长夏春胜作了"担当保障粮食安全重任"的专题报告，他的观点主要有以下三点：

（1）江苏粮食供需基本情况。一是粮食产需总量有余。2018 年全省粮食总产 732 亿斤，消费总量 712 亿斤。二是粮食品种结构差异较大。2018年江苏省玉米缺口 82 亿斤，大豆缺口 143 亿斤。三是省外购进和进口增多。2018 年江苏省进口粮食 403 亿斤，其中，大豆 357.2 亿斤。省外购进玉米 169 亿斤，大豆 90.2 亿斤。

（2）江苏粮食安全面临的主要挑战。一是种粮效益比较偏低；二是资源环境约束加剧；三是种田劳动力知识技能偏低；四是潜在问题仍然较多。

（3）扛稳粮食安全重任的思考。一是粮食产销区共同担责，合力保障粮食安全；二是深化粮食收储制度改革，守牢粮食安全底线；三是深入推进"优质粮食工程"，构建更高质量粮食安全保障体系；四是加快粮食立法进程，将一些好的经验做法固化上升为制度；五是完善责任制考核，更好地发挥保障粮食安全作用。

（三）河北省的观点

河北省粮食和物资储备局局长杨洲群作了"深化京津冀粮食行业合作、共担保障粮食安全重任"的专题书面报告，他的观点主要有以下三点：

（1）河北在推动京津冀粮食行业合作方面优势明显。京津两市是粮食主销区。冀是粮食主产区，常年粮食产量 700 亿斤以上，年净调出粮食 130 亿斤以上，主要调往京津两市。

（2）京津冀粮食行业合作取得初步成效。一是建立京津冀粮食局局长联席会议制度；二是粮食产销对接成效显著；三是积极探索粮食应急保障协同合作机制；四是骨干粮食企业合作效果突出；五是粮食交易合作不断深化；六是军粮供应协作稳步推进；七是建立联合执法检查机制；八是实行粮油市场信息共享。

（3）推进全面合作，维护区域粮食安全。一是加强区域粮食行业协同机制建设；二是加强粮食应急保障体系建设；三是加强联合执法监督检查机制建设；四是加强粮食产销对接合作；五是加快粮食行业信息化建设。

（四）北京市的观点

北京市粮食和物资储备局副局长王德奇作了"扛稳首都粮食安全重担、精心服务粮食行业 70 年"的专题书面报告，他的观点主要有以下五点：

北京作为首都，政治性是城市最重要的属性。

第一，70 年来粮源供给向广区域合作转变。

第二，70 年来粮食管理向精细高质量转变。

第三，70 年来粮食流通向以市场化为主转变。

第四，70 年来粮食应急向网络化体系转变。

第五，70 年来粮食消费向丰富高品质转变。

六、其他粮食问题

国务院发展研究中心学术委员会原秘书长、中国粮食经济学会副会长程国强作了"新中国 70 年粮食安全的伟大成就与构建国家粮食安全保障新体系"的专题报告。

中国社会科学院农村发展研究所研究员李国祥作了"新中国解决粮食问题的 70 年探索"的专题报告。

中国人民大学中国合作社研究院首席研究员、中国粮食经济学会常务理事丁声俊作了"不忘初心增信心、不忘本来创未来"的专题报告。

出席会议的还有原商业部粮食储运局副局长吴兢，中国粮食经济杂志社社长李福君，河南省粮食和物资储备局局长张宇松、副局长刘云，原江西省粮食局局长刘与忠，湖南省粮食和物资储备局原巡视员石少龙，原四川省粮食局局长董朝永，中国储备粮管理集团有限公司巡查专员刘学军，中国储备粮管理集团有限公司河南公司总经理杨新中、副总经理余卫锋、诸葛宁军，中粮贸易公司战略部副总经理张永生，郑州商品交易所总经理熊军、副总经理喻选锋，郑州粮食批发市场有限公司副总经理肖永成、刘正敏，北京工商大学教授洪涛，南京财经大学教授曹宝明，河南工业大学教授卜科等。

河南省政府对这次会议高度重视。2019 年 10 月 21 日下午，因分管粮食工作的副省长出国考察，省政府副秘书长朱良才代表省政府会见了出席会议的部分代表。河南省粮食和物资储备局局长张宇松在会议上致欢迎词。

中国粮食经济学会领导会议期间深入粮食企业调查研究。2019 年 10 月 21 日、23 日、24 日，中国粮食经济学会名誉会长白美清、中国粮食经济学会原名誉会长高铁生先后考察了郑州粮食批发市场、中国储备粮管理集团有限公司河南公司、郑州商品交易所、河北柏粮集团，中国粮食经济学会肖春阳、河南省粮食和物资储备局局长张宇松、河北省粮食和物资储备局局长杨洲群等一同前往考察。

七十载风雨兼程　开创盛世福民生
——纪念新中国成立 70 周年

丁声俊[1]

1949~2019 年，我们伟大的祖国走过了 70 个年头。70 载历经探索风雨路，70 度奋发砥砺谱春秋，70 年天翻地覆、盛世锦绣、福泽九州！

一、开国大捷，稳定了极端紧张而尖锐的粮食局势

1949 年 10 月 1 日，新生的共和国如旭日冉冉升起在世界的东方。然而，在开国之初、在刚刚获得解放的九州大地上，旧中国遗留下的半封建、半殖民地的生产关系，仍然严重禁锢经济的起步。当年的中国完全是一个落后的农业国，生产技术甚至还停留在原始状态，全国现代工业只占工农业总产值的 17%，呈献给世人的是一个满目疮痍、贫穷落后的"烂摊子"。

（一）百废待兴，粮价飞涨，考验新生的共和国

新中国成立前后，大批无地的贫雇农仍无立锥之地，依然处在残酷剥削制度的枷锁中。深受地租、商业和高利贷等多重盘剥的农民，无以为生，大量逃荒，农业劳动力短缺，土地大批荒芜，农业粮食生产恢复极为缓慢。在新中国成立前夜的 1948 年 8 月，抛荒地占耕地总数，河南省30%，湖南省 40%，广东省 40%，这三省共抛荒农地 6900 万亩。导致粮食总产量大幅度跌落。与此同时，工农业生产举步维艰，远没有恢复到战前的最高水平。在抗日战争以前，全国粮食的最高产量为 2800 亿斤，到

---

①　中国人民大学中国合作社研究院首席研究员。

1949 年，全国粮食总产量只有 2260 亿斤，两者差距 540 亿斤。棉花生产情况更糟糕，只相当于战前的一半左右。那时的农业生产结构极其单一化、畸形化，以 1952 年的农业生产结构为例，种植业占农业总产值的比重高达 88%，而粮食种植面积占农作物总种植面积的比重也高达 87.8%。

在彻底垮台的前夜，国民党反动政府为解除经济危机，横征暴敛，滥发纸币，导致恶性通货膨胀，物价疯狂飞涨，民众陷入水深火热中。人们讥讽地说，需要用麻袋背着钞票到市场上购买东西。以商业都市上海为例，物价以天文数字飙涨，常常是粮价带头飞涨，涨幅远超其他商品，与战前相比，物价上涨高达 200 多倍。从 1948 年 8 月至 1949 年 5 月，短短 10 个月，上海粮价竟上涨了 900 多万倍①。

与物价，尤其是粮价飞涨相对照，广大人民群众，特别是广大农民的收入更低。那年月农民的收入几乎只有粮食没有现金，农村人均年收入大约 200 公斤原粮（含薯类和豆类等）。特别要说明的是，就这点儿粮食也分别被大部分地主和资本家所占有，另外，还包括需要向当时的政府缴纳 40 公斤公粮。如果折算成现金，1949 年农民人均纯收入约为 44 元。他们深深陷入贫穷而不能自拔，苦苦挣扎在饥饿线上而不能摆脱。正如当时绥远省一名参议员描述的凄惨情景：“土地荒芜，路断行人，家有饿妇，野无壮丁。”

遥想当年，旧中国遗留给新生共和国的“烂摊子”真是惨不忍睹！平抑粮价、稳定局势、安定民生，是摆在新中国面前最紧迫的政治、经济、社会问题，严峻考验着新生的共和国，寄托着亿万人民强烈的期盼！

（二）反复较量，节节得胜，粮食局势由乱而治

新生的共和国没有辜负人民的信赖和期盼。党中央和国务院迅速采取果断措施，发起了解决棘手经济社会问题的战役，即平抑剧烈动荡的市场粮价，稳定尖锐紧张粮食局势的斗争。

新中国成立之初，国内粮食市场上呈现以下五个特点：一是多种粮食经济成分并存，实行自由贸易政策；二是国营粮食商业还未普遍建立起来，还不能主导粮食生产；三是私人资本家粮商占据着优势，且趁机兴风作浪；四是国家财政经济极为困难，粮食和其他生活必需品都严重匮乏，

① 赵发生. 当代中国的粮食工作 [M]. 北京：中国社会科学出版社，1988：9.

在大城市几乎还没有建立国家粮食库存；五是交通运输落后，不能及时进行地区间粮食的余缺调节。在这种情势下，私人资本家投机势力乘机发动进攻，兴风作浪，囤积居奇，哄抬物价。从 1949 年 4 月到 1950 年 2 月，在短短 11 个月里，全国发生四次大规模的物价动荡，而且粮价暴涨是诱发整个物价波动的因素，给人民生活与社会生产的恢复与发展带来了严重危害。据统计，北京市 1950 年 3 月的粮食批发价格总指数比 1949 年 2 月上涨了 70 多倍。上海市 1949 年 5 月 30 日每石（500 市斤）大米市场成交价为 4200 元（旧币，下同），到 1950 年 2 月 27 日猛涨到 28 万元，上涨了 66.67 倍。与此同时，国外敌对势力幸灾乐祸，加紧经济封锁与破坏活动。客观而言，当年国内市场上粮食供求矛盾之尖锐、局势之动荡是非常险恶的。

面对如此严峻的粮食局势，党和政府果断采取坚决措施，与私人资本家投机势力反复较量，并节节赢得胜利，使粮食局势"由乱而治"。首先，中共中央果断决策，采取根本措施统一全国财经工作。此举旨在集中财力、物力，平衡财政收支，稳定市场和稳定物价，打退投机资本的进攻；掌握市场主导权，控制粮价大起大落；抑制物价涨势，制止通货膨胀。其次，统一全国物资调度，统一全国现金管理。其中，特别强调"三统一"：一是统一管理和调度公粮；二是统一开展全国粮食贸易工作；三是统一组织全国范围内的粮食调拨。按照统一调度的要求，狠抓保障工业生产中心和稳定市场物价的重点，即保障大城市和重要工矿区的粮食供应。再次，国家充分依靠供销社和零售公司组织对消费者直接供应粮食。与此同时，国家注重加强粮食库存量。从 1950 年 9 月到 1951 年 9 月，国家先后制定京、津、沪和其他九个大城市的库存定额，规定这些大城市需要最低保持相当于三个月正常消费量的粮食库存量。最后，加强国家粮食机构，实行统一领导，建立粮食队伍，制定方针政策和任务。当年，在多种经济成分并存的条件下，国营粮食商业逐步发展壮大、取得领导地位。同时，一方面，国家减少对农民征收公粮的数量和一律取消地方附加税；另一方面，提高六种粮食的收购价，以保证农民休养生息。

（三）粮食由乱而治，取得了意义不下于淮海战役的胜利

统一财经、稳定物价、稳定市场，是新中国财经战线上的第一次大战役。中国共产党和人民政府领导人民践行了主动有力地回击和打击了各种

进攻，以雷霆之磅礴击败了资本主义投机势力的进攻，以万钧之威力稳定了动荡的市场和飞涨的物价，以春风之温暖驱散了弥漫在广袤田野上的萧寒，以号角之响亮唤起了亿万农民高涨的生产热情。几番较量，几番告捷，先后在 1949 年 4 月、7 月、11 月和 1950 年春节期间四次击败了资本主义投机势力的兴风作浪和猖狂进攻，果断有力地平抑了市场物价的剧烈波动，实现了"三个好转"和"三个稳定"。"三个好转"是指财经形势好转，粮食状况好转，人民生活好转。"三个稳定"是指市场稳定，粮价稳定，社会稳定。如果以 1950 年 3 月全国粮食批发价格指数为 100，1950 年 12 月为 76.61；1951 年 12 月则为 88.29；1952 年 12 月再升为 88.24。饱尝粮价一日多涨之苦的城乡人民，终于从长期粮价飞涨的惶恐中解脱出来，开始享受安定的生活，迎来了生产恢复、四海同庆的局面。初战告捷，为新生的共和国迎接新的经济建设高潮贡献了奠基礼。毛泽东主席高度评价说：这次胜利的意义不下于淮海战役。[①]

二、四十年砥砺探新路，振兴粮业福泽九州

1949~1978 年，虽然新生的共和国已经度过了 30 个年头，但农业粮食生产发展缓慢，农村"一穷二白"的面貌尚未根本改观，农民不得温饱的日子还普遍可见。

反思和审视，让人清醒和沉重：30 年风雨路，农民仍然贫苦，农业依然落后，农村还是贫穷。1949~1978 年，中国粮食生产年均递增率仅为 3.5%。到 1978 年，全国粮食总产量仅为 3.05 亿吨，全国人均粮食仅 318.7 公斤（含薯类和豆类），农民人均纯收入仅为 133.6 元。按照当年极低的贫困线标准，全国不得温饱的贫困人口多达 2.5 亿以上。其中，有 4000 万户农民所占有的粮食，只勉强够糊口半年，还有几百万户农家，从冬到春全靠政府救济或借粮或外出讨饭度日。在那票证繁多、经济短缺的年代，粮食是最为紧缺的"保命商品"。

历史的悲剧和严重的教训，终于促使人们警醒与觉醒，唤起人们勇于拉开改革开放帷幕的决心与信心。以 1978 年改革纪元年为开端，中国九州

---

① 赵发生. 当代中国的粮食工作［M］. 北京：中国社会科学出版社，1988：37，44.

大地上演绎了一部波澜壮阔的农业粮食改革开放的壮举。40 年来，粮食产业始终以市场化为取向、以体制改革为根本，以产业化组织经营为途径，锐意探索、勇于创新，开创粮食盛世新气象。

（一）彻底正本清源，指导改革的理论中国化

回首改革开放 40 年，中央一号文件已经成为中共中央指导和重视"三农"工作的专有名词。中共中央于 1982~1986 年连续 5 年发布以农业、农村、农民为主题的中央一号文件，对 20 世纪 80 年代乃至整个 90 年代农业、农村经济的快速发展产生了巨大的推动作用，为国民经济快速成长奠定坚实的基础。进入 21 世纪，2004~2018 年又连续发布以"三农"为主题的中央一号文件。尽管每个文件都有突出的主题和重点，但都聚焦"三农"，强调"三农"问题在中国社会主义现代化建设时期"重中之重"的地位。

重温 20 个中央一号文件，仍然感受到熠熠闪光的马克思主义光辉。它们提出了一系列创新性理论观点，特别是对马克思主义农村合作经济理论的中国化取得了独创性理论成果；对于"三农"的改革开放作出了一系列重大部署，结成了伟大实践成果。从理论和实践的结合上照亮了中国农业粮食改革开放的征程，洋溢于重大文献的鲜明特点依然光辉闪闪：一是具有思想的新境界与新品格。即突破旧教条的束缚，锐意思维创新，致力实践改革，尊重人民群众的首创精神。二是具有理论的创新性和突破性。即转变超越生产力水平的农业生产关系、突破被视为"一大二公"的人民公社制度，开创农业"联产承包责任制"新型基本经济制度，实现马克思主义农业发展理论的中国化。三是正本清源，拨乱反正。即高举党的解放思想、实事求是、一切从实际出发的思想路线。四是直击要害，清除积弊。即废除"一大二公"的人民公社制度，尤其是改革了土地制度，赋予了农民生产、销售和多种经营自主权。五是尊重规律，创新制度。即尊重价值规律，强调价值规律的客观性和不可替代性，改革和创新粮食的主要农产品价格制度和价格体系。

实践这一系列具有独创性的新思维新理论新观点，是大改革、大变迁、大发展的过程，"破旧立新"贯穿始终。通过"脱胎换骨"性来"突破"和"破旧"，又通过"凤凰涅槃"性来"重生"和"新生"，不仅构

筑中国农业粮食改革发展的理论和根本制度的基础和砥柱，而且也产生促进农业粮食生产的强大物质力量，创造全球瞩目的成就：谷物、稻谷、小麦、肉类、蛋类的总产量占据世界第一位；玉米总产量占据世界第二位；奶类总产量占据世界第三位；大豆总产量占据世界第四位。

（二）锐意探索改革，实现粮食流通市场化

从我国农业粮食实施改革开放之日起，就始终以市场化为取向、以体制改革为根本、以机制转换为核心，不断引入和扩大市场机制的因素，直至发挥决定性作用。然而，中国对粮食流通体制的改革是坚持客观规律和循序渐进、稳中求进的原则进行的。早在 1983～1984 年，国务院就先后决定：一是对农民完成统派购任务后的粮食，允许多渠道经营；二是减少粮食统派购品种，粮食统购只限稻谷、小麦和玉米三大品种。紧接着，国务院采取了多项重大粮食流通体制改革举措：从 1985 年粮食年度起，取消粮食统购，国家对小麦、稻谷、玉米和主产区的大豆，实行"合同收购"，确定当年的粮食合同定购计划为 790 亿公斤（含农业税）。从此，我国废除了实行 30 多年的粮食统购政策。1986 年，粮食"合同收购"又改变为"合同定购"。1992 年，国家提高粮食统销价格，实现全国粮食购销同价。1996 年，再次改革粮食价格，为理顺粮食价格进行了一次攻关性价格改革。2016 年，国家又采取了重大改革措施，将玉米临时收储政策调整为"市场化收购+补贴"的新机制。其核心是创新玉米价格形成机制，变政府定价为以市场为主形成价格，变国有粮食企业独家收购为多元主体收购，以充分发挥市场配置玉米资源的决定性作用。起初，尽管不少人对这项突破性改革举措存有疑虑，但这项改革的效果出乎意料，产生了"五激"作用：激扬了玉米市场，激励了市场主体，激变了购销格局，激活了玉米加工企业以及激发了玉米的活力与竞争力。例如，理顺了玉米上游与下游产业链的关系，当年就改变了玉米加工厂"停工半停工"的状况，实现了满员开工。[①]

几经攻坚克难、探索创新，我国粮食流通已基本实现了改革的目标，

[①] 丁声俊. 玉米收储制度改革的进展及深化改革的昔施［J］. 价格理论与实践，2017（2）：5.

即全面市场化。其主要标志包括市场主体多元化、市场构成体系化、市场价格灵活化、市场制度逐步完善化。如今，全国放开了粮食收购价格和购销市场，形成统一开发竞争有序的粮食市场体系，实现了粮食市场多渠道、多形式、多成分、多元化、少环节的全面市场化。截至 2018 年 11 月底，我国市场主体总数量达到 1.09 亿户，比改革开放初期的 49 万户增长了 222 倍。此外，除了民营、个体和外资企业之外，大批农民进入粮食流通领域，形成了百万农村粮食经纪人大军。据统计，各地多种所有制，包括股份制、股份合作制以及外资企业等粮食经营企业已超过 10 万个。如今，除了对主产区稻谷、小麦实行最低收购价政策之外，其他产品全部实现市场自由购销。即使对稻谷、小麦实行"托市收购"，也仍然注重运用市场机制，即当粮食价格高于市场价格时，粮食收储企业即停止以托市价格收购，农民可把余粮自由销售到市场上。以市场机制购销的粮食量越来越大。2017 年，我国通过托市收购、多元市场主体收购粮食总量 8500 亿斤，累计助农增收 2000 亿元以上，有效保护了种粮农民利益（《农民日报》，2018 年 1 月 26 日）。近两年来，市场收购的粮食量占全国粮食收购总量的比重均在 90%以上。

（三）猛击顽固"堡垒"，变高度垄断为放开多元化

1953~1984 年，我国实行的是传统的粮食指令性计划体制。这要追溯到 1953 年 10 月开始实行的粮食计划收购与计划供应政策，即简称的"粮食统购统销"。这一政策，包括计划收购政策、计划供应政策以及由国家严格控制粮食市场的政策和中央对粮食实行统一管理的政策。① 随着粮食供求和环境的演变，粮食统购统销政策越来越固化和强化，甚至被称为"社会主义的根本制度"。到 1972 年，国务院针对当时出现的分散、本位问题又决定：实行统一征购、统一销售、统一调拨、统一库存的高度集中的粮食管理体制，简称"四统一"。在当时的条件下，粮食统购统销政策发挥了历史的积极作用，功不可没。然而，随着粮食产销、供求和市场环境的变化，粮食统购统销体制和机制的弊端越来越凸显：政企不分，粮企毫无自主权；高度垄断集中，渠道单一，"独此一家，别无分号"；普遍实

---

① 赵发生．当代中国的粮食工作［M］．北京：中国社会科学出版社，1988：14，15．

行平均主义"大锅饭"分配制度，干与不干、干好与干坏一个样；体制老化，机制僵化，越来越不适应市场经济的需要。这种传统的粮食流通体制严重挫伤企业和职工的积极性，效益低下，亏损严重，导致造成"三老"历史包袱。各种深层次矛盾已越来越剧烈地暴露出来，导致中国粮食产业的路子越走越窄，到了"非改不可、不改不行、刻不容缓"的时候了。

在历史行进到关键的时刻，2004年，中国粮食购销体制改革迈出了突破性的步骤：全面放开粮食购销市场和价格，农民自主种植、自由销售，国家对粮农提供直接补贴。这一改革被称为对传统计划经济最后一个"堡垒"的突破性一击。[①] 这场改革极具复杂性和艰难性。粮食部门在推进整个改革的过程中，着力狠抓"五个要点"，即："政企分开"的关键点；"完善机制"的中心点；"划分责权"的基本点；"分清粮性"的核心点；"破除旧体制"的根本点。经过多年的探索和改革、攻坚和攻关、健全和完善，促使我国粮食购销体制发生了根本性转变，破除了高度垄断的传统计划体制，逐步建立自由购销的粮食市场经济体制，由垄断单一转变为放开多元化。这是中国粮食流通体制改革最重大的成果。

（四）壮士断腕攻坚，国有粮企凤凰涅槃新生化

深化国有粮食企业改革是最复杂、最具难度的大改革。在我国粮食流通改革中，始终把不断深化国有粮食企业的改革视为核心内容，锻造粮食企业实现完全自主化，即把国有粮食企业改革为"自主经营、自负盈亏、自我决策、自我发展"的"四自主体"。这场脱胎换骨式的改革，把几百万国有粮食企业推到了改革的"风口浪尖"上。我国以"两权分离"的思路，实施改革、改组和改造等"三改"措施，对企业资产进行多种形式的改革，实现产权多元化。主要改革措施包括兼并、拍卖、合并、股份制改造以及职工身份置换等。粮食部门以壮士断腕精神攻坚克难，以解决"三老"历史包袱为重点，除了国有粮食企业引入社会资本参与企业改组、建立国有粮食现代企业制度之外，基本解除了"三老"历史包袱，效益提升，扭亏为盈。

---

① 丁声俊. 关于国有粮食企业制度变迁的研究［A］//粮企改革创新的"济南模式"［M］. 北京：中国农业出版社，2010：168，171.

真是凤凰涅槃，浴火重生，主要体现在以下四个方面：

第一，截至 2010 年底，全国国有粮食企业职工总数 60.3 万人，其中，国有粮食购销企业职工总数 44.7 万人，分别比 2005 年减少 53.2 万人、29.8 万人，减幅分别为 46.9%、40.0%。这期间，即 2005~2010 年，粮食部门累计安置富余职工总数 49.3 万人。

第二，对国有粮食企业的财务挂账进行了全面清理，粮食政策性财务挂账总数的 94.0% 从国有粮食企业剥离，上划到县级及以上粮食行政部门集中管理。

第三，原来按照保护价和粮食定购价收购的粮食（即老粮），截至 2009 年底，按照有关政策全部消化完毕。

第四，粮食企业结构明显优化。通过"三改"，特别是通过强化产权制度改革，国有粮食企业总数减少，为 18163 个，比 2004 年减少 16469 个，减幅 47.6%。但结构改善、实现企业产权多样化、完成企业改制数量达 11197 个，占 61.6%。[①]

曾几何时，国有粮食企业还处在体制陈旧、机制呆板、负债累累、难以生存的困境中。而今，国有粮食企业已获得新生，转变为体制新、机制活、"四自"[②] 化的新型企业，成为我国粮食领域不可替代的、稳定的力量，在贯彻落实国家粮食安全战略中发挥了中流砥柱作用；在执行国家粮食政策法规中发挥了表率作用；在宏观调控中发挥了后盾和协调作用；在市场发生波动中发挥了"压舱石"作用；在抵御严重自然灾害中发挥了应急作用；在大宗粮食品种收购中发挥了主导作用，成为粮食市场和粮食安全的举足轻重的因素和力量。

（五）以新理念为引领，粮食流通产业趋向融合化

全面改变和改造传统的粮食流通形式和模式，是一项涉及面广大、与民生息息相关的必要改革步骤。随着市场经济的发展，传统粮食流通形式的固有缺陷越来越成为障碍：一是单一经营，"一买一卖"。出卖的多是大米、面粉及玉米面等"老三样"口粮，早已不适合居民食物消费结构转变

---

① 丁声俊.国有粮食企业在改革中重获新生［N］.人民日报，2010-09-17.
② "四自"为：自我净化、自我完善、自我革新、自我提高。

的需要。二是"封闭分散",形式单一。孤立于产业链、物流链之外,导致流通成本居高不下,持续发展力薄弱。三是设施落后,技术陈旧。这导致造成粮食流通行业"消耗高、浪费高、污染高,效益低"的三高一低的负面结果。这种不适应粮食流通现代化、更不适应国内外大市场竞争需要的历史经营形式和模式,尽快从根本上加以治理已成为深化粮食流通体制改革的必要步骤。

这就是运用新发展理念、为粮食流通的改革和发展指向引路、谋篇定策,即从内在联系、辩证统一的思维出发,把粮食流通视为具有独立社会功能的现代流通产业经济,同时把新发展理念的内涵在其成长过程中落地生根。这是以新发展理念为导航,促进农业粮食发展和农民增收的战略措施,是培植壮大农业粮食龙头企业,充分发挥其辐射带动作用的必要途径。进入21世纪以来,粮食产业采取整合"四链"的措施,促进产业化、融合化发展方式方兴未艾:一是"产品链";二是"产业链";三是"供应链";四是"价值链"。通过"四链结合",促进粮食流通向产业化、融合化组织经营方式转变和发展。所谓融合化发展新模式,是以发挥市场配置资源决定性作用为方向,以政府有效宏观调空为保障,以创新为第一动力,以现代科技为有力支撑,以龙头企业带动要素优化组合、融合化发展为途径,以提高全要素生产率和成果共享为目标,开拓粮食产业经济走上更有效、更协调、更可持续发展的道路。① 进入21世纪以来,特别是党的十八大以来,以粮食产业化、融合化发展为契机,粮食企业统筹推进产业转型升级、夯实流通基础、优化发展生态环境等"三位一体"协调发展;以实施优质粮食工程为契机,坚持企业主体示范、全产业链发展、品牌引领三方面协同发力,延长产业链,探索和发展产品链、产业链、物流链和价值链相结合,把粮食产业经济推向价值高端。

从我国幅员辽阔、农情粮情各异的特点出发,各个地方从实际出发采取各不相同的产业化组织经营方式,特别是近年来在推进农业粮食"供给侧"结构性改革中,各地选择不同的组织经营方式和模式:农业粮食龙头企业带动模式;探索发展国有粮食企业混合所有制发展模式;垂直一体化经营模式;推广电商平台模式。采取这些模式取得了显著效果:一是优化

① 丁声俊.在新理念引领下开创粮食产业经济发展新模式[J].中州学刊,2017(2):27.

了资源配置，把相关产业链有机联结，形成一个"产、加、销"一体化的产权组织经营模式，把农业粮食产业经济推向价值高端。二是减少了粮食等农产品及农资产品的交易环节，降低了生产流通成本，提高了流通效率和效益，把粮食企业"做优做强"，积极以"质量兴企"，以"改革活企"，以"品牌强企"。三是改善了传统模式中交易双方信息不对称问题，有效地降低了交易费用，催生了粮食流通产业经济的蓬勃生机。

（六）确保"粮安天下"，现代粮食储备制度化

虽然中国有"储粮备荒"的悠久传统，但真正开始建立现代粮食储备制度和储备体系，是以 1990 年国务院颁布《关于建设国家专项粮食储备制度的决定》发端的。此后，我国成立国家粮食储备局新机构；建立国家粮食垂直储备新体系；制定粮食储备管理新法规等。2003 年，国务院颁布了我国第一部规范中央储备粮管理的行政法规《中央储备粮管理条例》。经过几十年的新建、改建和健全，已形成具有中国特色的国家现代专项粮食储备制度和粮食垂直储备体系。这是中国粮食流通体制改革最具独创性的成果。

四十年砥砺发展，我国已形成了以港口为粮食物流枢纽，以各级粮食中心库为节点，以遍布全国的粮食收纳库为基础，以中央储备粮为主体、地方各级政府粮食储备相配套、粮食企业库存和农户存粮相结合的国家粮食储备体系。中央储备粮已进入体制顺、机制活、运行稳、效益高的新轨道，负有"收好粮、储好粮、卖好粮"三篇文章的重大作用：维护市场的"定盘星"；保障国家粮食安全的"压舱石"；服务宏观调控的"主力军"。[①] 其主要标志：一是建立了完整的高效精干的中储粮管理机构和专业队伍，同时建立一批粮食仓储企业。二是建立了数量充裕、结构合理的粮食储备，小麦和稻谷是两大品种，其他是玉米、大豆以及救灾应急的成品粮油等。三是健全和完善了中储粮管理制度、法规以及监督检查条例等，为方便农民售粮，委托收购网点和租赁库点达到 13000 多个，并与农村新型收购主体百万经纪人建立支持与合作的关系。[②] 四是建造和改造了大批

---

① 刘慧．中储粮：服务国家粮食宏观调控大局［N］．经济日报·中国经济网，2018-12-19．
② 肖春阳．国有粮食企业改革和发展［M］．北京：经济管理出版社，2015．

新型现代化粮食仓库，布局于全国城乡，总数多达 1.9 万多个，粮食仓容总量超过 3 亿吨。五是实施绿色生态储粮。中国储备粮管理集团有限公司通过科技创新，采用和普及现代化绿色生态储粮技术，迄今智能化储粮的覆盖率高达 98%，储粮依存率高达 95%，粮食损失率不到 1%，具有世界先进水平。

（七）坚持对外开放，推进粮食产业经济国际化

党的十一届三中全会以后，我国粮食对外开放的规模和领域越来越广大，达到很高的程度：从商品贸易到科技合作，乃至吸引外商投资到资源合理配置等。特别是我国及时抓住经济全球化的机遇，积极采取"走出去、引进来"的措施，农业粮食对外开放步伐加快，粮食等农产品贸易日益开放化、国际化。这是中国粮食流通体制改革最具开拓性的成果。

几乎与改革开放同步，我国以需求为导向采取了"引进来"的措施。粮食部门最先引进外资的是当时紧缺的饲料和食用油加工行业，除了引进大量资金以外，还引进了先进的技术，有力地促进了我国油脂和饲料工业的发展。随着国内市场的逐步放开，小麦、大米的购销和加工领域也引进资金和技术设备。据不完全统计，在 2007 年，全国外商投资粮食企业的年销售收入达 1320 亿元，实现利润 6 亿元。其中，食用植物油加工外资企业销售收入占 48.1%，利润占 56.3%，处于优势地位。[①] 特别是在我国加入世界贸易组织（WTO）之后，我国粮食产业对外合作的规模、形式发生明显变化：农产品进口数量扩大化、进口来源多元化、进口品种多样化。2017 年，中国粮食等农产品进出口总额接近 2014 亿美元，同比增长超过 9%。同年，我国进口谷物及谷物粉 2559 万吨，同比增长 16.4%；进口食用植物油 577 万吨，同比增加 4.4%。2018 年 1~8 月，我国粮食等农产品进出口额 1444.5 亿美元，同比增长 10.3%。其中，出口 510 亿美元，同比增长 7.4%；进口 934.5 亿美元，增长 12%。目前，中国消费者对国外优质农产品需求旺盛，优质农产品进口的规模将会进一步扩大。

与"引进来"并举，我国以互利"双赢"为原则，采取积极稳健"走出去"的措施：首先，向多极化开辟和发展。我国在实施农业粮食

---

① 白美清. 中国粮食改革开放三十年［M］. 北京：中国财政经济出版社，2009：14.

"走出去"措施中，避免过度倚重少数国家。其次，向实业化开拓和发展。我国农业粮食企业选择海外适宜地区，合作创办农业企业，同时扩大对外合作的经营范围，包括各种农作物及加工等，以有效加强硬实力。最后，突出企业主体，扩大农业粮食对外合作。即农业粮食企业以先进技术引领，推动农业粮食先进技术对外合作，同时突出现代服务支撑，加强综合化服务平台建设。特别是向"一带一路"沿线、比较成本低廉的地方，作为农业外向型经济发展的新战略重点，创建以外贸为导向的农业高新技术产业园区、出口加工和贸易区，并实现国际化、规模化。

（八）七十载以民为本，民众生活小康化

物换星移，岁月如歌。新中国成立70周年，特别是改革开放40多年以来，整个中国，"旧貌换新颜"，发生了举世瞩目的转变。

1. 实现了从温饱到小康、正向全面小康过渡的转变

70年地覆天翻，人民生活两重天。全国居民占有主要消费品的品种、数量和质量明显提高。这是体现民生改善的重要标志。1949年，中国总人口54167万人，粮食总产量为11318万吨，人均粮食占有量（包括薯类和大豆，下同）208.9公斤，农村居民人均纯收入44元。1978年，中国总人口96259万人，全国粮食总产量为30477万吨，人均粮食316.6公斤，农村居民人均纯收入133.6元。改革开放40年后的2017年，中国总人口139008万人，粮食总产量1.23万亿斤，人均445.65公斤，农民人均收入1.3万元。[①] 2017年全国人均粮食占有量分别比1949年、1978年提高236.65公斤和126.65公斤。随着城乡居民消费升级，居民的恩格尔系数明显快速下降。恩格尔系数是衡量一个国家或家庭生活富裕程度的重要指标。居民生活越贫困，恩格尔系数就越大；反之，居民生活越富裕，恩格尔系数就越小。2017年，全国居民恩格尔系数为29.3%，是历史上首次降至30%以下，比1978年的63.9%下降了34.6个百分点。其中，城镇居民恩格尔系数为28.6%，比1978年的57.5%下降了28.9个百分点；农村居民恩格尔系数为31.2%，比1978年的67.7%下降了36.5个百分点。[②] 这

---

① 高云才. 培育农业农村发展新动能［N］. 人民日报，2017-12-28.
② 每经网（上海），2018年12月8日。

表明全国居民的消费质量和富裕程度明显提升。

在民生由温饱转变到小康化的过程中，强调提出的是精准扶贫脱贫。我国提出和实施的扶贫脱贫新思路、新措施为世界减贫的理论和实践作出了重要贡献。新中国成立70周年，特别是党的十八大以来，我国采取"六个精准""五个一批"的精准扶贫脱贫策略和措施，取得了巨大成果：贫困人口数量从1978年末的7.7亿人，减少到2017年末的3046万人，累计减贫7.4亿人，年均减少贫困人口接近1900万。全国人口的贫困发生率从1978年的97.5%下降到2017年的3.1%，对全球减贫的贡献率超过70.0%，谱写出世界上反贫困的最辉煌的篇章。①

2. 实现了从消费品短缺单一到丰富多元化的转变

在改革开放初期那种凭本、凭票供应的岁月，各类消费品都是凭票购买，按照计划供应。票以粗粮为主，品种单一；衣服则是新三年、旧三年、缝缝补补又三年。即使到1978年，全国人均占有粮食（含大豆、薯类，下同）仅318.7公斤，油料5.5公斤，糖料24.9公斤，牛奶0.9公斤，肉类8.95公斤，水产品4.85公斤，水果4.85公斤。实际上，居民的消费量要低于占有量，尤其是农村居民多以粗粮和薯类为主食。

在改革开放40年强大力量推动下，中国粮食连续14年丰产，居民消费品供应显著提高。2017年，全国人均粮食占有量447.2公斤，油料25.1公斤，糖料82.1公斤，牛奶21.9公斤，肉类（猪牛羊肉）47.3公斤，禽蛋22.3公斤，牛奶21.9公斤，水产品46.5公斤②。上述各项主要指标表明，城乡居民生活明显改善，食物消费结构升级，转向优质、多样、营养的趋势日益强化。

3. 实现了消费方式从传统（甚至原始）到现代化的转变

在新中国成立后的初期阶段，粮食商业设施既缺少又落后，简陋的百货公司和社区粮油店是当时最主要的消费场所，居民凭赊物本和票证购物，消费方式传统单一。经过40年的改革开放，粮食商业面貌发生巨大变化和改善：从社区便利店发展到设施现代化的各种大型购物中心、超市、代理、连锁店等现代业态；从多类实体商店到现代电商以及"互联网+"

---

① 国家统计局网站，2018年10月23日。
② 国家统计局农村社会经济调查司，《中国农村经济主要数据1978—2013》。

新流通模式。粮食商业环境的现代化变化，给消费者提供了丰富和便捷的消费体验，不同消费群体从不同档次的实体店消费转移到网络消费。特别是方兴未艾的电子商务和网络支付的发展与普及，使偏远的乡村和大城市一样能享受到现代消费方式的高效化与方便化，多元化与个性化。

三、丰富的经验，深刻的启迪

实践是理论的源泉，理论是实践的指南。新中国粮食产业历经风雨70年，特别是40多年改革开放的实践，创造了丰富的经验，产生了深刻的启迪。

（一）警钟长鸣，坚守"粮安天下"大战略

从新生共和国初期的"粮为保命品"，到现代化建设时期"粮为重要商品"，再到建成全面小康社会时代"粮安天下"的历史演变，都雄辩证明：悠悠万事，吃饭为大；确保粮安，是"定海神针"；保障民生，乃治国理政大事。如今，这些来源于实践的新思想新观点新论断，都化为党中央、国务院制定的国家粮食安全大战略的基本内容。这是完全符合客观经济规律和我国农情粮情的正确决策。当前国内外新环境和农业粮食新形势提示和提醒：警钟长鸣，不忘历史经验，坚守"粮安天下"大战略，以立于不败之地。

粮食是重要商品，粮食安全是一种准公共品，保障每个公民享受必要数量的粮食是一种人权。世界各国无不把确保粮食安全置于安民兴邦、治国理政的重要战略地位。自农耕文明兴起以来，粮食都是人类生活与生存的主要食物，是攸关国计民生、经济安全，乃至国家安全的重要商品。尽管随着国民经济结构的转变、农业粮食所占的份额降低，但它们在社会经济中的基础地位和战略地位都不可动摇。作为世界粮食生产、贸易和消费大国，解决14亿多人口的吃饭问题，是保障基本民生、确保经济安全、国家安全的头等大事，不仅是永恒的重大战略，也是解决社会主要矛盾、满足民众对美好生活需求的头等大事，任何时候都不可放松国家粮食安全这根"弦"。

然而，近年来在粮食结构性相对过剩的情形下，产生一些忽视粮食生

产、轻视粮食流通的思想倾向，甚至否定粮食安全问题的存在，滋生片面依赖吃进口粮的主张。鉴于当前国际大宗农产品市场环境变幻莫测，必须保持战略定力，更全面、更准确地把握"以我为主、立足国内、确保产能、适度进口、科技支撑"粮食新战略的精髓，切实促进其落地生根。为此，要以全面贯彻执行《国家粮食安全省长负责制》为保证，以粮食"供给侧"结构性改革为主线，以稳定持续扩大优质产能、提高供给质量为关键，实现确保谷物基本自给、口粮绝对安全，端牢自己饭碗的目标。

（二）掌握主动，坚持"立足国内"大方针

漫漫70年沧桑，特别是20世纪末爆发的全球金融危机、粮食危机的跌宕风雨，对国内粮食市场带来巨大压力和冲击。然而，我国粮食产业波澜不惊，坚守住严峻考验、稳步迈向胜利的前程。其基本原因在于，我国以深化农业粮食改革为动力，促进粮食生产取得连续14年丰产的奇迹，粮食生产能力连续6年稳定在6亿吨以上，同时国家建立了现代粮食储备制度和粮食储备体系，国家掌握充足的粮源，有力强化了国家粮食主动权，为保障国家粮食安全打下了坚实的基础。这提供了一条宝贵经验和深邃启迪：确保国家粮食安全，必须始终不渝坚持"立足国内、以我为主"的大方针。换言之，我国必须保持粮食基本自给，口粮绝对安全，牢牢掌握粮食主动权。

我国作为幅员如此辽阔、人口如此众多、需求如此巨量的发展中大国，粮食供求关系将长期处于紧平衡态势。当前出现的粮食相对过剩主要是结构性、阶段性矛盾所致，是技术问题，不能因为技术问题忽视战略问题。目前，我国粮食虽无近忧但存远虑。从中长期预见，我国粮食将呈现"五个不会变"：一是确保粮食基本自给、口粮绝对安全的基本方针不会变；二是全国每年人口增长数百万的态势不会变；三是全国居民粮食和食物"需求侧"结构不断升级的态势不会变；四是要素资源约束压力加大的态势不会变；五是充分利用"两个市场、两种资源"的对外开放政策不会变。面对"五个不会变"，我国必须保持清醒认识，在坚持"立足国内、以我为主"的大方针的条件下，实现更高水平、更高质量、更高效率的国家粮食安全。

（三）辩证思维，坚持"两手并用"大智慧

粮食产业和粮食市场的两个显著特点：一是政策性强，涉及面广，民生性大；二是规模不断扩展，行情瞬息多变，面临环境复杂，必须运用辩证法的大智慧妥善处理，方能保障其稳健运行，持续发展。

70 年沧海桑田、正反两方面经验，特别是改革开放 40 多年来坚持市场化改革的成功实践，提供一条基本经验是发展现代市场经济，必须处理好政府与市场的关系问题。还证明一条客观规律：发挥辩证思维的智力和魅力，坚持把"看不见的手"和"看得见的手"有机结合、"两手并用"。在正确处理政府与市场这对重大关系时，它既坚持辩证法的"两点论"，又坚持辩证法的"重点论"。既在强调充分发挥市场（"看不见的手"）配置资源的决定性作用的同时，又注重使政府"看得见的手"发挥更好的作用。

现代市场经济规律和大量实践证明：坚持"两手并用"是一种大智慧。一方面，尊重和重视市场规律，关键在于创造一个充分开放、公平合理、优胜劣汰的自由竞争市场环境，以市场为主形成价格机制，实现公平公正公开的竞争。另一方面，充分发挥政府规范的宏观调控作用。这要求政府更好地解决以往存在的"错位""越位"和"缺位"的问题。要更规范、更有效地进行宏观调控，创造更宽松、更公正的市场竞争环境，防止市场失灵。如果没有市场机制对配置资源发挥决定性作用，那么经济就会失去活力与竞争力；如果没有政府的宏观调控作用，那么价格扭曲、"市场失灵"。只有善于把"两手"结合并用，做到优势互补，才能实现粮食市场的统一开放、竞争有序、功能齐全、运转高效，开创现代粮食流通产业的新格局。

（四）狠抓关键，加强"实体经济"大基础

粮食实体经济是粮食产业发展的根基，是保障粮食安全的柱石，是满足民生的保障。粮食流通产业经济是关系国计民生的重要部门和行业，以物质资料的生产经营为主要活动内容，发挥提供基本生活资料功能、提高人的生活水平的功能。作为一个发展中农业粮食大国，加强粮食实体经济，特别是"做优、做强、做大"实体企业，是振兴我国现代粮食产业经

济的"重中之重"的大事。

回顾粮改之初，国有粮食企业陷入难以为继的生存危机。改革开放促使国有粮食企业浴火重生，走上"做优做强"的发展道路。40年粮改，以粮食实体经济的主体为主战场，依靠创新激发新动能，为实体经济发展不断注入"源头活水"。既大力培育新技术新产业新业态，又加大对传统产业的改造升级力度，促其蓬勃发展。迄今，我国初步建成适应国情和粮情的现代粮食企业体系，大型粮食产业化龙头企业和粮食产业集群辐射带动能力持续增强，粮食科技创新能力和粮食质量安全保障能力进一步提升，夯实粮食收购、储运、物流、加工、销售等各类实体企业的基础。

（五）趋利避害，坚持"开放合作"大决策

40年粮改，引起全球瞩目的一项惊人变化是我国粮业实行对外开放的大决策。1978年，党的十一届三中全会决定进口一批粮食，有效减轻了农民负担，使他们获得休养生息的机会，拉开了我国粮食开发的序幕。随着我国农产品外贸和粮业的快速发展，利用"两个市场、两种资源"更成为一项重大决策。如今，我国已由粮食受援国转变为粮食援助国，并成为世界主要粮食援助国。

目前，国内对农产品消费呈不断升级态势。我国依据世贸组织规则、采取主动措施，进一步扩大农产品进口，实现进口渠道多元化，进口结构合理化，进口地区多角化，具有以下三个方面重要意义：一是有效增加国内市场供应，增加居民消费选择，更好地满足广大民众对美好生活的需求；二是减轻国内资源，尤其是减轻耕地、淡水约束的压力，对减轻水源污染和修复重金属污染严重耕地具有重要意义；三是中国扩大粮食等优质农产品进口，减轻了国际市场的压力，是对世界农业和粮食安全做出的重大贡献。

新中国 70 年粮食安全主要指标回顾与展望

肖春阳[①]

一、联合国粮食及农业组织粮食安全概念

粮食安全概念，是 1974 年联合国粮食及农业组织应对世界粮食危机提出来的，至今经历了重大演变，反映随着时间的推移人们对整个世界粮食问题的认识发生着变化。

1972 年，由于连续两年气候异常造成世界谷物歉收，世界谷物总产量 1972 年 25170 亿斤比 1971 年 25994 亿斤减少 3.2%；1974 年 26532 亿斤比 1973 年 27140 亿斤减少 2.2%。由此导致世界谷物年末库存锐减，世界谷物安全系数从 1971 年 18% 下降到 1973 年 14%，是继发生第二次世界大战后 30 多年来最严重的世界粮食危机。1974 年国际市场谷物价格在前一年大幅度上涨之后达到 1950 年以来的顶点，引起了世界各国的高度重视。三年以后的 1977 年，国际市场谷物价格跌至 1970 年价格水平以下，低于 1950 年以后任何一年价格水平。

1974 年 11 月，联合国粮食及农业组织（Food and Agriculture Organization of the United Nations，FAO）在罗马召开第一次世界粮食首脑会议，通过了《世界粮食安全国际约定》，首次提出粮食安全（Food Security），当时的定义是保证任何人在任何时候都能得到为了生存和健康所需要的足够食物。要求各国采取措施，保证世界谷物年末最低安全系数，即当年末谷物库存量至少相当于次年谷物消费量的 17%~18%，其中，6% 为缓冲库存（后备库存）；11%~12% 为周转库存（供应库存），周转库存相当于两个月

---

① 中南财经政法大学兼职教授，中国粮食经济学会秘书处负责人。

左右的口粮消费，以便衔接下一季度的谷物收成。凡一个国家谷物库存安全系数低于 17% 的为谷物不安全，低于 14% 的为谷物处于紧急状态。当时，粮食安全概念与以下观点紧密联系：如果世界有更多的谷物库存，如果国际谷物价格的波动能够控制在适当范围，那么各国的谷物安全就有保证。因此，第一次世界粮食首脑会议建议和《世界粮食安全国际约定》中提出的战略，特别强调保持粮食供应稳定，以便在普遍作物歉收时确保有粮食供应，特别是保持最易受害国家的消费水平。约定还提出对国家拥有的库存进行国际协调、粮食援助计划和长期贸易协定的其他措施。同时，承认世界粮食安全的实现取决于粮食产量增长，特别是低收入缺粮国的粮食产量增长。

1983 年，考虑世界粮食安全状况的背景：虽然 1974～1983 年世界粮食产量跟上甚至超过人口增长，但粮食供求差距以及因此而出现的饥饿和营养不良仍然普遍存在，在低收入缺粮国尤其如此。当年，在世界粮食安全委员会第八届会议上，重新评价并采用了更加广泛的粮食安全概念，"世界粮食安全的最终目标应当是确保所有人任何时间在物质和经济上获得他们需要的基本粮食"。为了实现这一目标，人们认识到需要满足三个条件：一是确保充足的粮食供应量或可供量；二是确保供应稳定；三是确保家庭一级特别是穷人获得粮食。

1992 年，在国际营养会议上，会议认为，粮食安全应增加营养一项内容。会议表示，"所有人在任何时候都能够获得安全和营养食物以维持健康而积极的生活"，这在目前已经得到广泛认可。此外，人们对关于加快全世界粮食生产不应当造成自然资源和环境退化的关注，意味着这一目标应当在"不影响自然资源生产能力、生物系统的整体性或环境质量"的情况下实现。

1996 年 11 月 13～17 日，联合国粮食及农业组织在罗马召开的第二次世界粮食首脑会议上通过了《世界粮食安全罗马宣言》和《世界粮食首脑会议行动计划》，对粮食安全的定义作了新的表述：只有当所有人在任何时候都能够在物质上和经济上获得足够、安全和富有营养的粮食来满足其积极和健康生活的膳食需要及食物喜好时，才实现了粮食安全。包括个人、家庭、国家、区域和世界各级实现粮食安全。在这方面，需要各级采取协调一致的行动。每个国家必须采取符合其资源和能力的战略，实现各自的目标，同时开展区域和国际合作，组织起来集体解决全球粮食安全问题。实现可持续粮食安全是一项复杂的任务，其主要责任在于各国政府。同时，提出家庭粮食安全综合指数，试图直接体现前面提到的所有粮食安全三个成分，即粮食供应量的提供、稳定和获得粮食。确定了国家一级粮食可供量充足程度的更加吸引人的指标：人均粮食供应量（即平均膳食能量供应量）、粮食短缺率（长期营养不足发生率）及家庭粮食安全综合指数，作为衡量粮食（不）安全的主要指标。

2013 年 9 月，联合国粮食及农业组织发布了《2013 年世界粮食不安全状况》报告。报告对营养不良问题、千年发展目标与世界粮食首脑会议减轻饥饿目标的实现进程作了最新评估。报告认为，粮食安全是一种复杂状态，具有复杂性和多维性，提出和分析了粮食产量平均值、国内粮食价格指数、谷物外贸依存系数、人均粮食产量波动性等粮食安全指标 30 个，分别介绍粮食安全的四个维度：粮食可供量、粮食获取的经济和物质手段、粮食的利用、一段时间内的稳定性。

二、国家粮食安全概念

目前，国内专家学者对国家粮食安全概念认识不一。

笔者认为，Food Security 直译为食物安全或食物保障，现在约定俗成译为粮食安全，实质是食物安全。粮食安全，就一个国家而言，是化解和消除粮食危机各种因素，保证每一个人拥有足够、富有营养的粮食。粮食生产安全是基础，粮食流通安全是保障，粮食消费安全是目标。国家粮食安全的主要内容包括粮食生产按市场需求稳定发展，不出现大的波动；安全、合理、经济的粮食储备；保障人们直接消费的人均粮食供应量；适量进口粮食；解决好贫困人口的温饱问题等。因此，反映国家粮食安全内容的三个主要指标是：粮食库存安全系数、粮食产量波动系数、粮食外贸依存系数。

2014 年，中央一号文件明确提出，实施以我为主、立足国内、确保产能、适度进口、科技支撑的国家粮食安全战略。任何时候都不能放松国内粮食生产，严守耕地保护红线，划定永久基本农田，不断提升农业综合生产能力，确保谷物基本自给、口粮绝对安全。更加积极地利用国际农产品市场和农业资源，有效调剂和补充国内粮食供给。在重视粮食数量的同时，更加注重品质和质量安全；在保障当期供给的同时，更加注重农业可持续发展。

2017 年 10 月 18 日，党的十九大报告指出，"确保国家粮食安全，把中国人的饭碗牢牢端在自己手中"。

三、新中国 70 年国家粮食安全主要指标回顾

（一）粮食库存安全系数

粮食库存量的多少是衡量一个国家粮食安全与否的一项重要指标。一般以一个粮食年度结束时，粮食结转库存量占下年预计粮食消费量的比例作为粮食库存安全系数。

自新中国成立以来，粮食库存安全系数呈现逐年上升趋势。由于没有全国年度粮食结转库存总量、全国年度粮食消费总量统计资料，笔者通过按照月人均 18 公斤（20 公斤、22.5 公斤、25 公斤）粮食消费量（含口粮、种子、饲料用粮、工业用粮等）测算全国年度粮食消费总量。用当年全国粮食生产总量减去当年全国粮食消费总量后，即为当年全国年底粮食结转库存总量。采用此办法测算，粮食库存安全系数 20 世纪 50 年代年均 15.4%（含 1949 年，假定 1949 年底粮食库存量为 0）；20 世纪 60 年代年均 8.2%；70 年代年均 15.2%；80 年代年均 19.7%；90 年代年均 33.5%；21 世纪 00 年代年均 35.6%；2010~2018 年年均 67.8%。

同时，笔者参考了联合国粮食及农业组织近些年对中国谷物年末结转库存估算的总量，认为其估算的中国年度谷物年末结转库存总量数值偏高。因此，本办法测算的中国粮食（含谷物、豆类、薯类）年末结转库存总量相对低一些。

2010~2018 年，世界谷物库存安全系数年均 28.1%。近 30 年来，中国粮食库存安全系数均高于世界平均水平，说明中国国家粮食安全保障水平明显提高。

2015 年 12 月 24~25 日，中央农村工作会议在北京召开。会议强调，要着力加强农业供给侧结构性改革，提高农业供给体系质量和效率。自

2015 年以来，国家实施农业供给侧结构性改革，采取粮食去库存政策措施，国家粮食库存开始下降。

从中国实际情况来看，粮食市场体系还不完善，粮食供求形成价格机制还不健全。当粮食价格出现大幅度波动时，谷物库存安全系数高于最低标准 18%。因此，如果机械套用这一指标，并按此系数库存谷物，国家粮食安全就有可能出现问题。

对于一个国家而言，在确定安全、合理、经济的粮食结转库存规模时，应统筹考虑以下三个因素：

1. 布局合理

粮食结转库存重点要摆放在粮食销区的大中城市，粮食产销平衡区次之，粮食产区适量。在出现自然灾害和其他紧急情况时，无论粮食结转库存在何处，都应保证能够比较顺利地将粮食如数及时运送到需要的地方。

2. 结构优化

近 10 多年来，中国小麦、稻谷、玉米的口粮消费量分别占其消费总量比例大体是 30：60：10。因此，粮食结转库存的品种结构要与口粮消费品种结构基本适应。小麦、稻谷原粮和成品粮要有合适的比例，一般面粉、大米库存保持 1 个月口粮消费量，小麦、稻谷库存保持 2 个月口粮消费量。

3. 相对经济

一般粮食结转库存一年保管费用和利息占其商品原值 8% 左右；粮食结转库存三年轮换价差亏损占其商品原值 20% 左右。确定保障国家粮食安全的粮食结转库存数量区间，要充分考虑粮食结转库存成本、轮换价差亏损，特别是中央和地方财政承受能力。

（二）粮食产量波动系数

粮食生产受自然、经济双重因素影响，年度间会出现波动，波动幅度大小在一定程度上反映了粮食的安全程度。粮食产量年度间的波动幅度可用粮食产量波动系数来表示。

新中国成立以来，中国粮食产量的波动系数有一个显著特点，粮食产量波动系数呈现逐年下降趋势，粮食生产数量增加，粮食供给保障能力明显提高。20 世纪 50 年代年均 13.4%（含 1949 年）；60 年代年均 5.7%；70 年代年均 3.4%；80 年代年均 4.1%；90 年代年均 2.5%；21 世纪 10 年代年均 3.7%；2010~2018 年年均 3.5%。

2010~2018 年，世界粮食产量波动系数年均 4.1%，而中国的粮食产量波动系数低于世界平均水平。

粮食产量波动除受自然因素影响之外，还受政治、经济、科技因素影响。一般来讲，粮食产量波动直接受播种面积因素的影响且最大。当前，中国首要的是稳定粮食播种面积。根据《2018 中国统计年鉴》，20 世纪 80 年代以前中国粮食播种面积年均占农作物总播种面积的 80% 以上，90 年代以后下降到 75% 以下。2017 年全国粮食播种面积 17.7 亿亩，占农作物总播种面积的 70.9%。根据对现阶段中国粮食综合生产能力分析，要实现粮食产需总量的大体平衡，除考虑动用库存粮食和适量进口一部分粮食以外，近期粮食播种面积需要稳定在 16.5 亿亩以上，粮食生产能力保持在 1.3 万亿斤以上。要特别注意防止粮食播种面积大幅调减，出现粮食生产大幅调减波动，搞好粮食生产能力的储备。

（三）粮食外贸依存系数

粮食外贸依存系数，是指年度内一个国家粮食需求出现缺口或富余时，假定缺口（富余）量全部由进口（出口）量来实现，粮食进口（出口）量占粮食总需求量的比例。

自新中国成立以来，始终坚持粮食自力更生的方针，粮食基本自给，粮食外贸依存系数相对较低。考虑全国粮食年度需求总量这一指标资料缺乏，笔者采用粮食生产总量代替，从而得出年度粮食外贸依存系数（净进口）。20 世纪 50 年代（含 1949 年）全部自给并略有出口，粮食外贸依存系数年度最高不到 1%；六七十年代年均不到 1%。党的十一届三中全会以后，为调整农业种植结构，扩种经济作物，促进农业生产全面发展，党中央、国务院采取了一系列重要决策，其中，一项是确定从 1980 年度开始每年进口 200 亿~300 亿斤粮食（其中，小麦占 85%）。1983 年度、1984 年度国内粮食大丰收，国家粮食收支有余，粮食库存增加，不再扩大进口。20 世纪 80 年代年均 3.1%，90 年代年均 1.7%。

2001 年，中国加入世界贸易组织（WTO）后，大豆进口关税从 11.4% 下调到 3%，同时开放大豆市场，从此，大豆进口数量逐年迅速增加。但是，谷物年度净进口数量最高在 160 亿斤左右。粮食外贸依存系数，

21世纪00年代年均4.9%；2010～2018年年均11.1%（其中，谷物0.9%，大豆10.2%）。

综上所述，通过对新中国70年来粮食库存安全系数、粮食产量波动系数、粮食外贸依存系数等主要指标进行定量分析，可以得出结论：中国国家粮食安全水平逐年提高，并取得了显著的成效。

2019年初，英国《经济学人》杂志发布2018年《全球粮食安全指数报告》，报告利用联合国相关统计资料及数据，通过粮食购买力、供应力、品质与安全、自然资源与韧性四个指标来综合计算各国粮食安全指数，以衡量一国的粮食安全状态。在全球113个国家中，中国排名第46位，高于世界平均水平。领先世界第二人口大国印度（第76位），世界第四人口大国印度尼西亚（第65位）。中国在亚太地区排名第7，排名前6位的是：新加坡、澳大利亚、新西兰、日本、韩国、马来西亚。全球粮食安全排名前10位的是：新加坡、爱尔兰、英国、美国、荷兰、澳大利亚、瑞士、芬兰、加拿大、法国，多数为富裕发达的欧美国家。然而，倒数5位：布隆迪、刚果民主共和国、马达加斯加、也门、塞拉利昂，全部是贫穷落后的非洲国家。所以，粮食安全显示的是国家经济实力。

四、保障国家粮食安全展望

党中央高度重视粮食工作，加强对粮食工作的领导。2019年5月29日，中央全面深化改革委员会召开第八次会议，审议通过了《关于改革完善体制机制加强粮食储备安全管理的若干意见》等10个文件。会议强调，粮食储备是保障国家粮食安全的重要物质基础，要以服务宏观调控、调节稳定市场、应对突发事件和提升国家安全能力为目标，科学确定粮食储备功能和规模，改革完善粮食储备管理体制，健全粮食储备运行机制，强化内控管理和外部监督，加快构建更高层次、更高质量、更有效率、更可持续的粮食安全保障体系。2019年9月9日，中央全面深化改革委员会召开第十次会议，审议通过了《关于实施重要农产品保障战略的指导意见》等11个文件。会议指出，要以保障国家粮食安全为底线，坚持数量质量并重，实施分品种保障，增加供给总量，优化供给结构，拓展供给来源，提高供给质量，加强农产品储备和加工业发展调控，健全农业支持保护制度，努力构建科学合理、安全高效的重要农产品供给保障体系。各地区各部门正在落实之中。

目前，中国农业人口占世界农业人口的 1/3，粮食生产消耗了世界化肥的 1/3、农药的 1/4。粮食生产基础不稳固，粮食供给地区不平衡、品种结构不合理、种植效益低等问题还没有从根本上解决。今后，保障国家粮食安全任重道远。综合考虑各种因素影响，为使确保国家粮食安全的主要指标控制在比较安全、合理、经济的范围内，笔者提出如下建议。

（一）设立国家粮食委员会

国家粮食安全、能源安全、金融安全是世界各国高度关注的三大经济问题，国家粮食安全是国家安全的重要组成部分，位居首位。2010 年 1 月 22 日，国务院决定成立国家能源委员会。2017 年 11 月 8 日，国务院决定成立国务院金融稳定发展委员会。

要通过顶层设计，建立健全粮食生产、储备、进出口三方互相联动、灵敏反应、高效运行的体制机制；改革完善中央储备粮、地方储备粮、企业储备粮三者互相联通、余缺调剂、动态管理的体制机制。

同时，中国与积极响应共建"一带一路"倡议的国家，率先推动建立世界粮食共同储备制度，先从亚洲周边国家试点。当前，一些国家在粮食储备紧急情况下不敷所需；另外一些国家粮食储备常年备而不用。如果通过国家间互联互通，做到应对灾害、平衡供需、交流信息，可以提高各国国家粮食储备利用效率，降低储备成本。

（二）国家谷物库存安全系数要稳妥可靠

中国谷物库存安全系数 20% 左右，谷物年末结转库存 2000 亿斤左右，占 2010~2017 年世界谷物年末结转库存年均 14229 亿斤的 14.1% 左右。

主要考虑以下三个方面：一是笔者测算，safe 14 亿人，人日均 1.5 斤口粮消费，3 个月，全国谷物年末结转库存 1890 亿斤。二是新中国自 1960 年建立国家和社会粮食储备制度以来，全国动用国家储备粮次数少、规模较小。大规模两次：第一次是 1993 年全国取消粮票放开粮食价格；第二次是 2003 年"非典"。三是在确保国家粮食安全的前提下，过多的国家粮食储备数量，资金、仓容等资源不能高效利用。

近几年来，国家谷物库存数量过大。2018 年 8 月 18 日，在黑龙江"粮食产业强国建设学术报告会"上，全国人大农业与农村委员会主任委员陈锡文介绍，截至 2018 年 6 月底，全国粮食库存（不包括中央储备和一次性储备），主要是政策性库存（最低价收购和临储价收购的库存），稻谷占 2017 年粮食总产量的 61%；玉米占 69%；小麦占 57%。要大幅降低谷物库存数量，已形成共识。全国谷物年末结转库存数量以多少为宜，意见不一，基本上是从 1500 亿~5500 亿斤。这里我们要统一概念。在此，我们研究的是全国谷物年末结转库存量，三个月口粮消费量，以便衔接下一季度的谷物收成。即每年年底，全国谷物结转库存量，包括全社会储备粮。一般来讲，接新粮前，谷物结转库存量相对较高；新粮上市后，谷物结转库存量相对较低。

（三）粮食产量波动系数要相对稳定

今后一个时期，中国粮食生产能力保持在 1.3 万亿斤以上，年度间粮食产量波动系数控制在 3% 左右。避免出现粮食生产大起大落，特别是人为因素影响粮食减产。年度间的粮食实际生产量根据市场需求进行调整。

近几年来，土壤中重金属含量超标而引发的粮食安全问题时有发生，应引起我们高度重视。今后我们要采取"预防为主、保护优先、风险管控"的防治措施，公众参与应当贯穿于土壤污染预防与治理全周期。保护土壤免受污染，为粮食生产提供良好的生长环境。

（四）谷物外贸依存系数要基本自给

中国谷物外贸依存系数 5% 左右，年度谷物净进口 500 亿斤左右（其中，关税配额 443.12 亿斤），占 2010~2017 年国际市场年均谷物贸易量（以出口衡量）7227 亿斤的 6.9% 左右。

年度间粮食进出口数量，按照国内市场需求，充分考虑现有粮食库存、当年粮食产量等因素，适量调节。

中国作为负责任的最大发展中国家，联合国安理会的常任理事国，粮食储备不仅保障了国家粮食安全，而且从 2006 年起就成为仅次于美国和欧盟的世界第三大粮食援助捐赠国，未来将继续努力为世界粮食安全做出自己应有的贡献。

新中国解决粮食问题的 70 年探索

李国祥[①]

新中国成立 70 年来，虽然在不同发展阶段面临的突出粮食问题不同，但是探索解决的努力从未中断，取得的成就举世瞩目。回顾总结新中国 70 年有关解决粮食问题的探索，对于确保国家粮食安全，把饭碗牢牢端在中国人手里，为中国现代化提供强有力的支撑，意义深远。

一、粮食短缺时代保障粮食供应的探索

新中国成立至改革开放初期，粮食问题始终是经济社会中的重大问题。如何保障居民，特别是城镇居民的粮食供应？国家在不同阶段进行比较并探索多种方案，先后选择了粮食自由购销、统购统销等方式和体制。

新中国成立初期，大城市不断解放。1949~1950 年初，需要政府供应的粮食数量快速增加，大城市粮食供求关系紧张，北京、上海和天津等城市粮商投机，先后出现四次粮食等必需品价格暴涨。应对粮价暴涨是当时解决新中国粮食问题的中心任务，采取的主要措施是从老解放区调运粮食，平衡区域粮食供求关系，增强政府对粮食的调控能力，遏制粮商等操纵粮价，确保大城市的粮食价格稳定，成效明显。通过粮食大调运，1950 年 3~4 月，北京、天津、上海、汉口、广州、福州、成都、西安、沈阳等大城市口粮价格稳步下降，从 3 月上旬到 4 月中旬，北京等大城市大米和小米价格下降幅度超过 30%，全国其他城市等粮食价格也呈现不断下跌的态势。

---

① 中国社会科学院农村发展研究所研究员。

如果追溯当今我国粮食市场调控，不难发现，新中国成立初期党中央就形成了粮食全国"一盘棋"思想，通过粮食大调运可以有效地解决粮食供求区域不平衡问题，促进粮食价格的稳定，保障缺粮地区粮食供应。新中国成立后，除了注重粮食大调运以外，为了增加粮食供给，国家对粮食生产也高度重视。进行土地改革，减轻农民负担，兴修水利，推广良种良法，防治病虫害，这一系列举措使 1950 年粮食获得大丰收。

1950~1952 年是新中国成立后的三年国民经济恢复时期，粮食大幅度增产，政府对粮食价格的调控也取得了成效。但是，当时的实践也反映国家调控粮食市场稳定粮食价格的目标任务与明显不足的能力之间的矛盾趋于严峻。如何在当时粮食生产能力条件下保障日益增多的粮食供应？这应该是粮食统购统销体制形成的思想源头。

1953 年国家开始大规模进行经济建设，在计划经济体制下，为了保障粮食供应，国家高度重视粮食生产，后来进一步强调为以粮为纲全面发展来安排粮食和农业生产，在流通领域对粮食实行统购统销。

在粮食长期短缺条件下，解决我国粮食问题的有效保障是改革前后长期实行的粮食统购统销体制。所谓统购，主要是对农民余粮实行统一收购；所谓统销，就是由国家统一对城市、受灾地区和经济作物主产区居民供应粮食，也就是说，由国家供应粮食的人口，不仅是城市居民，也包括部分地区的农民。

1953 年在通过减轻农业税向农民减少征粮负担的同时，国家曾试图通过自由市场购买农民余粮，但是结果从市场上收购粮食不可行。这样，粮食供应必然紧张起来。1953 年上半年粮食供销矛盾进一步加剧。如何保障粮食供应？当时中央决策层曾研究提出多种方案，包括通过合作社运动来动员农民增加粮食销售，提高收购价格调动农民增加粮食销售积极性，通过合同预购、用工业品换购农民粮食，等等，最终对粮食实行统购统销成为唯一可行的选择。

新中国成立后到改革开放初期的相当长时期，我国实行粮食统购统销体制，无疑有其客观必然性，不仅发挥了积极作用，同时也存在着明显弊端。最大的积极意义是在新中国成立初期很快稳定了社会，为国家工业化提供了强有力的支撑。当然，粮食统购统销体制的必要性主要取决于粮食生产。改革后，家庭联产承包责任制的推行，粮食的不断增产，粮食统购统销自然也就失去了存在的意义。

20 世纪 60 年代初，农业集体化管理体制得到了调整，最主要的是农村人民公社基本核算单位下放到生产队，在这样的背景下很多地方自发地探索各种形式的农业生产责任制，其中，包产到户积极效果明显。

在粮食长期短缺时代，新中国从体制和组织形式及科技创新等多方面探索解决粮食问题的有效途径，虽然最终没有彻底解决粮食短缺和粮食供应保障等难题，但是在粮食供需存在较大缺口下按照计划征购农民生产的粮食和向居民分配粮食，至少是一种具有历史意义的探索。

二、粮食价格双轨制的探索

改革开放后，推行家庭联产承包责任制，粮食收购价不断提高，全国粮食大丰收，粮食形势发生了根本性变化，彻底改变了长期以来人们有关新中国粮食短缺难以解决的固有认识。1983 年前后粮食供求关系发生根本性变化的标志是新中国出现的首次农民"卖粮难"，国家面对的不再是如何保障消费者的粮食供应问题，而是无法对农民生产的粮食做到应收尽收。国家只能收购农民生产的部分粮食。

为解决改革后粮食生产偏多带来的农民"卖粮难"和财政负担加重的难题，在部分农产品市场已经逐步放开并取得积极成效的基础上，1985 年 1 月中共中央发布了《关于进一步活跃农村经济的十项政策》，决定对粮食统购统销体制进行彻底改革，取消粮食统购，改为合同定购，合同定购以外的粮食可以自由上市。

1985 年，农村改革由土地制度二权分制改革转到了粮食价格形成机制和收购制度改革上，具体做法主要是推行粮食合同定购，更多地允许市场价格机制发挥作用，从而形成政府干预价和市场价共存的格局，称为"价格双轨制"。以粮食价格双轨制为中心构建动力机制的农业农村发展阶段，大致对应于中央决定 1985 年鼓励搞活农产品流通到 1992 年决定放开粮食消费市场这一时期，粮食价格双轨制思想和实践成为中国农业农村渐进式改革探索的标志之一。

取消粮食统购对粮食生产产生了怎样的影响？20 世纪 80 年代中后期，改革粮食购销体制，与家庭联产承包责任制在全国普遍推行相对应，按照当时"交够国家的，留足集体的，剩下都是自己的"制度要求，合同定购农民生产的粮食理应能够得到执行，然而事实却是合同定购的粮食收购出现了较大困难。1985～1987 年，全国物价总水平上涨较多，而粮食合同定购价保持不变，农民种粮积极性受到影响，粮食生产出现滑坡或徘徊，出现农民不愿或没有条件按照合同交售粮食的现象。1988 年，中央研究决定再一次大幅度提高粮食合同定购价格，很快全国粮食生产又呈现大丰收景象，新的粮食供求矛盾又进一步显现。

结合改革与发展实践不难发现，粮食双轨制中提高政府收购价或给予农民更多经济补偿对农民发展粮食生产积极性具有明显影响。1986～1989 年，国家逐年提高粮食合同定购价格，并从 1987 年开始对合同定购粮食实行化肥、柴油和预购定金"三挂钩"，同时扩大粮食市场调节范围，粮食生产由 1986～1988 年的徘徊转变为 1989 年和 1990 年的连续两年大丰收，出现了改革后第二次普遍的农民"卖粮难"。

随着粮食合同定购价格的提高，1989～1992 年，农民种粮积极性又被调动起来，导致新一轮粮食购销突出矛盾，同时由于供应城镇居民的粮食价格没有相应提高，从而形成了粮食购销价格的"倒挂"，财政给予的补贴负担越来越重。20 世纪 90 年代初，粮食自由贸易份额越来越大，放开粮食消费市场及其这一改革能否保障中国粮食供应及怎样保障粮食供应的探讨，成为 20 世纪 90 年代中期前后研究领域的重大课题。

三、放开粮食消费市场后引发了"谁来养活中国"的大讨论和国有粮食企业改革探索

1993 年，放开粮食消费市场，粮票退出历史舞台。1995 年，全国不仅出现粮食价格明显上涨的情形，也带来食品消费价格的不断上涨。就在这一期间，总体来说，虽然放开粮食消费市场经历了一些波折，但是粮食消费市场最终有效地解决了粮食购销价格"倒挂"带来的财政负担过重以及国有粮食企业效率不高等难题，同时也较好地满足了居民食物消费结构升级对粮食需求提出的更多更高的要求。

1994 年，美国世界经济观察研究所所长莱斯特·布朗在美国媒体上发文，鼓吹中国经济实力提高将进口全球大量贸易粮，从而对全球粮食安全

构成威胁。他的研究结果引起了大量关注，1995 年在国内广泛传播。当时，为了回应布朗的研究结论和国际社会的关注，1996 年 10 月，国务院新闻办公室对外发表《中国的粮食问题》白皮书，在科学论证基础上，运用大量数据和事实说明新中国成立后怎样解决中国人的吃饭问题，根据未来中国的粮食消费需求，坚定地回答中国能够依靠自己的力量实现粮食基本自给，为此提出解决中国粮食问题的目标任务主要有四个方面：一是努力改善生产条件，千方百计提高粮食综合生产能力；二是推进科教兴农，转变粮食增长方式；三是综合开发利用和保护国土资源，实现农业可持续发展；四是深化体制改革，创造粮食生产、流通的良好政策环境。

粮食消费市场放开后，由于国内粮食价格受多种因素影响不断上涨，因此，国家采取多种措施激励农民扩大粮食生产。1996 年后，粮食连续增产，1998 年粮食总产量曾达到历史最高水平的 5.12 亿吨。为了避免农民"卖粮难"，国家通过财政对收储费用补贴和收购资金贷款利息补贴方式来鼓励国有粮食企业按照保护价多收购农民生产的粮食，结果带来财政用于粮食储备的支出快速增长。

1998 年国家出台"三项政策、一项改革"，《国务院关于进一步深化粮食流通体制改革的决定》提出，按保护价敞开收购农民余粮、粮食收储企业实行顺价销售、粮食收购资金封闭运行"三项政策"和"加快国有粮食企业自身改革"。

为了解决粮食购销价格"倒挂"问题，针对"三项政策、一项改革"中显露的库存积压等突出问题，国家采取了渐进式改革方式。2000 年国家决定将南方早籼稻、红小麦和北方春小麦退出保护价收购范围，实行购销市场化。到 2001 年国家进一步让浙江等东南沿海八个主销区率先实行区域性粮食购销市场化。

四、放开粮食收购市场的探索

在前期研究和大量实践的基础上，2004 年启动的粮食流通体制改革全面放开粮食收购和价格，标志着粮食收购市场的全面建立。在全面放开粮食收购市场下，国家建立了新型的粮食支持保护体系，同时建立粮食市场调控机制。当粮价过低时，启动最低收购价，增加粮食政策性储备规模；

当粮价过高时，通过抛储平抑粮食市场价格。

为什么会放开粮食收购市场？这也是长期实践探索的必然结果。在世纪之交一段时间内，中国推进农业结构战略性调整，深入推进粮食流通体制改革，在放开粮食消费市场而试图控制粮食收购市场的顺价销售思路下，为国有粮食企业寻找出路，但在这一过程中由于粮食顺价销售困难等原因，加之在2003年粮食种植面积相对较低时又遭遇较严重的自然灾害，粮食总产量由1998年的5.1亿吨下降到2003年的4.3亿吨，从当年第四季度起粮食市场作出了反应。

进入21世纪后，特别是2003年秋粮收获后粮食价格开始了新一轮的上涨周期。中国进入全面放开粮食市场的时代。全面放开粮食消费市场和收购市场，并不意味着国家不再关注和解决中国粮食问题了，而是基于粮食问题的新变化选择粮食市场宏观调控和粮食支持保护政策措施等来保障粮食供应。

2004年后之所以出现粮食连续多年增产和丰收，一个非常重要的原因是国家建立了粮食直接补贴制度，稻谷小麦实行最低收购价政策，玉米实行临时收储政策。为什么放开粮食收购市场后出现粮食价格不断上涨？大致来说，2004~2013年，我国经济高速增长为粮食价格不断上涨创造了条件。这一阶段国际国内石油价格上涨，生物能源技术发展，可以将玉米加工成燃料乙醇，对粮食产生大量新的需求，加上化肥等农业生产资料价格上涨的影响，从而也拉动粮食价格上涨。

我国于2001年加入世界贸易组织后，农业对外开放不断扩大，大豆等进口数量越来越多，国际市场价格波动传导机制作用越来越明显，直接或间接地影响到国内粮食价格的不断上涨。我国不仅没有收缩放开的粮食市场，而且还推动粮食期货市场和电子交易的发展，对健全粮食市场进行了有益探索。

2004年后，我国粮食问题主要是基于对粮食连年增产的同时出现的粮食价格不断上涨现象的探讨，提出粮食紧平衡和国家粮食安全的潜在风险，粮食产需缺口扩大、供求结构矛盾和农业资源利用可持续性问题成为新的突出问题，这些认识为2013年提出新形势下国家粮食安全战略奠定了基础。

五、新形势下国家粮食安全战略的提出和探索

2013 年底召开的中央农村工作会议提出新国家粮食安全战略，主要内容包括"以我为主、立足国内、确保产能、适度进口、科技支撑"，确保"谷物基本自给、口粮绝对安全"。如何理解和实施新形势国家粮食安全战略？与过去以解决粮食问题为主要内容的粮食安全战略相比，其突出特点体现在以下三个方面：一是解决中国人吃饭问题，由过去强调立足国内资源实现粮食基本自给向处理好国内生产与进口两个途径转变，仍然以国内生产为主，进口只能适度；二是国内生产不仅注重当期粮食产量，也要注重长远发展和可持续发展，做到藏粮于地和藏粮于技来确保产能，以应对紧急情况发生后国内粮食和食物供应的保障；三是将过去的粮食自给率目标调整为口粮绝对安全和谷物基本自给两个目标，有效地区别不同粮食品种在国家粮食安全中的重要性，划出了国家粮食安全底线。

自实施新国家粮食安全战略以来，根据中国粮食问题的突出矛盾，按照顶层设计，各地不断深化粮食供给侧结构性改革，完善粮食支持方式，加强耕地资源保护，划定永久基本农田，建设粮食生产功能区，推进"优质粮食工程"，等等，未来还会不断出台新的举措，这些实践一定会探索出中国特色的新时代国家粮食安全体系，在中国经济社会发展中发挥极其重要的"压舱石"作用。

总之，自新中国成立以来，探讨粮食问题解决思路、途径和举措，本质上主要是保障粮食供应和稳定粮食价格，探讨国家粮食安全问题，主要是国内生产与进出口之间等重大关系问题。随着现代化的不断推进，未来我国粮食问题的探索必将由关注少数粮食作物生产为中心的解决中国粮食问题理念向逐步树立起大食物观念转变，由研究保障粮食增产和自给率向同时关注粮食数量、质量、安全并最终向保障国人健康安全营养转变。

展望未来，我国粮食问题的探索将突出以构建具有中国特色的粮食生产体系和保障体系为重点，同时会吸收世界上具有普遍性的全面食物安全供给保障的研究成果与做法，将脱贫攻坚确定的不愁吃标准及最低生活保障和社会救助等举措归集实施以特定人群或人口吃饭为对象的精准粮食安全战略。换言之，考虑中国资源条件和对外开放新格局构建，确保粮食生

产能力和适当进口仍将是国家粮食安全研究领域需要重点探索的问题。考虑全面建成小康社会后我国彻底全面消除饥饿，即确保零饥饿的严格要求，按照任何人在任何情况下任何时候都有权获得健康有活力人生需要食物营养的标准，从理论构建、理念树立到具体举措，国内的相关研究创新和实践探索任重道远。

新中国成立 70 年来，中国解决了不同发展时期面临的突出粮食问题，作为世界上人口最多的国家，主要依靠自身力量解决粮食问题，这就是对世界、对人类作出的贡献。中国粮食安全成就举世瞩目，总结和传播中国粮食安全理论与举措，会成为世界对中国智慧与中国方案期待的重要组成部分。未来中国还会把自己探索解决粮食问题的理念和方案贡献于世界，也会积极参与全球粮食安全治理工作。

中国粮食期货市场发展历程回顾与展望

熊　军①

20 世纪七八十年代，给人们留下印象最深的是，无论在食堂还是在餐馆吃饭，都要十分珍惜地数出几张粮票和钱一起交给服务员，只有这样才可以换得米饭与馒头。如今，在新中国成立 70 年后，我国粮食年产量增长近 5 倍，从 1949 年的 2263 亿斤增加到了 2019 年的 13277 亿斤，人均粮食产量翻了一倍多，从 400 多斤增加到 900 多斤，高于世界平均水平。现在无论是去哪里就餐，都不用交粮票了。

我国粮食连年丰收，市场持续稳定健康发展，这与近 30 年来我国粮食期货市场的快速发展相辅相成。期现套利、"订单+期货（权）""保险+期货" 等期货市场服务粮食产业的企业模式兴起，充分彰显了粮食期货市场在振兴农业、保障粮食安全、稳定粮食价格等方面的作用。

一、应市场需求而生，粮食期货拔得头筹

从计划经济到社会主义市场经济，粮食市场首先出现了问题。今年"卖粮难"，明年"买粮难"，价格波动幅度大，以及资金不足要给卖粮农民"打白条"等问题，促使粮食市场较早地出现了期货意识。随之而来的是粮食期货市场的先行者——粮食批发市场建立与现货远期合约的签订。最终，经过艰难的探索，粮食期货市场应运而生。

（一）期货市场在粮食领域的酝酿

以十一届三中全会为起点，我国进入了改革开放和社会主义现代化建

---

① 郑州商品交易所理事长。

设新时期。在改革春风的吹拂下，我国开始从计划经济向社会主义市场经济转型。这种转型在粮食领域表现为国家定购和议价收购的"双轨"运行，市场上"议价粮"越来越多，粮食供求关系开始发生变化。粮食增产，价格下降，影响农民第二年的种植积极性；农民种粮少了，粮食供不应求，价格又会上涨。粮食价格年度之间波动较大，这种往复循环表明粮食领域价格规律的自发调节功能已经跟不上市场发展的要求。

河南不仅是粮食生产大省，也是调出大省，粮食问题在河南较为突出，河南粮食部门因此饱受"夹板气"：今年"卖粮难"，明年"买粮难"，资金不够"打白条"。如何走出粮食生产、流通和价格不良循环的怪圈？一些国外专家"在粮食市场引入期货交易机制"的提议，立即引起国家的重视和国内相关专家的共鸣。

当时，多数人对期货几乎一无所知，但听国外专家介绍期货交易能解决一些具体问题，例如能为市场提供粮食预期价格，避免一窝蜂地扩种或弃种，进而熨平粮食价格年度之间的波动。粮食价格运行平稳，对生产者和消费者都有好处。

（二）粮食期货市场的萌芽

1988 年初，国务院发展研究中心和国家体改委共同组建成立了"国务院发展研究中心、国家体改委期货市场研究工作小组"（以下简称期货市场研究工作小组），标志着我国期货市场的研究孕育阶段正式开启。1988 年 3 月 25 日，李鹏同志在第七届全国人大第一次会议上作政府工作报告时指出："加快商业体制改革，积极发展各类批发贸易市场，探索期货交易。"进一步确立了在我国开展期货市场研究的崭新课题。

1988 年 5 月 4 日，期货市场研究工作小组向国务院上报了第一份研究报告。报告认为，在我国发展期货交易，是经济发展和深化改革的需要。报告还提出了具体目标，计划于 1988 年底之前在全国 2~3 个有条件的省份开办试验性的期货市场。李鹏同志随后批示："同意试点，但要结合中国的实际情况来制订方案。"从此，我国期货市场研究工作进入了方案制订、试点试验的新时期。

彼时的市场经常陷入今年"买粮难"，明年"卖粮难"的尴尬境地，价格暴涨暴跌，期货市场研究工作小组因此决定，推动粮食成为中国期货市场第一个试点品种。品种确定后，试点地区又成了难题，当时国内多数地方政府对期货并不了解，开展试点的积极性不高。经过期货市场研究工作小组的宣传引导，最终河南、四川、湖北和吉林四省初步确定了试点意向。1988 年夏天，在对比了四省的具体情况后，期货市场研究工作小组做出了一个历史性决定，在河南进行中国期货市场试点，建立中国郑州粮食批发市场，也就是现在的郑州商品交易所（以下简称郑商所）。

全国第一家期货市场试点单位花落郑州，缘于当时河南的思想解放和大胆创新，也在于河南千方百计想解决粮食难题，保障农民收入。1987 年 4 月，河南就成立了期货市场研究领导小组和郑州粮油期货市场课题组。1988 年，全国各地财政都十分紧张，其他省份陆续暂停了期货市场研究，只有河南省政府专门拨付了 20 万元的研究经费。河南省委、省政府领导对期货市场的重视可见一斑。

受当时经济发展水平、市场开放程度、基础设施等因素限制，直接设立期货市场的条件尚不成熟。在研究国际期货市场发展情况和中国经济现状的基础上，根据李鹏同志的指示精神，期货市场研究工作小组和郑州粮油期货市场课题组转变了研究方向，由照搬国际成熟期货市场经验，转为结合中国国情，产生一种在一定程度上具备期货市场雏形，同时符合现实条件的批发市场的路线。郑州粮油期货市场课题组研究提出了"一个发展两个改造"的市场创建指导思想和基本思路，即"立足现货批发，大力发展有保障的远期合同，运用期货交易机制，改造远期合同，改造现货批发市场，创造条件，积累经验，逐步发展期货交易"。事实证明，这一指导思想借鉴国际经验，符合中国国情，为中国期货市场走出了一条成功之路。

1990 年 10 月 12 日，筹备两年之久的中国第一家期货市场试点单位——中国郑州粮食批发市场正式开业。新颖的拍卖和协商交易方式，轰动了海内外。很多外媒将其视为中国继续坚持改革开放的重要标志、发展市场经济的里程碑。

实际上，郑州最早研究的是建立粮食期货交易所，在"一个发展两个改造"的指导思想下，期货合约和期货市场运行机制已嵌入中国郑州粮食批发市场运行机制和规则中，这为郑州推出我国第一笔规范化的远期合约打下了坚实的基础。

1991 年 3 月 22 日，中国郑州粮食批发市场达成了第一笔远期合约交易，这笔 1000 吨小麦购销合同，在 3 月 22 日签约，却在 9 月 22 日交割，这一笔远期合约成为中国商品交易史上的里程碑。《经济日报》称这个日子"在中国商品经济发展的历程上具有独特意义"。1992 年 3 月，中国郑州粮食批发市场又在远期合约交易的基础上，向国内外公布了中国粮油远期合同价格，此举被外媒称作"中国发展期货市场的信号""中国走向市场经济的一个重要标志"。1993 年 4 月，远期合约交易量已占中国郑州粮食批发市场交易量的 60% 以上。

（三）粮食期货市场应运而生

在中国郑州粮食批发市场成功运行，远期合约成功推出的基础上，1993 年 5 月 28 日，郑商所成立，首批上市了小麦、玉米、大豆、绿豆和芝麻 5 个品种。经过 5 年研究、2 年实践，郑州走出了一条"由现货交易起步，大力发展有保障的远期合同，最后引进期货交易机制"的具有中国特色的成功之路。

推出标准化期货合约，是中国现代期货市场的起点，也是粮食期货市场的起点，郑商所由此成为我国第一家规范化的期货交易所。在建立规则、试验机制、锻炼队伍、培养人才、宣传期货知识等方面，郑商所为中国期货市场做出了突出贡献。

截至 1994 年初，郑商所的会员数量达到 59 家，这些会员来自粮食、外贸、金融、农垦、物资等各行各业，并代理着数千家企业进行期货交易。自郑商所正式推出期货标准化合约（1993 年 5 月 28 日）至 1994 年 2 月底，共成交小麦、玉米、大豆、绿豆、芝麻、粳米、花生仁、豆粕、红小豆标准化合约 83.5 万张（单边，下同），交易额达 206 亿元，其中最高日交易额达 6 亿元。正是在这红红火火的交易中，大批企业学会到期货市场发现价格、套期保值，使郑商所的期货功能实实在在地发挥出来。

数据显示，截至 1994 年初，在郑商所登记在册的交易者中，60% 以上进行了套期保值交易。河南省粮贸公司 1993 年 9 月购入价格为每吨 770 元的小麦，当时现货市场疲软，销售困难，该公司在 10 月以每吨 830 元的价格，卖出 1994 年 1 月交割的期货小麦，实现了目标利润。

在从计划经济向社会主义市场经济转变的历史进程中，对世界规模最大、情况最复杂的中国商品市场进行改革，完成粮食市场从统购统销向价高"双轨制"、从不成熟的现货市场到市场经济高级形态的期货市场的跨越，对粮食期货市场的缔造者而言，是一份十分值得骄傲的成绩。

二、期货市场治理整顿与粮食期货市场规范发展

期货交易的成功开启受到了市场热捧，从 1993 年 6 月起，我国期货市场迅猛发展，全国各地掀起了兴办各类期货交易所的热潮。期货市场热从某种意义上推动了我国商品市场的快速发展，但其留下的后遗症也是多方面的，一度还是我国期货业健康发展的障碍。

我国期货市场的发展遇到了许多境外期货市场曾经遇到的、具有普遍性的问题，如监管体制、期货交易主体的法律地位和交易过程中的风险控制问题等，同时也遇到了许多新问题，如过度投机、期货纠纷中的法律界定问题等。无序发展的市场必然会迎来严厉的清理整顿。期货市场清理整顿在我国所有行业中持续时间最长，但却为此后我国期货业以及粮食期货市场的健康发展打下了坚实的基础。

（一）期货市场无序发展

1993～1994 年为我国期货市场无序发展阶段，具体表现为各类期货交易所数量过多，品种重复上市，过度投机交易，市场操纵频发；期货经纪公司运作不规范，开展非法的地下期货交易、境外期货交易等。

《关于坚决制止期货市场盲目发展的通知》（国发〔1993〕77 号）明确提出，"一些地方和部门竞相争办期货交易所或以发展期货交易为目的批发市场，盲目成立期货经纪公司；一些执法部门也参与期货经纪活动；有些外资、中外合资或变相合资的期货经纪公司蓄意欺骗客户；一些境外不法分子互相勾结搞期货经纪诈骗活动；一些单位和个人对期货市场缺乏基本了解，盲目参与境内外期货交易，上当受骗，造成经济损失。这些问题虽然发生在少数地方，但涉及面广，影响很坏，隐患很大，严重干扰了期货市场试点工作的正常进行"。

（二）期货市场的清理整顿

面对混乱局面，在国务院的正确领导下，1994年下半年，中国证监会对国内期货市场进行了第一次整顿规范：一是对已经成立的期货交易所进行审核和分类清理；二是严格限定期货交易范围，严禁未经许可的境外期货业务和外汇按金交易；三是严格审批各类期货经纪公司，对期货经纪公司进行清理、整顿和压缩；四是严格控制国有企业、事业单位参与期货交易；五是坚决查处各种非法期货经纪活动；六是加强期货市场监管工作，建立期货监管联席办公会议制度。

经过第一次清理整顿，国内期货交易所由原来的50多家撤并为14家，一批期货品种被叫停，期货市场盲目发展的势头得到控制，但市场结构不合理、法规不健全、投机过度等问题依然存在。

针对上述情况，1998年8月，中国证监会开始了对期货市场的第二次清理整顿，主要内容为：一是继续整顿、撤并期货交易所，只在上海、郑州和大连保留3家期货交易所；二是取消部分期货品种，提高部分期货品种交易保证金；三是清理整顿期货经纪机构，取消非期货经纪公司会员的期货经纪业务资格；四是严格控制境外期货交易；五是加快法规建设，进一步加强对期货市场的监管。

经过第二次清理整顿，期货交易所数量下降至3家，商品期货品种数量由35个减少到12个，后进一步压缩至6个。在农产品期货市场特别是粮食期货市场，只剩小麦和大豆2个品种在交易。

大规模的整顿规范，对于处于经济转型时期的中国期货市场是不可或缺的过程，也是期货市场发展的客观要求。中国证监会和期货市场各层面，根据期货市场的现实情况，在监管体制、法规建设、期货市场结构调整和投资者教育等方面统一了思想，完成了两次意义深远的结构性调整，逐步确立期货市场制度建设的基本框架。在市场管理体制、市场规范化程度、市场功能发挥以及行业文化建设诸方面有了长足进步。具体表现在以下两个方面：一是期货市场的交易机制尤其是履约担保机制，在期货市场十年实践中已为现货企业所认可，期货交易可以消除现货贸易中商业信用缺失的问题；二是已经有相当一部分企业，包括一些大型国有企业，通过亲身实践认识到，期货市场作为回避价格风险的工具，是企业经营中不可或缺的环节。

（三）粮食期货市场的规范发展

2000 年，中国期货业协会的成立，标志着我国期货市场的三级监管体系正式建立，中国期货市场的清理整顿结束，期货市场进入规范发展时代。2001 年，九届全国人大四次会议审议通过的"十五"计划纲要，对金融投资市场提出了"稳步发展期货市场"的政策方针，这一政策性方针的推出，大大鼓舞了期货人的士气，为期货市场步入稳步发展时期打下了坚实的基础。

期货市场的规范与稳步发展让社会各界对期货市场的认识和观念逐渐改善，国民经济发展和经济体制改革对期货市场提出了更为强烈的需求。在此背景下，我国粮食期货市场发生了质的改变。2001 年，小麦期货交易量平稳增长，全年交易量 731.86 万手，同比增长 29.28%；大豆期货交易量增长较快，全年成交 4537.97 万手，同比增长 168.44%。同年，小麦期货交割量约 30 万吨，期货转现货约 7 万吨；大豆期货交割量约 53 万吨，创历史最高纪录。此外，投资者交易日趋理性成熟，会员和投资者更加注重对国内外小麦、大豆的生产、消费、进出口情况，以及 CBOT 小麦、大豆价格走势的研究分析；在交易方式上，更多的投资者开始利用多种交易方式进行组合交易，除套期保值、跨月套利、期现套利之外，还有境外期货市场中一些重要的交易方式，如跨品种套利、跨市套利等日趋普遍。

（四）品种日渐丰富，功能充分发挥

2003 年 3 月 28 日，强麦期货在郑州商品交易所挂牌上市，这是粮食期货市场发展过程中的又一标志性事件。这是因为，强麦期货是我国期货市场步入规范发展阶段后获准上市的第一个期货品种，它的上市，也开启了粮食期货品种上市的快车道。

2004 年，玉米期货和黄大豆 2 号期货在大连商品交易所（以下简称大商所）上市；2009~2014 年，早籼稻、粳稻、晚籼稻期货先后在郑州商品交易所上市。至此，小麦、稻谷、玉米、大豆四大粮食品种均已上市期货品种。2019 年，"粮食的粮食"——尿素期货在郑州商品交易所上市，进一步丰富了粮食产业链期货品种体系。

伴随品种体系的不断丰富，粮食期货的功能也得到了充分发挥。依托强麦期货走出的"延津模式"，便是粮食期货功能发挥领域最好的名片。

"延津模式"的实质是通过"龙头企业+专业经济合作组织+农户"的组织模式创新，再通过"订单+期货"的经营模式创新，来提高农户订单履约率，利用期货市场转移订单农业的价格风险，从而提高订单农业履约率，推动农业产业化发展，增加农民收入。

以"延津模式"的代表企业——金粒小麦合作社和金粒公司的运作模式为例。现货市场上，金粒合作社在优质强筋小麦播种前以农户理想的收购价格与农户签订订单，同时为订单农户提供产前、产中和产后服务，对农户种植小麦实行"五统一"（统一供种、统一机播、统一管理、统一机收、统一收购）管理，引导农民实现优质强筋小麦的规模种植，提高农户订单履约率。期货市场上，金粒公司通过套期保值转移价格风险，或选择适当时机借助期现套利，实现低风险收益，最后根据期货市场套保或套利的收益情况，对金粒合作社农民进行二次返利，进一步增加农民收入。

"延津模式"在全国打响后，强麦期货所体现的"优质优价"原则迅速传递到小麦种植生产的各个环节，河北、山东、江苏等多地优质强筋小麦种植面积快速扩大，有效促进了我国小麦种植结构的调整。

2004 年 1 月 3 日，中央电视台《新闻联播》曾用头条播出专题报道，对郑州商品交易所小麦期货交易在引导我国农业结构、增加农民收入、提高农业竞争力等方面发挥的积极作用给予肯定。

三、粮食期货市场发展前景展望

经过近 30 年的发展，我国粮食期货市场功能得到了充分发挥，越来越多的粮食企业参与到期货市场中，期货市场服务粮食产业企业的模式等也不断得到创新，尤其重要的是各级政府机构也十分重视引导产业企业利用期货与期权工具，产业与金融相互融合的局面已经形成。

（一）粮食期货市场得到高度重视

2004~2020 年，我国连续发布了 17 个中央一号文件，这些文件均聚焦于"三农"领域，并多次提及发展或完善期货市场，强调发挥期货市场在引导生产、稳定市场、规避风险等方面的作用。

为落实中央一号文件精神，郑商所自 2018 年起陆续修订了强麦期货、晚籼稻期货合约规则，并紧锣密鼓地推进马铃薯期货的研发工作，大商所也于 2019 年 8 月 16 日上市了粳米期货，丰富了稻米产业链期货品种。以市场需求为导向，粮食期货品种的完善工作仍在继续。在坚持农业农村优先发展，做好"三农"工作的过程中，期货市场特别是粮食期货市场仍然拥有很大的发展空间。

（二）制度创新是粮食期货新的发展方向

变则通，通则达。近年来，郑商所在强麦期货规则修订过程中勇于创新，大胆引入了交割专家委员会制度，巧妙地解决了强麦交割过程中的"混麦"问题，有效保障了接货方的利益；大商所通过制度创新，在玉米期货上开展集团化交割，将玉米期货交割库设在了田间地头，农民不用再担心卖粮难了。制度创新，进一步促进了粮食期货与现货融合，帮助产业解决了更多实际问题，已成为粮食期货新的发展方向。

（三）粮食期货服务实体经济功能有望进一步深化

服务实体经济，是期货市场的初心与使命。期货市场清理整顿结束后，强麦期货、玉米期货先后成为粮食期货服务实体经济的明星品种。2014 年，小麦、稻谷最低收购价涨至历史高点，最低收购价政策的保障程度进一步强化，现货价格运行愈发平稳，产业的风险管理需求不断减弱，小麦、稻谷期货市场逐渐沉寂，玉米期货成为粮食期货市场的中流砥柱。

2018 年以来，随着现货种植结构不断调整，最低收购价政策持续完善，以市场化为导向的价格形成机制在小麦、稻谷产业中正发挥越来越大的作用，小麦、稻谷期货的市场关注度逐年提高，三大主粮期货品种同时活跃的格局可能重现，粮食期货服务实体经济功能有望进一步深化。

（四）为粮食行业保驾护航是粮食期货自始而终的任务

从传统的套期保值，到"订单+期货（权）"，再到如今的期现套利和基差贸易。期现结合模式不断发展和完善的历程，也是粮食期货持续为粮食产业的经营保驾护航的印证。

如今，郑商所、大商所已经建立起了农产品特别是大宗粮食品种与工业品、金融衍生品齐头并进的全品种体系，呈现出期货、期权多品种同时活跃，场内场外市场协调发展的格局。在尿素等与粮食密切相关的品种上市之后，国内粮油期货市场在帮助粮食企业转移风险、为粮食行业保驾护航方面必将发挥更大的作用。

辉煌的成就　巨大的贡献

——新中国 70 年来粮食生产走过不平凡之路

黄秉信[①]　宋勇军[②]

中国是世界第一人口大国，解决好十几亿人的吃饭问题，始终是治国理政的头等大事。1949 年，当新中国成立时，全国粮食产量只有 2264 亿斤，人均粮食产量仅 209 公斤。大力发展粮食生产、解决广大人民群众的温饱问题是摆在新政权面前的一个急迫课题。自新中国成立 70 年以来，国家采取土地改革制度、实行家庭联产承包责任制、改革粮食流通制度、取消农业税、对粮食种植直补等一系列政策措施，极大地解放了农业生产力，激发了广大农民的种粮积极性，从而促进粮食产量快速增长。2018年，全国粮食产量达 13158 亿斤，比 1949 年增长 4.8 倍；累计增产 10894 亿斤，年均增长 2.6%；人均粮食产量 472 公斤，比 1949 年增长 1.3 倍。70 年来，我们用不到世界 9% 的耕地养活了世界近 20% 的人口，粮食生产取得了举世瞩目的历史性成就，为世界粮食安全作出了巨大的贡献。粮食生产能力的显著提升有力保障了国家粮食安全，为社会经济平稳健康发展和中国特色社会主义现代化建设奠定了坚实的物质基础。

一、新中国 70 年来粮食生产不断攀登新台阶

自新中国成立以来，粮食生产走过了漫长而曲折的道路，有持续多年增产，也有连续几年减产，但总体上呈波动式增长。70 年来，中国粮食产

---

① 国家统计局农村社会经济调查司巡视员。
② 国家统计局农村社会经济调查司处长。

量先后跨越数个千亿斤台阶，成为世界第一粮食大国，实现中国饭碗主要装中国粮，不仅成功解决广大国民的温饱问题，还为改革开放的顺利进行和经济社会的平稳发展奠定了坚实基础。从中国粮食生产发展过程来看，可大致分为改革前后两个时期：

（一）新中国成立以来至改革开放前（1949~1978年）

粮食生产筑底爬升，为解决温饱问题奠定基础。这一时期中国粮食生产的主要任务是解决广大人民群众的温饱问题，重点在"量"的持续增长。新中国成立前，连年战争导致土地大量荒芜，百业凋敝，民不聊生。新中国成立后，采取了分田到户等一系列措施，大力发展农业生产，粮食产量快速增加。1952年，全国粮食产量3278亿斤，跨越千亿斤台阶只用了三年时间。之后，全国粮食产量缓慢增长。由于遭受自然灾害等原因，1959~1961年全国粮食产量还有所下降，1961年粮食产量仅有2730亿斤，甚至低于1951年的粮食生产水平。在采取一系列稳定措施后，全国粮食产量触底回升，于1966年、1971年分别站上4000亿斤和5000亿斤台阶；1978年突破6000亿斤，达到6095亿斤，人均粮食产量319公斤，为有效解决广大人民群众的温饱问题和改革开放的顺利实施奠定了基础。

（二）改革开放以来（1979~2018年）

粮食生产在波动中发展，饭碗牢牢端在自己手中。这一时期粮食生产可分为四个阶段。

1. 1979~1999年

全国粮食产量不断攀越新台阶，基本解决了粮食生产总量不足的问题。改革开放后，随着家庭联产承包责任制、粮食流通制度改革等政策先后实施，农民的生产热情和积极性空前高涨，粮食产量快速增长，1982年、1984年和1993年先后分别突破7000亿斤、8000亿斤和9000亿斤大关；1996年突破10000亿斤大关，并连续三年保持在10000亿斤以上。

2. 2000~2003年

全国粮食生产出现较大幅度波动。进入21世纪后，由于种植结构调整等原因，全国粮食连年减产，至2003年时全年粮食产量仅8614亿斤，甚至比1990年产量还低300多亿斤；人均粮食产量减少到334公斤，比1979

年还低 2.5%。

3. 2004～2012 年

全国粮食生产恢复性增产并向更高水平迈进。从 2004 年起，全国逐步建立起农业支持保护制度并取消农业税，粮食产量迅速恢复，2008 年粮食产量 10687 亿斤，一举超越历史最高的 1998 年；2010 年、2012 年先后分别突破 11000 亿斤、12000 亿斤大关，全国粮食生产站在新的历史起点上开始向更高水平前进。

4. 2013～2018 年

全国粮食在高起点上稳步前进。党的十八大以来，以习近平同志为核心的党中央高度重视粮食生产，一再强调把中国人的饭碗牢牢端在自己手上，粮食综合生产能力在前期连续多年增产、起点较高的情况下，再上新台阶。2015 年至今粮食产量持续保持在 13000 亿斤以上，为社会经济平稳健康发展打下了坚实基础，农业"压舱石"作用日益稳固。

二、新中国 70 年来粮食增产的主要特征

（一）单产不断提高，成为全国粮食持续增产的第一推动力

新中国成立 70 年来，随着农业生产技术的不断进步和物质投入的不断增加，全国粮食单产持续提高。2018 年，全国粮食每亩产量 375 公斤，是 1949 年的 5.5 倍，年均增长 2.5%。因单产提高增产粮食 10749 亿斤，对粮食增产的贡献率高达 98.7%。

从分品种来看，2018 年稻谷、小麦、玉米三大粮食作物每亩产量分别为 408 公斤、468 公斤和 361 公斤，每亩产量比 1949 年增加 342 公斤、318 公斤和 343 公斤；因单产提高分别增产 3100 亿斤、2317 亿斤和 4333 亿斤，占粮食增产总量的 28.5%、21.3%和 39.8%。三大主粮作物之外的其他粮食作物亩产 186 公斤，比 1949 年每亩增加 135 公斤，增长 2.6 倍。

（二）面积有所增加，对粮食增产贡献率相对较低

2018 年，全国粮食播种面积 17.56 亿亩，70 年来累计增加 10619 万亩，增长 6.4%；因面积增加增产粮食 146 亿斤，对粮食增产的贡献率仅为 1.3%。

从分品种来看，玉米播种面积增加最多，杂粮、杂豆等播种面积下降较多。2018 年，稻谷、小麦、玉米播种面积分别为 4.53 亿亩、3.64 亿亩和 6.32 亿亩，比 1949 年增加 6721 万亩、4126 万亩和 43822 万亩，增长 17.4 倍、12.8 倍和 226.2 倍；分别占粮食总播种面积的 25.8%、20.7% 和 36.0%，比 1949 年提高 2.4 个、1.2 个和 24.3 个百分点。由于三大主粮作物之外的其他粮食作物耕种机械化率较低、市场规模小和价格波动较大等，在稻谷、小麦、玉米播种面积持续增加的同时，其他粮食作物播种不断减少。2018 年，三大主粮作物之外的其他粮食作物播种面积 3.07 亿亩，比 1949 年减少 4.41 亿亩，下降 58.9%。

三、粮食种植结构不断优化，玉米增产最多

新中国成立 70 年来，为满足人民群众日益增长的多样化消费需求，全国粮食内部种植结构不断优化调整，从以口粮作物为主逐步向以口粮作物、食畜兼用、杂粮杂豆等协同发展转变，粮食种植结构更加合理，更加适应市场需求。

（一）主要口粮稻谷、小麦持续增产，但占粮食产量的比重略有下降

稻谷和小麦是我国主要的口粮作物。为满足不断增长的人口消费需求，全国稻谷产量持续增长。2018 年，稻谷产量 4243 亿斤，比 1949 年增加 3270 亿斤，增长了 3.4 倍，年均增长 2.2%；增产量占粮食增产总量的 30.0%。但由于稻谷年均增速比粮食低，其占粮食产量比重不断降低，2018 年为 32.2%，较 1949 年降低了 10.7 个百分点；自 2011 年起，稻谷产量被玉米反超，从第一位产量作物跌落至第二位并持续至今。

新中国成立 70 年来，全国小麦产量持续增长。2018 年产量达到了 2629 亿斤，比 1949 年增加 2353 亿斤，增长了 8.5 倍，年均增长 3.3%，年均增速比粮食高 0.7 个百分点；增产量占粮食增产总量的 21.6%。2018 年，小麦产量占粮食产量的 20.0%，比 1949 年提高 7.8 个百分点。

（二）玉米增产最多，对粮食增产贡献最大

玉米用途广泛，加工链长，既是畜禽养殖的主要原料，又是淀粉、燃

料乙醇等粮食深加工行业的主要原料。改革开放以来，为满足快速增长的消费需求，全国玉米产量快速增长。2018 年，全国玉米产量达 5143 亿斤，比 1949 年增加 4895 亿斤，增长 19.7 倍，年均增长 4.5%，比粮食增速高 1.9 个百分点。2018 年，玉米产量占粮食产量的比重达 39.1%，比 1949 年提高 28.1 个百分点。玉米增产量占粮食增产总量的 44.9%，在所有粮食作物中增产最多，对粮食增产贡献最大。

（三）其他粮食作物产量增加，占比下降

随着新种子、农药化肥的普遍使用和农业生产技术的不断进步，虽然稻谷、小麦和玉米之外的其他粮食作物播种面积减少较多，但在单产提高的带动下，其他粮食作物产量依然实现较大幅度的增长。2018 年，三大粮食作物之外的其他粮食作物产量 1143 亿斤，比 1949 年增加 377 亿斤，增长 49.2%，但占粮食产量的比重有所下降，2018 年仅为 8.7%，比 1949 年下降 25.2 个百分点。

四、主产区增产作用突出，全国粮食生产日益向主产区集中

（一）主产区产量占全国比重持续提高，增产稳产作用突出

新中国成立 70 年来，全国粮食主产区稳产增产能力增强，粮食生产日益向主产省份集中。2018 年，13 个主产省份粮食产量合计 10354 亿斤，比 1949 年增长 5.7 倍；产量占全国的 78.7%，比 1949 年提高 10.2 个百分点。70 年来，13 个主产省份共增产 8803 亿斤，年均增长 2.8%，比全国平均增幅高 0.2 个百分点；增产量占全国增产总量的 80.8%，年均拉动全国产量增长 2.1%。

（二）粮食生产重心向北转移，内蒙古及东北三省增产最多

新中国成立后至改革开放初期，全国粮食生产主要集中在南方，南方 16 省份（包括上海、江苏、浙江、安徽、福建、江西、湖北、湖南、广东、广西、海南、重庆、四川、贵州、云南和西藏）。生产的粮食占全国

比重基本在 60% 左右波动，1982 年达到 62.4%。此后，随着全国经济的快速发展和城镇化率的不断提高，南方地区粮食产量占全国比重不断降低，2005 年首次被北方地区超越；2018 年下降到 41.4%，与新中国成立初期北方所占全国比重相当。70 年来，南方地区累计增产粮食 4095 亿斤，占全国粮食增产总量的 37.6%。

改革开放以来，随着农业生产条件的改善，特别是东北地区低产田地的开发利用，全国粮食生产重心逐渐向北转移。2018 年，北方地区粮食产量占全国比重达到 58.6%，比 1949 年提高 18.3 个百分点。70 年来，北方地区累计增产 6800 亿斤，占全国粮食总增产量的 62.4%。其中，内蒙古及东北三省增产作用最为突出，四省（区）累计增产 3062 亿斤，占全国增产总量的 28.1%；粮食产量合计占全国的比重从 1949 年的 13.9% 提高到 2018 年的 25.7%。随着全国经济进一步发展和农业生产技术的不断进步，未来全国粮食增长的潜力还主要集中在北方地区，尤其是内蒙古及东北三省将日益成为全国的"米袋子"。

（三）粮食生产向优势区域集中，区域布局更加优化

70 年来，尤其是改革开放以来，国家持续推进农产品流通体制向市场化方向转变，引导农民根据市场需求调整生产，开展主体功能区划分和优势农产品布局，稻谷、小麦、玉米等主要粮食作物区域布局不断优化。

1. 稻谷生产区域布局不断优化

改革开放以前，全国稻谷生产主要集中在长江流域及以南地区。1949 年，全国水稻产量在 60 亿斤以上的省份有 7 个，分别为四川 185 亿斤、广东 128 亿斤、湖南 113 亿斤、湖北 84 亿斤、江西 72 亿斤、浙江 67 亿斤和江苏 63 亿斤，七省稻谷产量合计占全国的 73.1%。改革开放后，随着农业生产技术和育种技术的不断进步，全国稻谷生产逐渐向北拓展，形成南北并重的哑铃型生产布局。2018 年，全国稻谷产量在 200 亿斤以上的有 9 个省（区），分别是黑龙江 537 亿斤、湖南 534 亿斤、江西 418 亿斤、湖北 393 亿斤、江苏 391 亿斤、安徽 336 亿斤、四川 295 亿斤、广东 206 亿斤和广西 203 亿斤，九省（区）稻谷产量合计占全国的 78.2%。

2. 小麦生产进一步向黄淮海平原集中

1949 年，黄淮海平原五省河南、山东、江苏、安徽、河北小麦产量合

计占全国的 55.5%，其中，河南、山东位居全国第一和第二，江苏、安徽位居全国第四和第五，河北仅列全国第七位。2018 年，五省小麦产量包揽全国产量前五名，其中，河南 721 亿斤、山东 494 亿斤、安徽 321 亿斤、河北 290 亿斤和江苏 258 亿斤，五省小麦产量合计占全国比重达到 79.3%，比 1949 年提高 23.8 个百分点。

3. 玉米生产从小而散向规模化、集中化方向发展

西南地区玉米产量占全国比重不断下降，形成以东北—华北平原为主的玉米生产带。1949 年，全国玉米产量超过 20 亿斤的仅有黑龙江、四川、吉林和云南四省，四省玉米产量合计占全国的 44.0%。2013 年，全国玉米产量最高的 7 个省（区）全部位于东北和华北平原，其中，黑龙江 796 亿斤、吉林 559 亿斤、内蒙古 539 亿斤、山东 521 亿斤、河南 470 亿斤、河北 388 亿斤和辽宁 332 亿斤，七省（区）玉米产量合计占全国的 70.2%；四川和云南则分别跌至全国第八位和第十位。

五、农业基础设施明显改善，农业生产技术和科技水平显著提高

（一）农田水利条件明显改善，"靠天吃饭"的局面正在逐步改变

水利是农业的命脉。新中国成立前，农田水利等基础设施条件非常落后，严重制约了粮食生产能力的提高。新中国成立后，尤其是改革开放以来，国家持续加强以农田水利为重点的农业基础设施建设力度，不断加大投入力度兴修农田水利，农田灌溉条件明显改善，为实现粮食稳产高产奠定良好基础。据水利部统计，2018 年全国耕地灌溉面积 10.2 亿亩，比 1952 年增长 2.4 倍，年均增长 1.9%。此外，国家深入实施耕地质量保护与提升工程，大力改造中低产田，稳步推进旱涝保收、稳产高产的高标准农田建设；据农业农村部统计，2018 年底全国累计建成高标准农田 6.4 亿亩，完成 9.7 亿亩粮食生产功能区和重要农产品生产保护区划定任务，确保粮食综合生产能力稳步提升。

（二）化肥等生产要素投入大幅增加，是粮食增产的物质保障

化肥、农药等是农业生产中非常重要的生产资料，科学合理地施用化肥、喷洒农药是促进农作物增产、加快农业发展的重要途径。70 年来，全国粮食单产不断提高、总产量不断跃升的一个重要因素就是化肥等农资使用量大幅度增加。2018 年，全国农用化肥施用量（折纯）5653 万吨，比 1978 年增长 5.4 倍；农用薄膜 246 万吨，比 1991 年增长 2.8 倍；农药使用量 150 万吨，比 1991 年增长 96.5%。但是，目前全国化肥施用量已远超合理水平，除了导致农业生产成本增加、效益降低之外，还影响农产品品质和生态环境，不利于粮食持续增长，农业生产绿色发展势在必行。

（三）农业科技进步加快，科技驱动作用增强

新中国成立以来，国家高度重视农业科技发展，不断加强育种技术、生物工程技术等高新技术的研究与开发应用，积极推广优良品种和农业先进适用技术，加快农业科技成果的转化与推广应用，"种子工程""超级稻推广项目"等持续推进，科技在农业生产中推动作用日益增强。科技部资料显示，2018 年全国农业科技进步贡献率达到 58.3%，比 2005 年提高了 10.3 个百分点，主要农作物良种覆盖率持续稳定在 96% 以上。

（四）农业机械化程度明显提高，机械化水平大幅提升

70 年来，国家大力推进农业机械化发展，农业物质技术装备水平显著提升。1952 年全国农业机械总动力仅 18.4 万千瓦，拖拉机不到 2000 台，联合收割机仅 284 台。随着农业现代化不断推进，农业机械拥有量快速增加，农作物机械化率大幅提高。2018 年全国农业机械总动力达到 10 亿千瓦，拖拉机 2240 万台，联合收割机 206 万台。主要农作物耕种收综合机械化率超过 67%，其中，主要粮食作物耕种收综合机械化率超过 80%。农业机械的广泛应用，把农民从"面朝黄土背朝天"的高强度农业生产劳动中解放出来，不仅极大地提高了农业劳动生产率，也标志着我国农业生产方式从以人畜力为主转入以机械作业为主的阶段。

六、中国粮食生产进入新时代

中国特色社会主义进入新时代后，全国粮食生产的主要矛盾已经从总量不足转变为种植结构不尽合理，绿色、有机等高质量农产品无法满足广大人民的消费需求等。为适应市场需求的转变和满足广大居民对美好生活的追求，改善目前不尽合理的农业种植结构，党中央适时提出和大力推进农业供给侧结构性改革，不断优化粮食内部种植结构，进一步调减资源环境承载压力大等非优势地区粮食生产，综合发展油料、瓜果、蔬菜、饲料等经济附加值较高的各类经济作物和特色作物生产。2016～2018年，累计调减非优势产区籽粒玉米面积5000多万亩，调减低质低效区水稻面积800多万亩，增加大豆面积2000多万亩，粮改饲面积达到1400多万亩。绿色、有机、优质的农产品产量大幅增加，农业种植结构日趋合理，更加适应市场需要。

目前，虽然全国粮食等主要农产品供应充足，但我们也要清醒地认识到，未来随着人口增加、消费结构升级和城镇化进程的加快，全国粮食消费将会不断增加。考虑全国水土资源利用的现状和环境保护的需要，目前粮食产量在现有生产技术水平上难有较大幅度的提高，未来一段时期内将趋于基本稳定，粮食供需紧平衡状态将长期存在。当前全国农业基础依然薄弱，农业生产靠天吃饭的局面并没有得到根本性的改变。此外，随着市场经济的进一步发展，部分地区产生"粮食生产不必靠我"等思想，认为全国粮食生产已经过关，对粮食生产不够重视等，这非常不利于粮食的可持续和长远发展。

习近平总书记多次强调，"中国人的饭碗要牢牢端在自己手上，我们的饭碗应该主要装中国粮；对粮食问题，要从战略上来看，看得深一点、远一点"。为此，我们必须始终紧绷粮食安全这根弦，必须保护粮食生产能力不降低，确保需要时能产得出、供得上：一方面，要严守耕地红线，大力提高耕地质量和完善农田水利设施，真正把"藏粮于地、藏粮于技"战略落到实处；另一方面，要进一步深入推进农业供给侧结构性改革，充分利用和有效发挥国内外"两个市场"和"两种资源"，尽快实现农业由总量扩张到质量提升的转变，走绿色、特色、品牌的质量兴农之路，为实现社会经济平稳发展、"两个一百年"奋斗目标和中华民族伟大复兴的中国梦做出新的贡献。

新中国 70 年政府粮食储备体系的演变

亢 霞[①]

政府粮食储备是我国粮食安全管理的重要抓手。新中国成立以来，政府粮食储备管理机构虽然几经变迁，但是我国粮食储备已经初步形成了以中央统一领导为基础，中央储备与地方储备、政府储备与企业储备互为补充、协同发展的统一体系。通过不断改革完善粮食储备管理体制机制，聚焦科学确定粮食储备功能和规模，不断健全和完善粮食储备运行机制，服务宏观调控、调节稳定市场、应对突发事件和提升国家安全能力的粮食储备体系目标更加清晰明确，我国政府粮食储备从传统粮食储备体系向围绕建设现代化经济体系和高质量发展的现代粮食储备制度转变迈进。

一、新中国成立后至改革开放前，支持经济建设和提高备战能力，建立了政府粮食储备雏形

（一）新中国成立初期，逐步组建粮食管理机构

新中国成立初期，由于受到战争破坏，1949 年全国粮食总产量 11318 万吨，每亩产量仅为 136 斤，人均粮食占有量 418 斤，粮食供应十分紧张。为保障军需民食，1949 年 12 月，中央财政部召开了全国粮食会议，建议加强粮食部门机构，并建立垂直领导的国家粮库，统一管理和调度公粮。1950 年 3 月，当时的政务院发布了《关于统一国家公粮收支保管调度的决定》，相继建立了各大行政区、省及省以下的市县各级粮食局和中央公粮库。为统一领导全国的粮食经营和粮食管理，分别建立隶属于贸易部的中

---

① 中国粮食研究培训中心处长。

国粮食公司和隶属于中央财政部的粮食管理总局。同年 3 月 1 日，成立了中国粮食公司，所属的华北、华东、中南、西北、西南和东北 6 个区公司，各省、市公司以及省、市以下的分支公司也相继成立。地方各级粮食公司成立后，粮食批发价格、粮食及资产调拨和现金回笼三项由中央统一管理，执行政策、完成任务及干部配备、调动、补充由地方政府管理。同年 11 月 1 日，粮食管理总局在财政部原粮食处的基础上正式成立。1952 年 9 月，在中国粮食公司和粮食管理总局合并的基础上，成立中央人民政府粮食部，主要任务是保证军需民食，稳定市场粮价，加强国营粮食商业地位，促进生产，巩固工农联盟。这一时期政府提出了"储备粮"的设想，粮食管理机构的主要作用是大规模组织粮食调运，对保证大城市粮食供应、平抑粮价、打击不法商贩和巩固政权发挥了重要作用。

（二）计划经济时期，粮食储备与粮食经营一体发展

为支持国家大规模经济建设，1953 年 10 月 16 日，国家实行统购统销政策。为应付灾荒和各种意外，1954 年 10 月，中共中央《关于粮食征购工作的指示》文件中明确提出国家必须储备一定数量的粮食。

由于台海局势紧张，为提高备战能力，1962 年国务院和中央军委决定建立军用"506 粮"，即战略储备粮。"506 粮"储备数量是以 50 万人食用 6 个月测算的储备粮食数量规模，实行军政共管，其粮权属于中央军委，计划由粮食部与总后勤部联合下达。

1965 年，开始从周转库存粮食中划出一部分作为储备粮，"甲字粮"初步形成，并对其划定专属的仓库和保管费用等资金支持。"甲字粮"的目的是备荒储备，是构成我国粮食储备的重要部分，其粮权属于中央，计划由粮食部或商业部下达，采用"专仓管理、专项资金、单独统计"的管理方式。但是由于当时人均粮食占有量不到 600 斤，粮食供应十分紧张，建立起来的储备粮也很快用于国家粮食的周转和应急需要。

受"大跃进"影响的粮食产量逐步恢复到 1957 年的水平，1966 年我国粮食产量首次突破 2 亿吨，根据粮食供求形势变化，逐步建立国家和社会粮食储备，我国的粮食储备制度逐步形成雏形。至此，我国政府粮食储备主要由两部分组成：甲字粮、"506"粮。同时，粮食部门建立了包括企业商品库存即周转储备的粮食储备，农村集体也将上缴国家公粮后的一部

分剩余粮食作为农村集体储备粮食。所有储备粮（集体储粮除外）都由粮食部负责管理；对城乡居民的粮食购销实行计划收购和计划供应，实行严格的国家垄断经营，严禁私商自由经营粮食。1970 年，粮食部与原有的商业部、全国供销合作总社和中央工商行政管理局合并为商业部。

在这段时期，随着农村经营管理体制的变化，农村集体粮食储备迅速下降，甚至基本为零。粮食储备体系中甲字粮与"506 粮"规模基本不变，粮食储备主要是依靠粮食部门建立的周转储备。由于粮食储备与经营体系合二为一，粮食储备及其调拨计划得到不折不扣的落实，对新中国确立社会主义道路初期，调整社会生产关系，促进经济社会发展提到了"定心丸"作用。

二、改革开放后，逐步理顺体制机制，大力推进政府粮食储备体系完善和发展

（一）核定粮食周转库存，探索建立补贴包干办法

1978 年起，农村陆续推行了家庭联产承包责任制。1979 年 6 月，国家周转库存只够满足 4 个月的使用，达到了当时的警戒线，如果再降低库存水平，部分地区将出现周转困难或供应紧张的情况。粮食管理工作开始改变高度集中的粮食计划体制，在坚持统购统销政策和征购、销售、调拨、库存"四统一"的管理制度下，实行稳步放活的管理体制，并再度设立粮食部。此后，国家大幅提高粮食统购价和超购加价水平，允许议购议销，恢复集市贸易，调动农民生产积极性。1982 年，粮食部并入商业部。随着粮食生产稳定增长，粮食供求相对充裕，按照多购多存、充实国家仓库的思路，逐步充实国家粮食储备规模，用于中央开支专项用粮和区域间的粮食供求余缺调剂。国家粮食储备和周转库存，粮权属于中央，由粮食行政管理部门统一调拨。1985 年，国家决定取消粮食统购，实行粮食合同定购，标志着自 1953 年以来实行了 32 年的粮食统购统销制度开始逐步退出历史舞台。同时，调整了农村粮油购销价格，改变农村粮油购销价格倒挂的状况，实现了农村粮油购销同价（主要原因是 1979 年提高粮食统购价格，但是销售价格一直未调整，造成了购销价格倒挂，财政负担重。1993

年，放开市镇居民销售价格，实现市镇居民购销同价)，并将农业税以征收粮食为主改为按粮食"倒三七"(30% 按原统购价，70% 按原超购价)比例征收。为了解决调拨亏损价差的问题，经营平价粮油开支的粮食企业按照销售量和库存数量，由财政对其实行定额补贴，核定的各省(自治区、直辖市)粮食周转库存总额为 920 亿斤，超过周转库存定额的粮食由中央支配，费用由中央财政按每百斤 2.2 元予以补贴。此后，国家逐步缩小计划调节范围，扩大市场调节范围，一方面，数次调减粮食合同定购任务，提高定购价使其逐步接近市场价，提高统销价格，逐步改变粮食购销价格倒挂状况；另一方面，调动地方管好粮食的积极性，中央对各省(自治区、直辖市)的粮食购销调拨和粮食财务实行包干办法，多购少销结余的粮食和补贴款归地方，少购多销的粮食及增加的补贴款均由地方自行解决。这一时期，改革开放激发了社会生产力的大发展，促进了粮食流通改革快速发展，也为探索建立和粮食储备体系提供了机遇。

(二) 设立专项粮食储备，建立了中央和地方储备体系架构

随着粮食流通市场化改革进程的推进，在逐步放开粮食市场的同时，为增强对粮食市场价格风险和突发自然灾害等意外情况的粮食安全保障，1990 年 9 月，国务院颁布《关于建立国家专项粮食储备制度的决定》，正式建立国家专项粮食储备制度，在商业部下成立了专门的管理机构——国家粮食储备局。国家专项粮食储备的差价由中央财政贴息补助。国家专项储备粮也被称为老体制专储粮，其粮权属于国务院，它的利息费用由中央财政拨付至各省级财政，再由地方粮食部门负责拨付至各承储库点。1991 年，国务院发布《关于进一步搞活农产品流通的通知》，提出要对重要农产品逐步建立和完善风险基金制度。1993 年，国务院发布《关于加快粮食流通体制改革的通知》，按照"米袋子"省长负责制的要求，建立和充实必要的地方粮食储备，尽快达到产区保持 3 个月销量、销区保持 6 个月销量的水平。经过几年的实践，各地方的储备粮都达到了一定规模，少则几亿斤，多则几十亿斤，一般都能维持当地 2~3 个月的销量。

总体来看，按照集中领导、分级管理、统放结合的原则，中央粮食储备主要是通过适当集中一部分粮权，增强中央对粮食的宏观调控能力，通过财政贴息和银行贷款等方式，对粮食储备在资金上予以支持；地方粮食储备主要是促使地方政府在一定程度上分担中央对粮食安全的部分职责，但也存在中央与地方粮食储备层级结构过于复杂、商品库存与安全储备难以分开等问题。

（三）建立粮食风险基金，为中央和地方粮食储备提供资金保障

随着经济体制改革的深化，为了用经济手段稳定粮食市场，防止粮食价格大幅波动，国家建立了粮食风险基金。粮食风险基金是实施经济调控的专项资金，由中央粮食风险基金和地方粮食风险基金两部分构成，分别由中央财政预算安排、中央补助和地方财政预算安排构成。1995 年，国务院《关于粮食部门深化改革实行两条线运行的通知》明确划分了中央和地方的粮食事权。自此，国家粮食储备局实行垂直管理的国家专项储备粮油也被称为新体制专储粮，它的利息费用直接由中央财政拨付至国家粮食储备局，再由国家粮食储备局拨付至各承储库点。

（四）深化粮食流通体制改革，建立中央与地方粮食储备财权和事权独立决策的运行机制

1998 年国务院在《关于进一步深化粮食流通体制改革的决定》中提出，完善粮食储备体系，建立健全储备粮管理制度，实行储备和经营分开，国家粮食储备局负责中央储备粮管理，中央储备粮实行垂直管理；建立和完善省级粮食储备制度，省级粮食储备报国务院备案。1999 年，调整了中央储备粮管理机构，将国家粮食储备局改为国家粮食局，负责全国粮食流通宏观调控的具体业务、行业指导和中央储备粮行政管理；组建了中国储备粮管理总公司，负责中央储备粮的经营管理，中央储备粮的利息和费用由中央财政承担，增强政府对粮食市场的调控能力。地方实行省长负责制，全面负责本地粮食的生产和流通，负责本地区粮食仓储等流通设施的规划、建设、维修和改造。地方储备粮的亏损则由粮食风险基金弥补；地方政府根据本地需要落实省级（或者市、县级）粮食储备，地方储备粮的费用补贴标准参照中央储备粮，主要由粮食风险基金和地方财政承担。在这种情况下，政府的粮食储备分成了中央与地方储备两个独立板块，事权、财权独立运行。但由于中央储备粮与地方储备粮协同运作机制尚未建立，在实际运行中，中央储备与地方储备粮食经营有时相互掣肘，在一定

程度上影响了粮食储备的整体效果。

（五）构建统一的国家物资储备体系，加快推动中央储备与地方储备、政府储备与企业储备互为补充、协同发展的新格局

在新形势下，为确保谷物基本自给、口粮绝对安全，把饭碗牢牢端在自己手上，进一步明确地方政府维护国家粮食安全的责任，2014 年国务院出台《关于建立健全粮食安全省长责任制的若干意见》。从 2015 年起，用五年时间实施"粮安工程"，建设粮油仓储设施、打通粮食物流通道、完善应急供应体系、保障粮油质量安全、强化粮情监测预警、促进粮食节约减损等。2017 年，国务院办公厅出台《关于加快推进农业供给侧结构性改革大力发展粮食产业经济的意见》。2018 年组建国家粮食和物资储备局，从加强对国家储备的统筹规划高度，构建统一的国家物资储备体系，全面提高国家粮食和战略应急物资储备安全保障水平。地方则根据具体情况，分别组建成立了省级粮食和物资储备局，黑龙江、湖北、青海三省设立了粮食局，市级基本保留了粮食和物资储备局，大部分县级粮食局归到了县发改局，加挂粮食局的牌子。2019 年 5 月 29 日，中央全面深化改革委员会第八次会议审议通过《关于改革完善体制机制加强粮食储备安全管理的若干意见》。随着粮食储备管理机构职责的明确以及体制机制的改革完善，通过进一步优化各级储备粮规模、品种、布局，政府粮食储备在提升国家储备应对突发事件的能力方面有了新提高，在构建统一的国家物资储备体系上有了新突破。

总体来看，在不同的历史时期，政府粮食储备为促进粮食生产发展，保障粮油供应，推动经济社会发展作出了重要历史性贡献。可以说，过去的 70 年，我国粮食流通体制成功实现了由高度集中计划经济体制向社会主义市场经济体制的转变，实现了由解决短缺温饱到全面小康和营养健康消费需求导向的转变，实现了由自给、半自给向大流通、大贸易、大产业、大市场的全方位发展的转变。政府粮食储备作为保障国家粮食安全的重要物质基础，是不断增强粮食宏观调控能力、大幅提升粮食仓储物流能力、提升粮食流通监管水平和治理能力、推动粮食产业强国建设的重要"压舱石"。

新中国 70 年云南粮油产业发展综述

云南省粮油科学研究院[①]

新中国成立 70 年来，云南粮油产业发展取得了巨大的成绩，城乡居民吃饭问题得到了根本性的解决，粮食安全保障水平明显提升。

一、云南粮食产业发展概况

新中国成立初期，云南省私营粮商经营比重较大，国营粮食经营比较薄弱，粮食市场时常发生波动。1952 年，粮食交易统一了计量单位，国营粮店开始放手销售粮食，云南粮食市场逐步建立起来。1953 年国营粮食商业在粮食收购和粮食销售环节都占到 80% 以上的比例，确立了国营粮食商业在市场上的主导地位。1957 年云南省粮油加工企业实现工业总产值 11209 万元，工业利润 32 万元。

1978 年，当时的云南省革委根据中央改革开放的方针，恢复了粮油市场和国营粮食商业的粮油议购议销业务，并开始实行多渠道经营，云南省粮油产业蓬勃发展。1982 年云南省粮油加工企业实现工业总产值 26272 万元，实现工业利润 869 万元，是新中国成立初期的 27 倍。

改革开放以来，特别是国家粮食安全战略确立以后，云南省粮油产业保持了市场平稳、产能平衡、供给充足、各类储备管理有序的良好态势。国家统计局云南调查总队的数据显示，2018 年云南省粮油加工企业实现工业总产值 2192546.1 万元，比 1957 年增长了 195 倍，比改革开放初期增长了 83 倍；实现利润总额 42294.2 万元，比 1957 年增长了 1321 倍，比改革开放初期增长了 48 倍。

[①] 本文由杨蕙铭、邵志凌、杨晓帆、尹绍东、刘付英、曾繁添、董梦雪执笔。

二、粮油生产

由于云南山地多、平地少，农业基础设施差，生产方式落后，新中国成立初期云南粮油长期处于短缺的状况。根据云南省志的统计数字，新中国成立初期云南省粮食年产量约为 0.31 万吨，油料 2.345 万吨（其中，菜籽油产量 1.769 万吨，花生油产量 0.576 万吨），云南粮油产业处于粮源不足、油脂紧缺的紧张供应状态。

直到党的十一届三中全会以后，云南省的农村生产力得到极大释放，粮油产业发生了由长期需要大量外调到基本自求平衡的历史性转变。改革开放以来，云南省认真贯彻落实中央各项强农惠农政策，落实粮食安全行政首长责任制，粮食安全得到有效保障。2018 年，云南省粮食总产量达 1843.5 万吨，比新中国成立初期增长 5946 倍，比 1978 年增长 2.1 倍；全省油料产量 56.26 万吨，比新中国成立初期增长 24 倍，比 1978 年增长 10 倍。

云南粮油连年生产丰收，主要得益于粮油生产能力的不断提升。国家统计局云南调查总队的数据显示，2018 年云南省粮食播种面积是 6261.86 万亩，比 1978 年增长 1.1 倍；而粮食综合平均单产 297.12 公斤/亩，比 1978 年增长近 2 倍。由此可见，"藏粮于地、藏粮于技"是优化粮食产能的根本保障。

三、粮油调运

新中国成立初期，云南粮食增长速度缓慢，人均产量多数年份比全国低，粮食需要大量外调弥补。1952 年云南从外省调入粮食 11.34 万吨。云南地势山区多，直到改革开放初期还有近 40% 的乡不通公路，只有 29 个市、县通铁路，占比全省 128 个县的 22.7%。

云南国境线长、戍边军队多，粮食运量大、任务重。1951 年，为了保证西藏部队的供应，丽江地区组织采取分段捷运的办法，人背马驮把粮食运到德钦；文山的调粮指挥机构组织 8.5 万人，驮马 8960 匹、牛车 2250 辆运粮到个旧、蒙自、开远等地方；昭通专区发动 4.5 万人运粮支援川南。

改革开放以来，云南新建扩建铁路专用线 7.22 千米，加快了粮食流通建设的步伐。2018 年，云南省调入粮食 554.8 万吨，比 1952 年增加了 48 倍；调出粮食 11.64 万吨，全省粮油供给充足。

四、粮油仓储

新中国成立初期，云南省粮仓容量为 11.427 万吨（按稻谷容量统计），油池容量为 1.372 万吨。由于地点分散，因此粮食管理、调运、供应都很困难。随着粮油生产发展，仓容不足问题突出。为解决粮食仓储问题，粮食部门还租借大量寺庙、民房、仓库储存粮油。

1978 年，全省粮库总仓容达到 388 万吨。1979 年，云南省先后在各地新建仓容 29.895 万吨，作为储存、中转、供应使用，解决了主要城市和铁路沿线粮仓不足的问题；1979 年全省钢板小油罐和砖石油池总容量 1.025 万吨，其中，玉溪的容量占全省的 1/4，全省粮油储存网点布局基本形成。

"十二五"期间，云南省开始实施"危仓老库维修改造项目"。截至 2018 年底，全省"危仓老库维修改造项目"完工 106 个，完成仓容 34.89 亿斤，基本解决了云南省"危仓老库"比重大、仓容紧缺、仓储功能不完善等问题，全省粮食仓储有了质的飞跃。随着《云南省粮食流通行业发展"十三五"规划》陆续出台和实施，云南粮食流通加快了前进的步伐，"一核、六圈、七线、八节点"的规划布局已经初现雏形。

2018 年底，全省入统粮食企业完好仓容 610 万吨；入统企业油罐总数 1077 个，总罐容 23.9 万吨。随着全省粮食仓储设备维修改造工作的全面推进和粮库智能化升级改造省级平台建设以及全省 150 个粮库的信息化改造完成，全省粮食仓储条件将有跨越式转变，粮食仓储的信息化水平将有质的飞跃。

五、粮油质检

1950~1954 年，云南省粮食征购以"一干二净三饱满"为中等粮食品质标准。高于中等标准的为上等，低于中等的为次等。自 20 世纪 70 年代起，云南省粮食局积极学习省外"队评库核"的验质经验，把相关粮油品质标准、等级差价、验质方法等交给群众，由生产队干部、验质人员、群众代表组成验质小组进行初步评比，再由粮库人员以复核的方式对粮食进行质量检验。

1978 年，云南省开始试行六种粮食国家标准，并逐步开展粮油质量检验工作。按照国家标准，1978 年云南省春征入库粮食中等以上占比88.4%，入库粮食、油料品质都比较好，符合规定标准。然而，云南省粮油被污染情况比较突出，而且不同地区差别较大。

2006 年云南省粮油科学研究院（云南省粮油产品质量监督检验测试中心）经原国家粮食局考核，挂牌为"云南国家粮食质量监测中心"，2014年被授为"国家粮油标准研究验证测试中心"。在"十二五"期间，云南省 16 个州市粮油质检站先后获得了"云南国家粮食质量监测站"授牌。在"十三五"期间，云南"优质粮食工程"质检体系建设项目拟投资22896 万元，主要用于 1 个省级中心、8 个区域中心、129 个县级监测点的项目建设和能力提升。截至目前，云南已经初步建立了"上下联动，横向到边、纵向到底"全省粮食质量安全检验检测体系，全省粮食质量安全检验监测能力也大幅提升。

2019 年云南省开展全国政策性粮食库存数量和质量大清查工作。统一组织共扦取全省纳入大清查范围的政策性粮食样品 1208 个，质量达标率98.2%。从清查结果来看，云南省辖区内政策粮食库存数量真实，质量良好，储粮安全。

根据以上数据分析，得出以下三点结论：一是云南省粮食产业发展势头迅猛，工业总产值突破千亿指日可待。二是云南省粮食调运压力偏大。流通支撑下的紧平衡不仅是云南粮食供给特征，也是长期发展趋势。三是云南省粮食储运是云南省粮食产业发展的薄弱环节。云南省粮油产业需要根据云南省粮食产业发展不平衡不充分的现状，站在全国、全球的视角，着眼云南 50 年、100 年以后可能面临的情况，构建粮食和物资储备体系，布局粮食产业流通网络，不断地向"微笑曲线"两端聚焦，提高产业附加值，促进产业持续性发展，保障粮食安全。

扛稳首都粮食安全重担
精心服务粮食行业 70 年

王德奇[①]

　　北京作为首都，政治性是城市最重要的属性。北京粮食行业发展的历史是新中国历史变迁的缩影，自新中国成立 70 年以来，首都粮食行业承载了保障首都经济生活安定稳定的重大责任。坚决落实党中央、国务院的要求，牢记历代领导人的重托，特别是党的十八大以来，首都粮食行业深入学习贯彻习近平新时代中国特色社会主义思想，落实国家总体安全观和国家粮食安全战略，在北京市委市政府的领导下，在稳定粮源、安全储备、市场调控、应急保障、方便消费等方面作出了重要贡献。

一、新中国成立 70 年来粮源供给向广区域合作转变

　　新中国成立 70 年来，北京市粮食生产经历过山车。1953 年，北京市粮食产量 12.5 万吨。改革开放后，粮食生产大幅增长，1979 年达到 172.8 万吨，1993 年达到 284.1 万吨。"八五"末期，农业从注重数量、产量增长向注重质量、效益提升转变，随着都市型现代农业发展，首都农业生产结构和方式进一步转变，高耗能、高耗水传统农业被列入限制发展产业，粮食产量逐年降低，2018 年北京市粮食产量降至 34.1 万吨。

　　随着粮食供给能力发生了重大变化，北京市粮食主销区的特征明显，全市 90% 以上的粮食需要从外省调入。北京市在全国第一个建立产销合作机制，与黑龙江、吉林、河北、河南、山东等粮食主产区建立政府合作、企业主体、互惠共赢的产销合作关系，国有企业通过自建、控股合作、租

赁等方式在主产区建立外埠粮源基地，一手粮源年可掌控量超过 300 万吨，为全市粮油市场保供稳价提供了有力的物质保障。

二、新中国成立 70 年来粮食管理向精细高质量转变

1991 年，北京市建立地方粮油储备，随后又建立市储备粮垂直管理体系，逐步把储备粮向交通方便、储存条件好、管理水平高的库点集并，通过千分制等手段储备粮管理更加规范，到 2019 年，北京的市储备粮管理体系已规范运行 28 年。同时，加快粮食流通基础设施建设智能化步伐，近 10 年来，粮食仓储物流设施总仓容由 418.6 万吨增长到 580.9 万吨，有效仓容由 415.1 万吨增长到 562.5 万吨，油罐总容量由 14.8 万吨增长到 23.5 万吨。三项指标涨幅均在 35% 以上。

粮食质量管理安全可靠。建立完善粮食质量检验体系，实施质量标准，加强储备粮质量安全监管，建立了优质粮油品质测评体系和抽检不达标产品退出制度，推动粮食质量安全追溯体系建设，防止不符合食品卫生标准的粮食流入口粮市场。强化粮食流通执法督查，坚持依法行政，严格规范公正文明执法，充分利用"12325"全国粮食流通监管热线，打造"人防""技防""法防""群防"四防一体的粮食流通监管立体框架。

三、新中国成立 70 年来粮食流通向以市场化为主转变

北京市粮食市场历经了计划经济、市场经济的各个阶段，粮食市场由以政府计划、指标为主向以企业、商品为主的方向转变，在不发生重大市场波动的情况下，政府一般不直接参与市场购销活动，而是通过政府储备购销、竞价交易平台等方式确保种粮农民根本利益、企业生产原料供给、粮食市场供给和价格平稳。

粮食竞价交易平台发挥重要作用。2001 年，北京市首次使用"北京粮食购销竞价交易平台"开展竞价交易活动，随后成立北京粮油交易信息服务中心，实现了北京市粮食购销竞价交易平台跨省应用。2009 年，成立北京国家粮食交易中心，对粮食购销竞价交易平台进行深度整合，搭建五个服务平台，即中央储备粮交易平台、北京市储备粮油轮换平台、区县地储

粮交易平台、军粮采购平台、客户委托交易平台。竞价交易平台为政府调控、企业服务、供应保障等工作发挥了重要作用。国有粮食企业和多元化企业为首都粮食市场供给作出了突出贡献。在北京市粮食政企分开前，粮食系统共有职工 7.1 万人，全系统共有粮食储存点 243 个；有粮油、食品和饲料加工企业 145 个；277 个粮管所，1300 多家粮店。全系统共有固定资产净值 20 多亿元。截至 2018 年底，全市重点涉粮企业达到 300 家，全年采购粮油 515.7 万吨、加工生产成品粮 97.7 万吨，销售及转化粮油 500.8 万吨，年末粮油库存 293.5 万吨，有效保障了产品供给，稳定了市场价格。1999 年，北京粮食集团有限责任公司成立；2004 年、2011 年，京粮集团与 9 个区县的粮油企业合并重组；2017 年，首农集团、京粮集团和二商集团正式实施联合重组，实现了企业的融合发展，进一步做大做强。京粮集团充分发挥了政策性粮食储备的主渠道作用，为保障首都粮食安全奠定了坚实基础。

四、新中国成立 70 年来粮食应急向网络化体系转变

受 2003 年"非典"期间调控市场的启示，粮食应急体系建设成为首都粮食安全保障体系中的重要组成部分。北京市逐步建立并完善了粮食监测预警体系，丰富了原粮储备，建立了成品粮储备。目前，全市地方粮食储备和食用油储备规模分别达到全市城乡居民 6 个月和 60 天的正常消费量，成品粮储备可以满足首都市民 10~15 天的正常消费量，粮食宜存率连续多年达到 100%。

北京市的粮食应急体系以《北京市粮食供给应急预案》为核心，以市区二级储备为基础，174 家监测网点、26 家粮食应急加工企业和 875 个应急投放网点为支撑。全市有市级应急加工企业 26 家，其中，面粉应急加工企业 8 家，日处理小麦能力 11330 吨；大米应急加工企业 14 家，日处理稻谷能力 8760 吨；食用油应急加工企业 4 家，日精炼原油 5340 吨。

五、新中国成立 70 年来粮食消费向丰富高品质转变

改革开放以前，北京市年征购贸易粮从 1953 年的 22.4 万吨增加到

1979 年的 27.8 万吨，粮食处于短缺状态。改革开放后，粮食生产稳步提升，粮食流通各项政策陆续出台，市外调入及进口粮有效调节，粮食供给较为充足，2018 年粮食供给量达到 623.9 万吨，比新中国成立初期增长了 27 倍。

新中国成立 70 年来，北京市粮食消费结构发生着较大变化，粮食消费实现了从"吃得饱"向"吃得好"的转变。北京市居民每月人均定量消费保持在 25 市斤至 28 市斤，至 1979 年，人均定量为 28.86 市斤。2016 年，北京市粮食消费达到顶峰，全年粮食消费总量 535.8 万吨，口粮消费量 361.3 万吨。近年来，北京市膳食结构不断优化，粮食消费呈现稳中趋降态势，2018 年，全市粮食消费总量 461.2 万吨，口粮消费量 341.8 万吨。口粮消费比 2016 年期（顶峰时期）下降了 5%。

为满足市民不断提高的粮食需求，北京市实施粮油品牌培育行动，培育一批消费者认可度高、具备竞争力的名牌产品，推出一批"营养高、质量优、价值大、效益好"的高附加值产品。同时，积极搭建平台，引进国内外优质"好粮油"产品，丰富首都粮油市场中高端、特色化供给，粮食行业主食产业化有序推进。北京市推进的主食产业化示范工程建设，推广的"生产基地+主食厨房+餐饮门店""生产基地+加工企业+商超销售"等新模式，保护并挖掘具有首都特色的传统主食产品，鼓励开发个性化功能性主食产品。支持连锁便利店搭载主食产品，进一步完善粮食便民服务功能，粮食消费品种更加丰富，首都百姓粮食消费更加便捷，粮食消费品质不断提升。

新中国成立 70 年来，首都粮食行业始终围绕保障供应、稳定市场、保证安全的基本职责，以首都市民的根本需求为出发点，按照国家粮食和物资储备局的部署，按照市委市政府的要求圆满完成了各项供应保障任务。北京市将按照习近平总书记的指示精神，深入学习贯彻习近平新时代中国特色社会主义思想，理论结合实际，为构建与世界城市相适应的粮食和物资储备保障体系作出新贡献。

深化京津冀粮食行业合作
共担保障粮食安全重任

杨洲群①

京津冀三地粮食产业互补性强、合作基础坚实，在京津冀协同发展的大背景下，推动三地粮食资源跨区域优化配置，促进粮食行业协调发展，是保障京津冀粮食安全的客观要求，也是推进重大国家战略落地落实的重要内容。

一、河北在推动京津冀粮食合作方面优势明显

京津两市作为粮食主销区，粮食自给率较低，粮食需求呈刚性增长。河北是粮食生产、流通、储备和加工大省，在保障京津粮食供给方面有自身优势。主要体现在以下四个方面：

（一）粮食生产能力稳步提升

河北是全国 13 个粮食主产省之一，2013 年以来，粮食总产量连续六年保持在 700 亿斤以上，年调出粮食 130 多亿斤，为全国粮食供需平衡做出了贡献。2018 年全省粮食总产量 740.2 亿斤。2019 年夏秋粮均获丰收。河北生产的小麦、玉米品质良好，在全国均属上成。

（二）粮食流通能力不断增强

河北省具有粮食收购资格的粮食经营者有 2496 家，其中，国有粮食企

---

① 河北省粮食和物资储备局局长。

业 542 家，多元市场主体极大活跃了粮食流通。2019 年以来，河北省共收购粮食 315.8 亿斤。2015 年以来，河北省有四年启动小麦最低收购价执行预案，共收购托市小麦 141.6 亿斤，稳定了市场价格，促进了农民增收。2013 年以来，河北省共投资 43.25 亿元用于粮食流通基础设施建设，河北省粮食企业仓容总量达 510.4 亿斤，粮食物流设施更加完善。2018 年以来，河北省投资 12.8 亿元实施"优质粮食工程"，为实现更高水平的粮食安全提供多重保障。

（三）粮食储备能力日益提高

河北省已建立省、市、县三级地方粮食储备体系，目前，实际到位储备粮 56.5 亿斤，省级储备粮储存在 59 家企业，11 个设区市均建有市级储备，104 个县建有县级储备。地方储备粮品种主要是小麦和玉米，其中，小麦占 80%，玉米占 20%，符合国家提出的粮食储备以口粮为主的要求。河北省共确定粮食应急网点 2921 个，实现城乡全覆盖，到位成品粮储备 1.29 亿斤，为应对突发事件奠定了坚实基础。河北省粮食库存规模较大，为北京的 2 倍多、天津的 12 倍多。

（四）粮食加工业实力较强

面粉加工方面，河北位居全国前列；挂面生产能力，位居全国前三；玉米、杂粮及薯类加工方面，均位居全面前十。拥有五得利、玉峰、三河汇福等一批龙头加工企业，形成了邢台隆尧食品园、衡水现代食品产业园等八个优势粮食产业集群。河北省粮食生产、流通、储备、加工能力的不断提升，为维护京津冀区域粮食安全奠定了坚实基础。

二、京津冀粮食行业合作已经取得初步成效

京津冀三地在粮食产业协作方面具有深厚的基础，省际粮食流通量不断增加，2018 年，河北省销往京津地区的粮食约 280 万吨，河北省作为京津米袋子贡献突出，在保障两大直辖市粮食供应安全方面责任重大。近年来，河北省积极推进京津冀粮食行业协同发展，努力拓展三地粮食产业合作发展空间，优化粮食产业整体布局，在产销合作、联合执法、粮食交易

等方面进行了成功探索。

（一）建立京津冀粮食局长联席会议制度

2016 年以来，已召开四次局长联席会议，沟通协调机制不断完善。三地秉承共商、共建、共享原则，认真落实京津冀协同发展国家战略，强化三地一盘棋意识，根据各自功能定位，充分发挥比较优势，坚持错位发展和融合发展，加强政策协调，签署工作协议，推进专项行动，积极探索相互依托、协同发展新模式。同时，结合工作实际，确定中储粮北京分公司为局长联席会议特约单位，并根据区域粮食经济特点和调剂品种余缺需要，择期邀请黑龙江、吉林等省市粮食部门和企业列席参加，搭建对接平台，拓展合作领域，形成较为完备的工作机制，为保障区域粮食安全发挥了重要作用。

（二）粮食产销对接成效显著

一是三地签订了产销合作战略协议，加强制度顶层设计，促进粮食生产和消费有序衔接、顺畅流通。中国储备粮管理集团有限公司北京分公司与京津冀粮食行政管理部门就共同服务国家粮食宏观调控等内容达成一致意见，全面加强工作协调。二是河北省依托粮源、仓储、加工等有利条件，在代储北京市级储备粮工作上取得实质性成效，代储规模连年增加，代储粮食质量良好、存储安全。目前，河北省已有 10 家粮食收储和加工企业代储北京市级粮食储备 8.7 万吨，其中，小麦 6.2 万吨、成品粮 2.5 万吨。北京市粮食企业在河北建立小麦、玉米粮源基地 70 多个，年调入粮源总量约占京外总量的 1/3。天津市也依托河北省部分骨干粮食企业开展了代储业务。

（三）应急保障机制积极探索

河北省一直把保障京津粮油供应、稳定市场价格作为全省粮食工作的重要内容，摆在突出位置抓紧抓好。在充分调研基础上，签订了《北京市、天津市、河北省粮食应急管理协同发展合作协议》，积极整合各类粮食应急资源，初步建立了应急信息互通共享机制、粮食突发事件协同应对机制和演练合作交流制度，为共同处置粮食应急事件打下了基础。

（四）骨干企业合作效应突出

一是在三地政府和粮食部门的推动下，三地粮食企业积极开展业务合作，企业间的沟通、交流明显增加。冀粮集团与京粮集团签署了《京冀粮食集团产销衔接合作协议》《深度战略合作协议》，在粮源采购、生产加工、仓储物流、市场网络四大体系和人才培养上全面对接。二是三地大型粮食产业集团跨区域经营布局明显加快。冀粮集团所属油脂储备库与京粮股份旗下的京粮油脂合资成立京粮（河北）油脂实业有限公司，以油脂采购、加工、销售为核心主业，借助京粮集团品牌、资金、管理优势，面向北京、天津和河北大力拓展食用油销售市场，做强油脂产业，做活贸易经营，2018 年实现利润 1072 万元。三是组织了天津—河北粮食企业产销合作对接会，天津粮食批发市场、天津市食品集团、天津利达粮油等企业与河北粮食产业集团、衡水市粮油集团等十余家企业建立了合作关系。天津利达粮油有限公司成立了河北分公司，立足产区抓粮源，扩大规模提效益。

（五）粮食交易合作不断深化

三省市签署了《关于建立粮油交易服务协同合作的协议书》，为指导区域粮食交易合作规划了基本框架。一是开通三地粮食批发市场微信公众号"京津冀三地粮缘"。及时将京津冀粮食交易、市场行情、政策发布、公告通知等信息广而告之，方便广大客户对三地粮食交易信息的浏览需求，提高查询效率。二是建立三地粮食批发市场客户互审互通机制。京津冀合法交易会员通过注册地批发市场授权同意后，可以自主选择三地任何一家交易中心进行资格审查，三地交易会员信息在一定范围内实现数据共享。三是完善网站信息协调发布机制。在三地交易中心官方网站上同步开办信息联播版块，及时将京津冀粮食交易信息等重要内容进行发布，使广大客户对市场信息一览无余。四是健全定期业务视频交流会制度，提高工作效率、加深工作互信。

（六）军粮供应协作稳步推进

一是建立工作机制。2017 年 8 月，在承德市召开第一次三地军粮供应工作联席会议，在落实军民融合深度发展、支持部队现代后勤建设、推动应急保障区域性协同联动等方面达成广泛共识，印发《京津冀协同做好军粮供应工作会议纪要》，开辟三地军粮供应工作新局面。二是加强沟通协作。积极为三地基层部队和军粮企业解决难题，例如，军改期间因部队移防，出现天津市与唐山玉田县军供站供应衔接问题，津冀省级军粮管理部门主动作为，及时协调，保证了军粮不断供、不漏供、不误供。三是搞好协同保障。例如，在党的十九大期间，河北省强化政治担当，要求与北京、天津毗邻的六个市军供企业进入应急状态，充实成品粮储备，时刻整装待发，确保关键时刻招之即来，来之能战，万无一失。

（七）联合执法迈出坚实步伐

历次三地局长联席会议都把联合执法工作作为重要议程协商研究。第一次联席会议提出，建立京津冀跨区域联合执法检查机制。第二次联席会议强调，加强粮食流通监督检查协同协作，创新行政执法监管模式。第三次局长联席会议签订了《京津冀地区粮食流通监督检查联合执法协作协议书》，明确协作宗旨、组织、内容、机制等内容，建立会议联系、信息通报、案件移送和联络员制度，要求组织开展联合执法，定期进行案例研讨、经验交流和情况通报。2017 年、2018 年先后两次就储存在河北省和天津市的北京市地储粮油，开展随机联合检查，检查涉粮企业库点 20 多个，进一步密切执法协作，促进异地储备规范管理，联合执法取得实质性的成效。

（八）信息共享机制日益完善

一是签订"京津冀粮油市场信息合作协议"，充分发挥各自在信息采集和发布、市场预测预警等方面的优势，整合融合信息资源，为推进京津冀粮食行业协同发展提供信息支撑。二是多次开展联合调研，围绕"市场监测、粮油生产、市场购销、粮食企业及行业发展"等课题，组成联合调研组，到河北小麦、玉米收割、收购现场进行实地调研，共同掌握和分析新粮质量、价格及后期走势等情况，及时发布相关信息，为产区启动最低收购价政策、销区开展储备粮轮换提供坚实的数据支持，为广大经营企业提供准确可靠的信息参考。三是加强信息共享。每年小麦、玉米等主要粮食品种上市关键期，三地都要共同编撰《京津冀粮食信息快讯》。2019 年小麦收购期间，河北省向北京市和天津市推送了小麦价格监测周报 11 期，进一步扩大了三地信息交流范围。连续三年召开信息交流研讨会，相互借鉴成功做法和经验，为三地更好开展粮油信息联动提供机制保障。

三、推进全方位合作，为维护区域粮食安全做出新贡献

下一步，河北省将认真贯彻落实京津冀协同发展要求，围绕保障京津粮食安全供应的目标，充分发挥三地粮食产业独特优势，深化资源共享合作模式，加强粮食流通政策衔接，提升京津冀地区整体粮食安全保障水平。在此，我就加强三地粮食行业协同发展提出五点工作建议。

（一）加强区域粮食行业协同机制建设

发挥三地粮食局长联席会议机制的引导作用，组织搭建京津冀粮食行业协同发展平台，大幅提升沟通协调效率，有效提高资源信息共享程度。创新区域协同发展模式，促进信息流、业务流、管理流有机融合，为三地粮食行业协同发展提供良好的制度保障和发展环境。

（二）加强粮食应急保障体系建设

一是定期召开联席会议，分析研判区域粮食安全形势，谋划实施应急合作事项；在突发事件信息、应急平台互通、应急保障能力建设等常态工作方面加强交流合作，联合编制粮食应急管理实施方案；发生应急事件后，统筹协调应急力量和应急资源开展应急保障。二是加强三地应急预案衔接，进行整体设计、加强统一调度。按照"合理布点、全面覆盖、平时自营、急时应急"的要求，健全粮食应急供应网络，提高应急配送能力，增强粮食加工及运输能力，提高应急管理信息化水平，加强演练培训，确保应急状态下粮油购销、调运、储存、加工、供应各环节有序衔接。三是充分发挥河北省作为粮食主产省的资源优势，优化应急网点布局，完善援助响应程序，探索建立环京津 2 小时、4 小时、5 小时粮食应急保障圈。四是认真落实《京津冀协同做好军粮供应工作会议纪要》要求，加强沟通交流，制定具体合作办法；搞好政策衔接，维护正常供应秩序；立足军粮供

应，拓宽合作空间领域，发挥军供体系在粮食应急状态下的关键作用。

（三）加强联合执法监督机制建设

一是深化京津冀粮油质检合作，规范储备粮出入库快速检测操作，实现三地检测结果互认，增强粮食质量风险管控，确保粮食质量安全。二是完善企业信用监管体系，建立严格的市场准入和退出机制，营造诚实守信的市场环境。三是健全执法督查合作机制。加强粮食行政执法检查信息沟通和协调配合，共同维护粮食市场秩序，建立粮食执法检查跨区域机制，执行储备粮交叉检查制度，增强执法检查的随机度，构建区域一体化监管模式。四是会同北京市、天津市积极开展北京市异地储备粮油联合检查、涉粮案件协查联查，适时召开联席会议研讨联合执法问题，不断推进京津冀区域粮食流通联合执法协作走向常态化、规范化。

（四）加强粮食产销对接合作

一是抓住北京转移非首都功能的契机，发挥粮食主产区优势，积极承接异地储备，做好代收代储的管理和服务工作。二是支持京粮集团、津粮集团跨区域经营发展，在河北省建立粮食收储加工基地和粮食产业园区，按照"产购储加销"全产业模式，推进环京津粮食物流圈建设。三是推动冀粮集团与京粮集团、津粮集团的战略合作。与京粮等知名企业积极联系，努力寻求资产及业务合作，扩规模，增效益，求发展。继续通过相互参加工作培训、互派（交流）中层管理干部等形式，学习京粮等大型企业的营销模式、发展模式，加快企业发展步伐。四是深化三地粮食交易合作。有效对接京津地储粮采购与轮换需求，在客户推荐、粮源组织、信息发布、商务处理等方面加强联动，逐步形成标准化、常态化的交易协作制度。推进贸易粮进场交易，利用现有客户资源和竞价交易平台，适时开设京津冀省际交易专场，努力让产销合作实现真正的市场化。五是完善企业合作机制。三地粮食行政管理部门要发挥好引导作用，行业组织要发挥好协调作用，鼓励并支持企业间的沟通、合作以及管理经验分享，形成以企业为主导的良性互动机制，打牢三地协同发展的基础。

（五）加快粮食行业信息化建设

一是构建京津冀粮油大数据平台，加快区域粮油智能化基础设施建设，以"互联网、物联网、大数据、云计算"等先进技术为依托，构建有影响力的粮油产业信息服务网络和统一的粮油电子商务平台。二是统筹三地建设粮食交易中心、质量检测中心等，实现粮食交易与信息化管理相结合，推进物流技术、物联网技术与粮食贸易融合发展。三是健全信息共享机制。加强产地调研工作，依托河北省的产区地位，每年在粮食收获、收购期间组织开展三地联合调研，共享第一手资料。选取三地有代表性的加工或贸易企业作为信息监测点，增加信息来源渠道。发展移动端信息采集发布系统，实现信息采集方式更及时、更便捷。建立三地粮油市场信息抓取系统，保证信息的准确性和有效性，为政府科学决策和企业购销服务。

2019 年，全党上下开展"不忘初心　牢记使命"主题教育，全系统开展向张富清、尚金锁同志学习活动，河北省将进一步提高政治站位，全面贯彻习近平新时代中国特色社会主义思想，增强"四个意识"、坚定"四个自信"、做到"两个维护"，聚焦储备安全核心职能，认真落实京津冀协同发展战略，不忘初心、牢记使命，加快推进深化改革转型发展，全面提升区域粮食安全保障能力，为服务国家经济社会发展大局做出新贡献。

不忘初心　牢记使命
坚决担当扛稳粮食安全重任

张天喜①

新时代如何认识粮食安全、内蒙古粮食流通工作有何特点以及怎样扛稳粮食安全重任，我谈一些个人的体会、看法和认识，与大家共同交流探讨。

一、切实提高政治站位，深刻理解把握粮食安全极端重要性

粮食安全始终是关系我国国民经济发展、社会稳定和国家安全的重大战略性问题。党的十九大报告提出，"确保国家粮食安全，把中国人的饭碗牢牢端在自己手中"。鲜明地指出了粮食安全的重要性，牢牢守住粮食安全的底线是我们粮食人义不容辞的使命担当。

粮食问题历来都是治国安邦的头等大事。粮食问题是否得到解决，成为历代王朝盛衰兴亡的一个决定性因素。

新中国成立后，解决人们"吃饱饭"的问题，曾经是困扰上至最高领导人、下至普通百姓的一件难事。历史告诉我们，如果粮食不足，国家的发展就会受到延滞，甚至会受制于人，时任美国里根政府农业部长曾经毫不避讳地说："粮食是一件武器，而使用它的方式就是把各个国家系在我们身上，那样他们就不愿和我们搞乱。"美国经常把粮食援助作为政治外交的手段，进而控制发展中国家的农业。

自党的十八大以来，习近平同志多次在重要会议、多个重要活动上，

---

① 内蒙古自治区粮食和物资储备局局长。

就粮食安全和粮食工作发表一系列重要讲话和重要指示，对保障国家粮食安全提出一系列新思想、新论断、新战略。总书记指出："民以食为天。我国是个人口众多的大国，解决好吃饭问题始终是治国理政的头等大事。我国 14 亿多张嘴要吃饭，不吃饭就不能生存，悠悠万事，吃饭为大。"他告诫，"要牢记历史，在吃饭问题上不能得健忘症，不能好了伤疤忘了疼"。粮食安全这根弦不能松！我们要联系中外历史特别是中美经贸摩擦，深刻理解和把握习近平同志关于"中国人的饭碗任何时候都要牢牢端在自己手上，我们的饭碗应该主要装中国粮"重要论述的深刻内涵。粮食安全既是经济问题，又是政治问题，事关国运民生，是维系社会稳定的"压舱石"，是国家安全的重要基础。我们要切实提高做好粮食工作的政治自觉、思想自觉和行动自觉。

二、内蒙古粮食安全工作的短板和弱项

（一）内蒙古区口粮不足局面短期内难以改变

内蒙古是全国 13 个粮食主产省区之一和 6 个净调出省区之一。2018 年粮食产量突破 700 亿斤大关，达到 710.6 亿斤，但是内蒙古区粮食结构性矛盾突出，玉米"一粮独大"，占总产的 76%，杂粮有余，口粮不足。全区每年消费口粮 100 多亿斤，但小麦、稻谷年产量仅为 60 亿斤左右，缺口达 40 多亿斤，全部需从区外购进，所以内蒙古区既是粮食主产区，又是口粮紧缺区。受多种因素影响，内蒙古区粮食种植结构不会发生大的变化，口粮不足状况短期内难以改变，保质保量稳价将是内蒙古区粮食流通工作的恒久主业。

（二）追求粮食质量安全和营养成为百姓对美好生活的基本要求

随着广大人民群众生活水平的不断提高，消费需求升级不断加快，对粮食的需求已经从数量温饱型向质量营养型转变，对粮食产品个性化、多样化、优质化要求越来越高。内蒙古区作为粮食生产大区和口粮调入区，粮食供给侧结构性矛盾突出，粮食流通领域优质产品供给、品质检测、品

质保障等方面还存在不少问题，百姓的粮油营养健康常识亟待普及。

（三）推动由粮食生产大区向粮食产业强区转变还需进一步努力

自治区党委印发的"粮食和物资储备局"三定方案指出：会同有关部门推动粮食产业经济发展。粮食行业职能职责正在从收储保供的基本职能向行业监管、产业发展和为人民群众提供绿色优质粮油产品等延伸。但是，2018 年内蒙古区粮食产业产值仅有 416.4 亿元，与产粮大省（区）身份极不匹配。同时，大路产品多与优质粮油产品少并存，由产粮大区向粮食产业强区转变任务艰巨。

可以说，当前内蒙古区粮食安全和粮食工作良好基础和风险隐患并存，对粮食安全和粮食工作提出新任务和新要求。下一步，我们要准确把握粮食行业发展趋势和内在规律，增强创造性，坚持改革创新、与时俱进、明确方向、找准路径，加快建立更高层次、更高质量、更有效率、更可持续的粮食安全保障体系。

三、深入贯彻新发展理念，在保障国家粮食安全重任上展现新担当新作为

近年来，我们秉承"生态优先、绿色发展"理念，着力抓重点、出亮点、补短板、强基础，切实增强粮食流通工作的前瞻性、针对性和有效性，下好先手棋、打好主动仗，为保障国家粮食安全作出新的更大的贡献。

（一）坚持底线思维

习近平同志多次强调："要善于运用底线思维，凡事从坏处准备，努力争取最好的结果。"粮食兼具一般商品和公共产品双重属性，影响面广、敏感度高，必须增强忧患意识，居安思危、知危图安，我们要找准职责定位，勇于担当、敢于负责，全面履行粮食工作职责。严守不发生大面积"卖粮难"、不出现断档脱销、不发生大的粮油储存事故、不发生安全生产事故、不发生质量安全事故、不发生涉粮腐败大案六条底线，居安思危、有备无患，牢牢把握确保安全和防范风险的主动权。

（二）坚持深化改革

改革是发展的动力，在党中央的坚强领导下，通过深化改革的办法，成功解决了我国人民的吃饭问题。进入新时代，随着粮食收储制度改革的深入推进，进一步激发了各种所有制粮食经营主体的内在活力，粮食市场繁荣活跃和激烈竞争的程度空前增强，大市场、大流通、大产业的格局已初步形成。但是，我们传统的管理方式、管理理念已经无法适应市场经济发展的需要。客观形势要求我们必须要深化改革，进一步释放市场活力。目前，内蒙古区宏观调控载体不足，抓手不多，粮食应急保障能力和水平较低，迫切要求我们进一步健全完善宏观调控体系。通过改革完善地方储备粮管理体制机制、提高粮食行业信息化建设水平、推进依法管粮治粮等措施，推动粮食流通工作改革发展，解决保障粮食安全过程中遇到的体制机制问题。

（三）大力发展粮食产业经济

以"粮头食尾"和"农头工尾"为抓手，以"优质粮食工程"为载体，建设粮食产业强区，是当前和今后一个时期粮食和物资储备部门的重要任务，是我们服务发展大局的责任担当。内蒙古具有得天独厚的粮食产业发展优势，天赋绿色，是公认的绿色无公害粮食产区，是全球 18 个农业文化遗产地之一，是公认的优质小麦、大米、三米、非转基因土豆、杂粮以及油料黄金生产带。我们坚持质量第一、效益优先，以供给侧结构性改革为主线，聚焦"五优联动"，推动自治区政府（办公厅〔2018〕34 号文件）和各盟市实施意见落实，突出抓好扶持政策落地见效、龙头企业做大做强、县域粮食经济发展和破解融资难等问题，助推越来越多的"蒙字号"优质绿色粮油产品走向全国、走向世界。

（四）牢牢把握"一个根本抓手"

落实好粮食安全自治区主席和盟市长责任制，是提高内蒙古区粮食安全水平的制度保障，是推进粮食流通工作全面发展的根本抓手。要强化考核引领导向，确保粮食安全责任落实到位。聚焦落实党中央、国务院和自治区党委、政府关于粮食安全的决策部署，优化指标体系，突出重大事项，更好发挥"指挥棒"引领导向作用，调动地方重粮兴粮的积极性和主动性。引导各地毫不放松抓紧抓好粮食生产，稳定粮食种植面积，推动"藏粮于地、藏粮于技"政策措施落地见效，坚决守住耕地保护红线，增强粮食生产能力、储备能力、流通能力。

（五）守住管好"天下粮仓"

切实强化粮食流通监管。严格落实各级政府粮食流通属地监管责任、粮食部门行业监管责任、粮食企业经营主体责任，着力解决好粮食库存和质量安全监管等突出问题。认真总结粮食库存大清查经验教训，要举一反三，查漏补缺，建章立制，建立健全粮食流通监管长效机制。切实强化粮食监管执法。推行"双随机一公开"，采取全面检查与重点检查、随机检查与专项检查、跨盟市交叉检查等方式，提高执法监管效能。加快智能粮库建设进度，推进信息化监管。实行信用监管，将严重违法失信企业列入"黑名单"，并实施联合惩戒。发挥国家粮食局受理全国粮食流通监管热线（12325）的作用，认真核查举报案件，切实保护广大种粮农民和涉粮企业的合法权益。

（六）不断加强党的政治建设

牢固树立抓好党建就是最大政绩，抓不好党建就是失职的理念。以政治建设为统领，坚持"严"字当头，把讲政治作为第一位要求，把忠诚可靠作为第一位的标准，切实增强"四个意识"，坚定"四个自信"，不折不扣贯彻落实习近平总书记关于粮食安全重要指示和重要论述精神，以实际行动和成效践行总书记提出的"悠悠万事，吃饭为大""解决好十几亿人口的吃饭问题，始终是我们党治国理政的头等大事"；强调"保障国家粮食安全是一个永恒的课题"；提出"坚持数量质量并重""中央和地方要共同负责"等保障粮食安全明确要求，在引领推动实践中取得丰硕的成果。

2019 年是新中国成立 70 周年，70 年来，虽然内蒙古区粮食安全和粮食工作取得了一定成绩，但与兄弟省区市相比，还存在一定的差距。我们要以此次会议为契机，多向兄弟省区市学习先进工作经验，不忘初心、牢记使命，进一步增强保障国家粮食安全的使命感和责任感，开拓进取，扎实工作。

担当保障粮食安全重任

夏春胜①

粮食安全问题不仅涉及社会稳定，也关系国家安危。当前我国粮食单产显著提高，总产稳步增长，储备能力持续增强，应急供应体系不断健全，产业经济发展水平快速提升，取得了举世瞩目的巨大成就，很好地发挥了经济社会发展"压舱石"作用。但随着我国人口总量持续增加，粮食消费刚性增长，土地资源和生态环境约束趋紧，粮食供需将长期处于紧平衡状态。加之当前国际形势复杂、贸易保护主义蔓延，经济下行压力较大，保证国家粮食安全和市场稳定，建立更高层次、更高质量、更有效率、更可持续的粮食安全保障体系具有特殊重要的意义。下面，我结合江苏实际，就如何扛稳粮食安全重任作一简要报告。

一、江苏粮食供需基本情况

（一）粮食产需有余

2018年江苏省粮食播种面积8214万亩，同比增加104万亩；平均亩产445.6公斤，同比增加9.1公斤；总产732亿斤，同比增加23.6亿斤，居历史首位。其中，小麦产量257.8亿斤，稻谷产量391.6亿斤，同比分别增加23.6亿斤、6.6亿斤。江苏省消费总量712亿斤，产需盈余20亿斤，自给率103%，产需形势总体较好。稻麦两大品种合计盈余271亿斤，同比增加24.6亿斤，口粮自给率达到214%。

---

① 江苏省粮食和物资储备局局长。

（二）品种结构差异较大

尽管江苏省粮食产需有余，但品种结构矛盾仍然突出，结构性短缺特征明显。玉米、大豆等饲料用粮和工业用粮产量较少，产需缺口较大，需要通过进口和省外购进方式解决。2018 年，江苏省玉米缺口 82 亿斤，同比增加 5 亿斤；大豆产需缺口 143 亿斤，同比增加 42 亿斤。另外，江苏省粮食生产呈现持续向苏北集中的趋势，苏北五市粮食产量占全省的 64.3%，同比增加 1.7 个百分点，产需盈余 151 亿斤；苏南五市粮食产量占全省的 11.6%，比上年减少 1 个百分点，产需缺口达 170.2 亿斤。

（三）省外购进和进口增多

2018 年，江苏省进口粮食 403 亿斤，同比增加 20 亿斤，其中，大豆进口 357.2 亿斤，增幅 17.9%。玉米省外购进 169 亿斤，同比增加 21.8 亿斤，大豆省外购进 90.2 亿斤，同比增加 3.8 亿斤。省外购进和进口的增多，反映江苏省加工业需求旺盛和居民饮食结构发生变化，也反映江苏省粮食供需平衡面临较大压力。

二、江苏粮食安全面临的主要挑战

（一）种粮比较效益偏低

一方面，由于农业生产资料价格上升，人工费、土地流转费呈上升态势，粮食生产成本上升幅度快于粮食价格上涨幅度，农民种粮难以获得合理利润；另一方面，作为沿海发达省份，江苏省农民非农就业机会多，对农民种粮积极性也有影响。同时，农业在国内生产总值中的比重不断下降，地方政府重农抓粮主动性也有所下降。

（二）资源环境约束加剧

江苏省资源禀赋不足，生态承载能力弱，人均耕地不足 0.9 亩，远低于全国平均水平，耕地质量呈下降趋势，土壤板结、地力减弱比较普遍，土地后备资源严重不足；苏北地区作为粮食主产区，依靠江水北调、淮水北调，多级提水灌溉成本很高，江苏省水资源分布与粮食生产布局不匹配；化肥、农药用量大，高于全国平均水平；资源环境的硬性约束趋紧，给粮食生产带来压力。

（三）种田劳动力知识技能偏低

一方面，年轻劳动力普遍不愿务农，而务农劳动力又年龄偏大，平均年龄在 59 岁左右，且大多体力较差、知识和技能偏低；另一方面，粮食生产的服务体系有待健全，农村合作经济组织的辐射带动能力不强，基层农技推广力量较为薄弱，"最后一公里"的问题没有很好解决。在粮农知识技能不高和公共服务不足双重制约下，种好田、产好粮面临着挑战。

（四）潜在问题仍然较多

当前全球贸易保护主义蔓延，我国农产品贸易环境日趋复杂，通过进口保障国内供给的不确定性明显增加。同时，随着收储制度改革深入推进，市场化收购特征明显，社会主体作用增强，发生违规行为和农民卖粮难的可能性增加。江苏省小麦、水稻成熟和收购期正逢多雨季节，粮食水分含量容易高于国家标准、产生霉变和损坏，对粮食收购也将产生一定影响。

三、扛稳粮食安全重任的思考

（一）粮食产销区共同担责，合力保障粮食安全

保障国家粮食安全是全国各省（自治区、直辖市）的共同责任，由于不同地区资源禀赋、种植习惯不同，加上国家宏观政策的引导，因此形成了目前的粮食生产和产业发展格局，说到底，属于"革命分工"不同，但在保障国家粮食安全这个大目标上，都负有同样的责任。又由于粮食行业利润微薄，单位面积土地种粮产出远低于工业产出，因此，如果没有责任约束，除非没有其他种植和发展选择，每个省特别是经济发达省份谁也不愿意种粮。而当前的局面是，一方面，粮食主产区由于种植面积大、产量高，建设任务往往较销区更重，粮食主产区政府和种粮农民抓粮食生产

的积极性普遍不高；另一方面，粮食主销区忙于发展工业，在粮食安全问题上过度依赖产区。

粮食归根到底是种出来的，只有千方百计保护好粮食主产区的积极性，让他们愿意种粮，才能真正稳固粮食安全的基础。粮食主销区在实现自身经济发展的同时，在保障国家粮食安全方面也应该做出更多努力、承担更多义务。主要在以下三个方面采取措施：一是在粮食生产、流通等方面对粮食主销区做出明确要求，根据各地实际情况，提出粮食播种面积、自给率等指标。这方面可以江苏省苏州市作为参考，苏州在经济高速发展的同时（2018年GDP总量1.85万亿元），始终把粮食安全摆在重要位置，自2005年起，就着力建设百万亩优质粮油、百万亩园艺作物、百万亩生态林地、百万亩特色水产。粮食收购实行价外补贴，每斤补贴0.10元。在"十二五"期间，又通过地方立法，强化建设保护，优质水稻达到110.56万亩，粮食自给率稳定在30%。（在这一轮机构改革中，苏州市保留独立的粮食和物资储备局。）二是加大对粮食主产区财政一般转移支付的力度，调动粮食主产区政府保护耕地、抓好粮食生产的积极性，同时降低粮食主产区涉粮建设项目的财政配套比例。三是完善产销合作利益激励机制。鼓励销区企业到产区开展优质粮食订单生产、收购、储存和加工等业务，带动产区粮食产业发展。鼓励产区企业到销区建立加工、销售网络，丰富销区市场供应，改变农村卖原料、城市搞加工的格局。通过产销衔接，让种粮农民分享到粮食加工环节的增值红利，确保种粮有不错的收益，提高农民种粮积极性。江苏省南京市与淮安市签订60万亩优质粮食订单收购协议（水稻50万亩、小麦10万亩），每年财政安排400万元补贴淮安市。苏州市与宿迁市签订30万亩优质粮食订单收购协议，并在盐城、宿迁等市建立粮食异地储备，实现了合作共赢。

（二）深化粮食收储制度改革，守牢粮食安全底线

1. 增强最低收购价政策弹性

政策性收购托起的是市场信心。如果没有最低收购价政策，作为百价之基的粮食价格波动，一旦传导到整个市场，对农产品市场乃至整个市场的价格冲击巨大，波及上下游产业链的负面作用不可低估。因此，在一定时期内仍应继续实施小麦、稻谷最低价收购，防止土地抛荒闲置、粮食供

给大幅度波动。同时，政策调整力度不宜过大、过急、过陡、过频，应适当放缓稻麦政策性收购价格降幅，给市场和企业消化的时间，以便做好各方面准备，最终形成与市场相协调的最低收购价格。

2. 探索市场化改革机制

从长远来看，稻谷、小麦最低收购价政策必须朝着建立市场导向的农产品价格形成机制这个方向改革。粮食价格主要由市场形成，首先必须让收储价格更好地反映市场供求，优粮优价，可高可低；同时，可根据国内外粮食市场形势变化，合理确定最低收购价格水平，消除最低收购价的市场干预和价格扭曲影响。完善市场化收购信贷政策，在信贷政策的制定上坚持分区指导的原则，充分考虑粮食主产区、主销区和产销平衡区的差异，结合地区区域信用环境差异，实行差别授权和因地制宜的信贷政策，避免政策要求上"一刀切"。构建多层次农业保险体系，开发符合农民需求的保险产品，积极扶持优质稻麦保险险种，加快建立多层次农业保险体系，推动农业保险由保成本向保收益转变。优化政策性粮食拍卖机制，国家有关部门在实施粮食拍卖时要把握拍卖时机、灵活拍卖价格，形成与最低收购价水平相匹配的拍卖价格动态机制，避免市场粮价大起大落。例如，突然大量低于市场价的拍卖泻库会导致企业亏损严重。

3. 完善配套支持政策

把对农户的补贴和对种粮的补贴区分开来，"谁种补谁"；增加对农业种植户的扶持力度，适当提高补贴标准，减少成本增加、粮价下跌对农民种粮积极性的影响。侧重支持优质农产品、绿色产品及深加工农产品生产，进一步加大对种粮大户的政策扶持力度，推动粮食种植规模化、集约化、绿色化发展。出台等外粮收购政策，对等外粮收购费用、保管费用、出库费用提供支持，组织引导有条件的企业入市收购等外粮食，减轻粮农损失。地方为解决"卖粮难"实施政策性临时收储，发生的相关费用中央应给予一定补助。

（三）深入推进"优质粮食工程"，构建更高质量粮食安全保障体系

深入推进"优质粮食工程"、加快粮食产业转型升级的根本目的是顺应消费结构升级需要，满足人们对粮食的消费需求从"吃得饱"向"吃得好"转变，使供给更好对接需求，从而在更高层次、更高水平上保障国家粮食安全。我国粮食产量世界第一,但粮食产业发展水平不高、创新能力不足等问题比较突出。虽然自 2017 年国家实施"优质粮食工程"以来,粮食产业取得较快发展,但总体来看,粮油初级加工和粗加工产品比例高、中高端产品和深加工产品供应不足的问题仍然没有根本解决。特别是长期以来政府在粮食方面科技研发投入严重不足,加上粮食行业属于微利行业,绝大多数企业没有能力投入大量资金从事粮油科技基础研究和技术开发,行业整体科技水平较为落后,严重制约了行业发展。因此,应采取以下三点措施:一是应将"优质粮食工程"的政策措施,特别是支持"好粮油行动"的做法延续下去,构建粮食产业转型升级的长效支撑机制;二是从中央到地方建立粮食产业发展专项引导资金,支持粮食科技研发、粮食产业集群和龙头企业发展、粮食名牌创建、粮食流通和应急基础设施等建设;三是支持大型农产品精深加工项目优先向粮食主产区布局,鼓励粮食主产区发挥自身资源优势,促进粮食就地加工增值,推动一批市场前景好、科技含量高、产业链长、带动能力强、节能环保的农产品精深加工项目落户粮食主产区,既减少粮食外运成本和运输损耗,又缓解粮食主产区财税收入问题。

(四)加快粮食立法进程,将一些好的经验做法固化上升为制度

这两年,我们积极推动《江苏省粮食流通条例》立法工作,2019 年 3 月列入省人大常委会 2019 年立法计划正式项目,8 月 30 日省政府第 39 次常务会议讨论通过《江苏省粮食流通条例(草案)》,提请省十三届人大常委会第十一次会议审议。江苏省在立法时,着力将江苏省及外省一些好的做法通过立法进行固化。

1. 建立粮食收购保障制度

粮食市场收购价格低于国家最低收购价时,按照国家规定及时启动小麦、稻谷最低收购价收购。因为重大自然灾害导致粮食质量不符合国家收购质量标准,市场价格下行且出现区域性卖粮难时,省政府采取粮食临时收储措施,维护种粮农民基本利益。

2. 明确超标粮食处置机制

对超标粮食采取全程监管措施,明确超标粮处置费用按照粮食事权,由同级政府分别承担。因不可抗力发生大面积跨县级区域超标粮食时,由

省级财政对处置费用给予适当补助，不让种粮农民承担额外损失。

3. 落实金融支持措施

明确地方政府引导金融机构搭建粮食收购融资担保平台，对非政策性粮食收购给予贷款支持，鼓励商业性金融机构拓展粮食收储、加工等贷款业务，解决收储企业贷款难题。

4. 健全产业发展保障措施

明确省政府建立省级粮食产业发展专项资金，市、县政府稳定财政投入机制，统筹利用涉粮政策资金扶持粮食产业发展，强调政府对粮食市场的引导、服务和保障职能。

国家正积极推进粮食安全保障立法，应将各地好的做法通过法律固化上升为制度，完善顶层设计。

（五）完善责任制考核，更好发挥保障粮食安全作用

开展粮食安全省长责任制考核是保障国家粮食安全的重要抓手，考核工作已开展三年，取得了明显成效，但仍然存在考核指标过多、覆盖面过广、将日常事务性工作列入考核范围、重点不突出等问题，需要加以改进。

（1）突出重点进行考核。大幅减少对一般性工作的考核，取消对粮食流通统计、领导批示和检查等事项的考核，聚焦关系粮食安全的实质问题和重点工作，精简优化考核指标，突出对土地、水、科技、产量、储备等核心指标的考核。

（2）实施分类考核。目前国家在考核指标设置上已经对产区和销区有所区分，但我国地域辽阔，即使是同为产区或销区在特点上仍然有所不同，例如，上海市和浙江省同为销区，区别仍较为明显；再比如江苏省虽然是全国 13 个主产省份之一，但苏南、苏中、苏北的销区、产销平衡区、产区特征明显。建议国家在考核时指标设置有一定弹性和灵活性，指标宜粗不宜细、宜少不宜多，给省内更多的自由度。

（3）加强粮食安全省长责任制落实的过程监督，及时发现问题不足，纠正偏差，确保国家粮食安全政策措施得到有效落实。

牢记习总书记重托
建设高质量粮食产业

张宇松①

2019年9月16~18日，习近平总书记亲临河南考察调研并发表了重要讲话，对粮食工作作出重要指示。习近平总书记强调，要牢牢抓住粮食这个核心竞争力，积极推进农业供给侧结构性改革，深入推进优质粮食工程，做好粮食市场和流通的文章。习近平总书记的重要讲话思想深刻、内涵丰富，要求明确、针对性强，指明增强粮食安全保障能力的关键举措，既体现党中央在治国理政中对国家粮食安全一以贯之的高度重视，又体现总书记对河南粮食工作的殷切期望。

习近平总书记考察调研河南时的重要讲话，与2019年全国两会期间参加河南代表团审议时的重要讲话精神相互贯通，为粮食和物资储备部门推动高质量发展指明了前进方向、提供了根本遵循，为粮食流通工作注入了强大动力。河南省粮食和物资储备系统将深刻铭记总书记的殷殷嘱托，坚持以习近平新时代中国特色社会主义思想为统领，不忘初心、牢记使命，凝心聚力、砥砺奋进，以新担当新作为推动粮食和物资储备事业高质量发展。

一、牢记总书记嘱托，紧紧抓住粮食这个核心竞争力，加快建设粮食产业强省

习总书记在考察调研时强调，要牢牢抓住粮食这个核心竞争力，这对作为全国粮食生产和加工大省的河南省来说具有特殊重要的意义。我们将

---

① 河南省粮食和物资储备局局长。

牢记习总书记重托，加快推进粮食产业发展，实现由粮食生产加工大省到粮食产业经济强省的根本性转变。当前，粮食产业发展的支持政策和发展目标已经制定，到 2025 年，要基本建立成适应河南省省情和粮情的现代粮食产业体系，"大粮食、大产业、大市场、大流通"格局要全面形成，粮食产业总产值要达到 5000 亿元。

（一）落实好粮食产业支持政策

牢牢抓住产业振兴总抓手，认真落实"粮头食尾、农头工尾"总要求，一体推进"四优四化"和"五优联动"。认真贯彻《国务院办公厅关于加快推进农业供给侧结构性改革大力发展粮食产业经济的意见》（国办发〔2017〕78 号）和《河南省人民政府办公厅关于大力发展粮食产业经济加快建设粮食经济强省的实施意见》（豫政办〔2018〕45 号）精神，深入落实国家粮食和物资储备局、省政府《战略合作协议》有关部署措施，将各项扶持政策落实到位，从而推动粮食产业高质量发展。

（二）加快推动"三链"同构

要加快延伸产业链。大力发展粮油精深加工转化，开发精深加工产品和绿色优质、营养健康的粮油产品，推动地方特色粮油食品产业化，加快推进主食产业化。实现粮食和食品供给从解决"吃得饱"到满足"吃得好"的转变。

一是要着力提升价值链。结合"中原粮食全国行"活动，突出河南"粮食王牌"效应，推介河南粮食这张"王牌"，促进"豫粮豫用""豫粮全国用"，持续扩大河南优质粮油影响力。加大粮油产品区域品牌培育力度，在现有原粮地理标志品牌、粮油企业产品品牌的基础上，研究谋划若干粮油区域公共品牌，把不同区域农产品差异性体现出来，增强粮油产品的附加值，提高粮食质量效益和竞争力。

二是要积极打造供应链。加强粮油市场体系规划建设，完善河南粮油电子交易平台体系，探索建立特色品种粮油交易市场，服务新型经营主体与大型加工用粮企业。

三是要积极发展粮超对接、粮批对接、粮交对接等直采直供模式，畅通粮油供应"最后一公里"。引导企业参与"一带一路"建设，支持骨干企业建设境外粮油生产、加工基地，培育一批跨国"大粮商"，加快开发国际市场。

（三）深入实施"科技兴粮""人才兴粮"战略

以企业为主体，以市场为导向，推进产学研深度融合，促进粮油科技成果转化和推广，培育一批创新型粮油科技企业，加快构建产学研用一体化科技创新体系。发挥牵头部门作用，加快推进"中国粮谷"项目建设的前期工作。深入实施"人才兴粮"战略，支持河南工业大学联合全球涉粮院校、科研机构与粮油企业深入合作，探索专业人才培养模式，助力粮食产业发展。

二、牢记总书记重托，大力实施优质粮食工程，推动粮食供给侧结构性改革

习近平总书记指出，要深入推进优质粮食工程。自 2017 年以来，河南省粮食和物资储备系统大力实施以粮食产后服务体系建设、粮食质检体系建设和"中国好粮油"行动计划为主要内容的优质粮食工程。截至目前，河南省共投资 50 多亿元，建设 961 个粮食产后服务中心、90 个粮食质检中心、23 个中国好粮油示范县、17 个中国好粮油省级示范企业和 1 个低温成品粮公共库示范项目。下一步将继续深入推进优质粮食工程，以此作为深化农业供给侧结构性改革、促进产业振兴、实现质量兴农的有效载体，丰富内涵、整合资源、加大力度，使之真正成为兴粮之策、惠农之道、利民之举。

（一）深入推进粮食产后服务体系建设

围绕河南省优质小麦、花生和芝麻等优势粮油品种，科学布局粮食产后服务中心，优化建设内容，合理配置清理、干燥、收储、加工、销售等功能，通过改造现有设施来盘活现有仓储设施等资源，实现优质粮食专业收购、专仓储存，为粮食产业发展奠定优质原料基础。

（二）深入推进粮食质量安全检验检测保障体系建设

加强各级检验监测机构装备能力建设，合理确定设备配置与选型，以小麦、花生和芝麻等原粮和制成品检验检测能力提升为重点，不断拓宽服务领域，推动单一检验服务向技术咨询、标准研制、检验培训等综合服务转变，筑牢粮食质量安全防线，助力食品安全建设。

（三）深入推进"中国好粮油"行动

大力发展主食产业化和粮油深加工，加强粮油品牌建设，择优遴选河南好（放心）粮油（主食）产品。发挥示范县、示范企业和好粮油加工企业的示范引领作用，培育壮大一批龙头骨干企业，持续促进农民增收、企业增效，助力乡村振兴。

三、牢记总书记嘱托，扎实做好粮食市场和流通的文章，坚决守住管好"天下粮仓"

习近平总书记强调，要做好粮食市场和流通文章。做好粮食市场和流通工作是我们的职责所在，我们将切实抓好粮食安全市长、县长责任制落实与考核，开展"回头看"活动，切实夯实各级政府粮食安全主体责任，调动地方重粮兴粮的积极性和主动性，推动粮食市场和流通发展。

（一）改革完善粮食储备制度

认真贯彻落实《关于改革完善体制机制加强粮食储备安全管理的若干意见》文件精神，以服务宏观调控、调节稳定市场、应对突发事件和提升国家安全能力为目标，科学确定地方粮食储备功能和规模，改革完善粮食储备管理体制，健全粮食储备运行机制，强化内控管理和外部监督，加快构建更高层次、更高质量、更有效率、更可持续的粮食安全保障体系。

（二）严格执行粮食购销政策

坚持市场化收购和保护农民利益并重，切实抓好政策性粮食收购和市场化粮食收购工作，确保种粮农民"卖得出"。发挥粮食收购贷款信用保证基金引导作用，鼓励多元市场主体入市收购，落实"四优四化"发展战略，健全优粮优价市场运行机制，确保种粮农民"卖得好"。做好购销政策宣传，强化收购监督检查，维护市场收购秩序，杜绝排长队卖粮现象，确保种粮农民"卖得顺"。加强政策性粮食销售出库监督检查，确保成交粮食顺利交易。按照规定做好食品安全超标粮食处置工作，严禁流入口粮市场。

（三）大力发展现代粮食物流

加快建设内河航运、公路物流通道，支持周口、漯河、信阳等地建设粮食物流码头，发挥河南省铁路运输优势，构建连接省内产销、加工区的粮食物流通道网络体系。规划建设一批粮油制成品冷链物流中心、配送中心。建立健全统一的粮油物流信息平台，提高管理效能和流通效率。

（四）畅通粮食销售渠道

巩固和扩大第二届中国粮食交易大会产销对接成果，对签约项目加强跟踪服务，提高项目履约率，切实发挥展示成就、引领产业、促进贸易、扩大消费的作用。积极与省内外企业开展粮食购销贸易、代收、代储、代销等多种合作，实现资源共享、优势互补。

（五）搞好粮油市场供应

切实抓好粮食流通统计、市场监测分析和预警预测，加强粮源组织调度，做好重点地区、重要时段、重大节日市场供应工作，确保供应充足、市场平稳。编制粮食和物资储备部门应对突发事件预案和有关专项预案，建立健全应急工作协调会商机制。加强专业培训和实战演练，增强应急实战能力。

四、相关建议

（一）建设全国优质小麦生产加工基地，夯实粮食安全保障基础

建议国家在优质小麦"专种、专收、专储、专用"等环节上予以支

持。一是支持河南推行优质粮油单品种集中连片种植。建议国家在高标准农田、粮食生产功能区建设方面给予政策支持和资金扶持，促进优质粮油规模化种植。二是加大对河南优质专用小麦示范县建设的支持，进一步扩大示范县范围，支持资金重点用于统一供种和统防统治。三是在国家"优质粮食工程"方面加大对河南优质专用小麦收储环节的支持力度，加快改造和建设适合优质小麦分类存储的仓储设施。四是对从事优质专用小麦生产的规模经营主体，开展全成本保险，提高保险保障水平。在购置生产技术设备、建设烘干仓储等产后设施上进行支持，提高生产经营能力。

（二）建设全国优质花生生产加工基地，减少对进口大豆的依赖度

建议国家加大对河南省花生产业支持力度：一是把花生替代大豆作为国家农业发展的重大战略，在政策、规划、投入上给予重点支持；二是在黄淮海地区参照耕地轮作、扩种大豆补贴政策，对种植户的高油酸花生品种进行补贴，每亩补贴不低于150元，加快高油酸花生品种的推广应用；三是在黄淮海地区开展花生收获机械、烘干储存设施、低温压榨设备、饼粕利用等方面进行资金补助和贴息，重点支持全国花生生产第一大县——正阳县扩大花生收储、烘干能力，建设国家级花生产业园。

（三）建设"三链"同构先行示范区，推动粮食产业高质量发展

建议国家创新完善财政金融政策，支持河南建设粮食产业"三链"同构先行示范区。一是中央财政对"优质粮食工程"继续给予奖励支持，打造优质粮食工程河南升级版，积极推广"河南粮食王牌"，加大河南小麦、花生、主食等系列粮油品牌培育，提高产品附加值和市场影响力；二是建议完善粮食风险基金管理办法，调整粮食风险基金使用范围，扩大粮食风险基金在支持粮食产业高质量发展方面的用途；三是用好粮食安全保障调控和应急设施中央预算内投资专项，加大对河南重要物流节点和物流（产业）园区建设的支持力度，进一步支持"万邦国际农产品物流园"等示范物流园区的建设，增强其与"一带一路"沿线国家及国内相关地区的互联互通作用；四是进一步完善《河南省粮食收购贷款信用保证基金管理办法》，引导金融机构和粮食收购、加工企业积极参加粮食收购贷款信用保证基金，充分发挥粮食收购贷款信用保证基金的作用。

（四）改革完善体制机制，充分调动地方政府重农抓粮和农民务农种粮两个积极性

一是健全完善粮食价格形成机制。认真贯彻落实习近平总书记关于"积极稳妥改革粮食等重要农产品价格形成机制和收储制度"的重要指示精神，坚持把确保粮食供给作为首要任务，建议在河南省进行收储制度改革试点。二是健全种粮农民利益保护机制。根据《国务院关于完善粮食主产区利益补偿机制的意见》（国发〔2017〕26 号），加大中央财政支农支粮等各类项目对河南省等粮食主产区政策倾斜力度，积极探索建立以绿色生态为导向的农业补贴制度，推进重点作物绿色高质高效行动。探索实施粮食"保险+期货"、全成本和收入保险等"绿箱"补贴措施，拓宽农民增收渠道。三是加快出台主产区利益补偿实施方案。针对河南省等粮食主产省区农业占比高、地方财力弱、对国家粮食安全贡献大的实际情况，建议国家有关部门制定具体可行的粮食主产区贡献补偿实施方案，进一步调动粮油生产加工大省（县）政府重农抓粮积极性。加大对该省区均衡性转移支付在全国的比重，将河南等粮食主产省区人均公共预算支出的水平提高到不低于全国地方平均水平的80%，真正改变主产区种粮越多、贡献越大，而财力越紧张的局面。

世界一流粮食大港焕发新活力

中国华粮物流集团北良有限公司

"洪范八政，食为政首。"① 我国是人口众多的大国，粮食问题关乎国家安全和社会稳定。除了发展粮食生产、落实"藏粮于地、藏粮于技"战略以外，建设先进的物流设施、促进粮食在产销区和国外国内之间的高效流通，也是构建我国粮食安全体系的重要内容。

20 世纪 90 年代，国家作出利用世界银行贷款建设现代粮食流通项目的战略决策，北良港应运而生，成为我国粮食行业有史以来规模最大、具有里程碑意义的重点工程，有力推进了我国粮食物流现代化进程的跨越式发展。

一、北良港建设引领我国粮食现代物流体系大发展

20 世纪 80 年代，随着我国东北粮食大幅增产和南方粮食供不应求加剧，北粮南运格局形成，粮食流通基础设施严重落后的问题越发突出，导致东北卖粮难和南方粮食短缺多次同时出现。面对粮食物流难题，国家下决心斥巨资加强粮食流通基础设施建设，促进我国粮食流通现代化。

20 世纪 90 年代初，我国政府决定利用世界银行贷款建设现代粮食流通项目，旨在通过引入"四散化"方式（散装、散卸、散储、散运）和现代的物流组织，在东北、京津、长江沿线和西南地区建设四大散粮运输走廊，推进北粮南运现代化。该项目是国务院批准建设的国家级重点基础设施建设项目，并专门成立了由中央八个部委组成的部际协调领导小组，强化对项目实施组织管理。

---

① 此句出自《尚书·洪范》。洪范入政，食为政首的意思是洪范施政的八个方面，是以人民的吃食为首要的。

北良港作为国家世行贷款粮食流通项目系统的核心工程，1995 年 12 月开工建设，2000 年试运营，2003 年正式通过国家世行贷款粮食流通项目竣工验收。北良港开创了国内"四散化"先河，无论是仓储规模，还是码头能力和中转效率，均为世界级水平，成为国家世行项目系统中东北走廊的核心工程，建设三个散粮专用泊位（最大为八万吨级进口泊位），配套建设筒仓群、散粮车、铁路车场以及控制、信息、除尘和清理、在线分析计量和化验系统等相应的配套设施，设计年散粮吞吐能力 900 万吨；港口装船机、卸船机、宽肩台抛石结构防波堤均创下世界同业最大纪录；2000 吨/小时的电子计量秤、L18 型铁路车皮、全系统的粉尘控制装置、全皮带物料输送、皮带机三向进仓卸料小车等均属国内首次采用。

国家建设北良港，赋予了北良发展现代粮食物流的初心和保障国家粮食安全、服务宏观调控的历史使命。北良港建成后在国家粮食流通现代化进程中发挥了重要作用。

首先，以北良港为核心，连同腹地粮库，在东北走廊建立高效率、低成本的粮食现代物流体系。历史数据显示，由于采用"四散化"方式，东北粮食走廊一经投入使用，便取得明显的社会效益和经济效益。主要体现在以下四个方面：一是物流成本降低，从东北产区到大连北良港，通过散粮系统运输的粮食每吨可节省流通费用 40 元以上；二是粮食损耗减少，粮食在运输途中的抛撒损失由传统麻包运输的 5%~7% 下降到 1%；三是运输时间缩短，采用散粮火车后铁路运输往返时间平均由原先 8 天压缩到 3~5 天，船舶在港停泊时间由原来的 7 天减少到 3 天左右；四是中转质量提升，散粮运输基本上解决了困扰我国多年的在粮食中含有麻绳、铁块、石块等恶性杂质等问题。

其次，北良港的成功实践发挥了粮食流通改革"试验田"的作用。继北良之后，环渤海各港口和东南沿海地区的上海、广东、浙江、福建等省市，都积极建设散粮筒仓和码头，北方各主要港口和相关粮食企业均积极购置散粮专用车辆，"四散化"在国内得到迅速推广。

最后，北良港作为国内"北粮南运"和东北地区进出口的重要枢纽港，通过带头建设南北陆海无缝化连接大通道，为国家通过骨干粮食企业调控市场、保障国家粮食安全进行了有益探索。北良港投入运营后，历经多年持续建设，拥有粮食筒仓 200 万吨，散粮车 3400 辆。自 2000 年开始运营到 2012 年末，北良港共中转粮食 8868 万吨，其中，"北粮南运"玉米 4442 万吨，外贸进口大豆 2001 万吨。北良港为提高国内粮食物流效率和质量、促进粮食物流现代化发挥了重要作用，并在 2006 年加入华粮后，为促进华粮集团跨地区一体化运营作出了重要贡献，很好地完成了自身承担的历史使命。

二、北良港并入中粮集团进入发展新阶段

2013 年，北良公司随母公司华粮集团并入中粮集团，开启了发展新阶段。虽然管理体制、市场环境和竞争形势发生变化，但初心没有改变，仍旧是聚焦粮食主业，发展粮食物流。同时，北良承担的历史使命在新时期又有了新的内涵，也就是要在服务"北粮南运"和保障东北粮食进口的基础上，很好地融入中粮集团发展战略，要在中粮集团总体框架下，为国际大粮商建设和高质量发展继续充当主力军。

近年来，北良港放眼中粮集团全局，发挥自身能动性，改变经营模式和思维方式，不断优化经营模式，持续提升物流规模，在创业发展的路上继续取得新成绩。

（一）全力保障一体协同，体系合作呈现新格局

党的十八大以来，党和国家对粮食安全问题提出了新的要求。习近平总书记寄语国内粮食企业，要有打造我们自己的国际大粮商的信心。中粮集团作为中国粮食行业的龙头企业，践行央企职责，积极打造具有国际竞争力的世界一流大粮商。北良港与中粮体系内单位紧密协同，实现共同高质量发展，港口中转品种从玉米、大豆、大麦延伸到饲料、大米，中转规模从不足 300 万吨提升到接近 600 万吨。北良港充分发挥体系内部物流枢纽作用，连接南北销区，沟通国内国外，成为服务中粮全球贸易网络和采购平台的重要阵地。

（二）主动融入"一带一路"，示范港口实现新突破

为更好地发挥在"一带一路"体系之中的国内东北地区重要进口粮食枢纽港作用，北良港依托加入辽宁自由贸易试验区的契机，在全国首批建

设"进境粮食示范港",实现进口粮食从港口到腹地的"互联网+全程监管",牢牢把住进口粮食的品质关口,并作为自贸区建设成果向全国复制推广。同时,与海关及当地政府携手共建,实施检验检疫流程创新,大大提高了进境粮食通关效率,优化区域营商环境,提升当地国际贸易便利化水平。通过自贸区和北良"进境粮食示范港"叠加优势,北良港巩固了在"一带一路"国内东北地区外贸粮食进口中的支撑地位。

(三)积极践行发展理念,粮食储备再上新台阶

一方面,北良港开展国家储备,为中央储备粮轮换中转、南北产销协作以及国家粮食宏观调控发挥重要作用;另一方面,积极践行国家倡导的协调、绿色发展理念,依托良好的码头、筒仓等物流设施条件,自 2016 年起先后承接南方部分沿海省份的异地代储业务,并且通过适时的"储备+轮换",保证异地储备粮"常储常新"。

(四)大力开展自营贸易,物流增长激发新动能

近年来,北良港积极发挥主观能动性,开展自营贸易,实施"以贸易带动物流",努力激发港口物流增长的内生动力。依托港口、散粮车、港口交割库以及产区体系优势,北良港开展多样化的粮食贸易业务,抢抓经营主动权,以粮食贸易这个"发动机"促进港口中转规模和效益改善双丰收。近年来,北良港强化购销体系建设,在巩固与体系内部公司合作的基础上,积极开发社会供货商,在传统的港口平仓、期现结合、储备轮换的基础上,业务模式不断拓宽。2018 年北良自营贸易在北良港实现装船 100 万吨,成为拉动港口中转的重要增量。

(五)不断丰富中转模式,物流服务打造新亮点

随着国内外形势变化,北良与时俱进,不断丰富物流中转模式。近年来,北良积极顺应粮食贸易便捷化、个性化需求,在港内开展"散改集"作业,努力拓展粮食集装箱物流业务。2019 年北良港粮食中转再现新亮点,自年初开始,成功开展进口大豆"外贸转内贸"业务,将原有的单一卸船作业提升为"水转水"双程模式,传统的大豆中转实现创新突破。

（六）持续改善物流方式，粮食大港焕发新活力

在散粮中转之外，北良港不断拓展新的港口物流作业工艺。北良港综合利用罩棚及平房仓资源，采取大规模"包围散储"模式，有效增加仓储能力，为物流中转和期货交割提供有力支持，在国内沿海港口树立新标杆。北良港还多管齐下，通过开通集平班列提高集港规模，实施以箱代库拓展仓储能力，推进筒仓改造提升汽运系统，开展工艺革新改善效率水平。北良的港口功能持续优化，作业方式不断丰富，更加贴近市场和客户需求，传统粮食大港正焕发新的活力。

因粮而生　为粮而兴

全　臻①

湘江滚滚南来，滔滔北去，孕育了灿烂的潇湘文明，滋养着勤劳的三湘儿女。湖南省自然资源丰富，农业基础好，稻谷连年丰产，自古以来就享有"九州粮仓""鱼米之乡"的美誉。2010 年，在创新性整合省、市优质资源的基础上，湖南粮食集团应运而生，成为引领湖南粮食行业发展的龙头企业。

一、初心：做保障国家粮食安全的中坚力量

"五谷者，万民之命，国之重宝。"② 自党的十八大以来，以习近平同志为核心的党中央提出新的国家粮食安全战略，对深化农业供给侧结构性改革、增强粮食安全保障能力作出一系列重大部署。湖南粮食集团作为湖南省首个国有综合性粮食企业，保障国家粮食安全、维护粮食区域流通稳定，不仅是中央赋予的光荣使命、重大责任，也是推进新时期企业发展的要义所在。多年来，湖南粮食集团既保持着企业在市场经济中的竞争思维，又保留着对粮食行业的深厚感情，同时还坚守在维护国家粮食安全、保障流通稳定中的社会责任，通过整合旗下 12 个收储公司成立湖南省储备粮管理有限公司，搭建集粮食收储、轮换、购销等政策性业务为一体的管理平台，为保障粮食供应、稳定粮食市场提供更好的服务。同时利用国家"危仓老库"维修改造契机，投资 4 亿多元对各收储点库进行维修改造、

---

① 湖南粮食集团有限责任公司
② 出自北朝·魏·贾思勰《齐民要术·杂说》。这两句大意是：粮食是天下百姓生命之所系，是国家之至宝。

功能提升与改建，在湖南省主要产粮区建立了60多个收储库点，构建了以长沙为中心、环洞庭湖区为重点、范围覆盖湖南省的收储网络。

主动顺应智能化发展的时代趋势，率先建设全国粮食行业第一家粮食智能化工程——"智慧湘粮"工程，将信息化技术融入传统粮食收储模式中，运用物联网技术，通过视频监控、粮情检测、通风控制、安全预警等智能设计，实时掌握和远程动态监控粮情信息，全面确保粮食安全，大力提升科技储粮水平，达到守住管好"天下粮仓"的目的，切实履行维护国家粮食安全、确保区域流通稳定的重要职责。

二、蓄力：在阵痛中坚定深化改革

从整合三家不同行政管理体制、不同管理模式和经营理念的传统国企，发展成为业务广泛、产业多元的大型综合性粮食企业，湖南粮食集团的每一步前行都迈着改革攻坚的扎实步伐。集团的组建与发展历程，是一系列大的主动变革过程。

（一）打破体制机制瓶颈

上级行政主管部门主动突破固有思维，打破体制瓶颈，克服了重重困难与阻力，省、市合作组建湖南粮食集团，有效地解决了集团整合前各企业间产业定位雷同、重复建设严重、市场恶性竞争等问题，正式开启了优质粮食资源整合的新模式，也为集团业务经营管理、扩张产业版图、参与市场竞争等开启了敢于改革、敢啃硬骨头、敢于挑战条框束缚的优良传统，加速了企业由传统向现代转型的步伐。

（二）健全现代管控体系

湖南粮食集团班子成员摒弃传统观念，坚定改革信念，完善了现代法人结构，构建了架构合理、权责明晰的职能部门与分（子）公司模式，组建了流程规范、管控有序的制度体系，执行全面预算与内部风险防控，并在实际运营与学习实践中，不断优化管控方式，从最开始的统一管理到统一管控、分权运营、独立核算，逐渐理顺并形成了一套适应发展、有自主特色的管理体制和运营机制，走出了一条有别于传统粮食企业的现代集团发展之路。

（三）涵养深厚文化底蕴

重视文化理念对企业发展的引领作用，坚持以人为本，提炼"领先，永不停步"的核心价值观，"产业脊梁、品牌先锋"的企业使命，大力建设后备人才梯队，建立立体式培训体系，畅通晋升渠道，优化薪酬结构，凝聚了一大批志同道合、意志坚定的专业人才，极大地激发了企业发展活力。

三、突破：转型升级抢占行业发展制高点

在湖南粮食集团成立之初领导班子成员就深刻认识到，传统粮食企业风险抵抗能力不强、主业盈利能力不突出、竞争优势不明显，要想在市场经济中站稳脚跟，必须时刻保持危机意识，咬定青山不放松，坚定创新求突破，为企业长远发展拓展更多的生存空间，谋求更好的成长机遇。

（一）坚持科技创新带动发展

科技创新是企业发展的核心动力。对粮食企业而言，技术创新是实现企业提质发展的关键所在。湖南粮食集团通过成立种业公司来创新经营模式，与知名科学家、育种专家合作，研发并推广了一系列稻谷优良品种，更好地掌控了优质粮源，提高了市场竞争力；加快产学研结合，设立博士后科研工作站，与国内众多高校、科研院所合作成立"中南粮油食品科学研究院，专注粮油产品关键生产技术研发、产品品质改善、检验检测等，为保障产品质量、打造知名品牌提供有力支撑；注重用信息化手段提高经营管理的现代化水平，通过信息技术实现库存粮的智能管理；规划建设现代物流资源整合、市场联通一体化、现代金融信息集约、湘粮大数据创新等项目，在保障食品安全的同时，有效提高企业管理经营的现代化、科学化、集约化水平。

（二）坚持"四业联动"可持续发展

湖南粮食集团将粮食产业作为企业发展的根与魂，多年来在坚持以粮食主业的基础上开展相关多元业务，谋求粮食产业、食品工业、生态农

业、现代服务业"四业联动"发展，为企业健康、可持续发展提供强有力的支撑。深耕粮食产业，整合粮食资源，强化精细管理，构建了布局完善、网络健全的粮食收储购销体系，重点打造了粮食集团、金健米业、裕湘食品和银光粮油等农业产业化国家级重点龙头企业，培育了"金健""金霞""裕湘""银光""中意"等知名品牌，极大地提升了企业的影响力与知名度。聚焦食品工业，通过重点建设浏阳油茶博览园、宁乡食品产业园、益阳循环经济产业园、金健德山工业园等园区集群，着力主食业、休闲食品和奶制品等生产和销售，用质量和品牌开拓市场，极大地提高了企业的市场竞争力。同时还致力于生态农业，建设韶山银田现代农业综合示范区，加快粮食农旅资源开发和综合利用。拓展现代服务业，构建由数百家中心旗舰店、区域中心店、社区便利店与社区及超市专柜构成的"放心粮油"网络体系，建成了满足居民生鲜禽类制品消费需求的专业禽类市场，提供优质、便捷的产品与服务，助力食品安全城市打造。利用本部所在金霞园区的仓库储运基础、4.4千米铁路专用线、湘江河岸线及四通八达的公路网线，形成公路、铁路、水路联运的立体化网络优势，加上线上线下平行的交易模式，重点打造湘粮国际粮油水产交易中心。除了知名粮油及农副产品之外，湖南粮食集团还引进全国及世界顶级海鲜水产品，并配套3万平方米的海鲜文化餐饮集群及文化、教育、休闲等综合服务设施，全面对接供给侧结构性改革需要，引领居民消费升级。

（三）坚持产融结合驱动发展

湖南粮食集团整合之初，固定资产占比过高，流动资金严重匮乏，财务融资成本高涨，短贷长用现象突出。为了破解难题，优化发展结构，湖南粮食集团在规范内控管理、整合优质资源、全力做实产业的同时，坚持走资本运营之路。首先，控股了中国粮食第一股——金健米业，依托上市公司平台进行投资融资，集中发展粮油食品核心产业。其次，通过多种方式优化债务结构，降低融资成本，抓住机遇发行规模近30亿的企业债、私募债、中期票据、永续债等，为支撑重大项目建设、抢占市场先机提供了雄厚的资金支持。此外，多种渠道优化投融资方式，参股长沙银行、汉寿农商行、长沙农商行等金融机构，成立专业的投资公司，通过不断优化投资运营与管理，提高了融资能力与财务管理水平，实现了实体与资本的协同发展。

关于推动粮食老字号企业转型
升级的调查报告
——山东省和重庆市粮食老字号企业现状调查

中国粮食经济学会课题组①

　　2019 年，中国粮食经济学会对部分省区市粮食老字号企业（存续历史均在 50 年以上的）进行了问卷调查，共收到 14 省（区、市）31 家企业填写的调查表。此后，从 31 家企业中选出不同业态（米、面、油加工、储备）、已经获得省级老字号认定和正在申报老字号的企业进行实地调研，分别在现场召开有粮食企业、地方主管部门和粮油协会负责人参加的座谈会，重点了解粮食老字号企业的历史沿革、经营管理、文化建设、存在问题等方面的情况。

一、粮食老字号基本情况

（一）政府认定的老字号分布情况

　　根据 14 省份 31 家企业填写的调查表初步统计，目前，全行业经各级政府认定的粮食老字号共有 15 家，占填表企业的 48.38%。

　　从层级分布来看，国家级中华老字号有 4 家，占 15 家企业的 26.67%，其中，上海 3 家，河北 1 家。省级老字号 10 家，占 66.67%，分别为安徽老字号 3 家，山东老字号 3 家，内蒙古老字号、浙江老字号、江西老字号、重庆老字号各 1 家。市级老字号 1 家，即南京老字号，占 6.66%。

---

① 课题组成员：李沙、唐炜、连志宏、李新良、谭永良、杨龙德、杨玉玲、陈亚娣、杨峻。执笔人：李沙。

从业态分布来看，均为加工企业，其中，大米加工企业 3 家，占 15 家企业的 20%；面粉加工企业 3 家，占 20%；食用油加工企业 9 家，占 60%。其他业态即储备、经销和粮机则为零，尚无政府认定的老字号。

（二）长期坚持诚信经营

粮食老字号企业均把诚信经营传统与为消费者提供好粮油相结合，努力加强产品质量管理，用心维护国家粮食安全。坚持注重质量、创新品牌、诚信经营，使企业在激烈的市场竞争中得以持续发展。

作为面粉加工企业、全国主食加工示范企业，1956 年 4 月创建的山东半球公司在 2000 年由国有企业改制为股份制民营企业。尽管企业产权性质发生变化，但公司对维护国家粮食安全的初心不变。近年来，公司充分发挥粮食老字号的知名度和影响力，成立放心粮油配送中心，配备放心粮油运输车 5 台，在城乡设立放心粮油店 50 多个，日配送放心粮油 200 多吨，有效维护了企业所处的广饶县域粮油食品安全。对此，广大消费者说："老字号企业讲诚信，半球公司的产品让我们更放心。"为了最大限度地维护消费者权益，公司还建立了产品质量全过程有效控制机制，严格实行产品质量"一票否决制"。同时，公司设有切实可行的企业粮油食品安全应急预案并定期进行演练，以便确保能够及时妥善处理粮油食品安全方面的突发事件。

（三）努力做到传承创新

粮食老字号企业均能正确认识和有效解决粮食老字号传承与创新之间的关系，忠实传承老字号精益求精的工匠精神和诚信为本的商业道德，努力创新老字号企业的产品、技艺、服务、文化及经营管理模式，取得了一定的经济效益和社会效益。

重庆凯欣粮油有限公司是重庆粮食集团旗下从事市场化油脂油料业务的主要载体，迄今已有 83 年历史的国有企业，获评"中国好粮油示范企业"。该公司历来重视老字号工匠精神的培养，推崇"把重复的事情做好，把技术的事情做精"。公司专注国内菜籽油领域 80 余年，秉承"专业诚信，厚道为民"的经营理念，实施高于国家标准的企业内控制度，以品质和匠心打造绿色、营养、健康的食用油产品，并致力于不断创新。2018

年，旗下品牌"红蜻蜓"十年磨一剑，推出了"破壁爆香"系列潼南原生态菜籽油系列产品，满足市场各层级消费需求，成为未来一段时间食用油市场的主力产品，使这一重庆的老品牌焕发出新生机。

（四）不断加强文化建设

粮食老字号企业早已认识到粮食老字号品牌与文化相互依存的关系，用文化厚度支撑品牌，以品牌影响传承文化，将企业自身具有的深厚文化底蕴融入经得起弥久考验的品质和服务之中，努力搞好企业文化建设。

重庆大足储备粮公司前身是建于 20 世纪 50 年代初的"苏式仓"老粮库，库容 3.5 万吨，目前仍在发挥购销调存的作用。近年来，随着公司新型粮库的上马，尽管"苏式仓"老粮库的地位开始下降，但其蕴含的老字号文化却历久弥新。为此，公司将这种文化作为一项宝贵财富加以继承。一方面，公司准备申请上级批准，把"苏式仓"老粮库增设为重庆市大足区的爱国主义教育基地之一，向广大青少年传播粮食老字号文化；另一方面，公司在新库区打造一面文化墙，以多幅长卷图画故事形式展示古代隋唐至今我国的粮仓建筑模式，介绍粮食发展简史，传承和弘扬中华民族优秀粮食文化。

（五）注意知识产权保护

粮食老字号企业总体上具有较强的企业知识产权保护意识，多年来都先后注册了一件以上的商品商标或具有注册商标使用权，有些企业还拥有多项专利，从而形成粮食老字号品牌的核心价值，为粮食老字号的存续和发展创造了必要的前提条件。

其中，最为突出的是重庆凯欣粮油有限公司，1983 年我国第一部《商标法》施行后不久，该公司的前身重庆市油脂公司就及时申请商标注册，企业知识产权保护意识十分超前。1985 年 5 月，经国家商标局核准，该公司同时获得两件"两江楼"图文注册商标专用权，核定使用商品分别为第 29 类食用油和第 30 类花椒油，因此，企业知识产权保护迈出重要一步，为以商标作为品牌载体、不断拓展粮食老字号品牌空间打下良好基础。1996 年 8 月，经国家商标局核准，重庆市油脂公司又获得首件"红蜻蜓"图文注册商标专用权，核定使用商品为第 29 类食用油，企业知识产权保护达到全新高度，进一步拓宽了粮食老字号知名品牌的市场化运作空间。目前，重庆凯欣公司已拥有商品商标 200 余件，其中，"红蜻蜓"注册商标为代表性商标，1998~2005 年，重庆凯欣公司曾三度被重庆市工商局认定为"重庆市著名商标"，企业知名度和影响力大幅提升，依法受到国家特殊保护。此外，该公司还拥有专利 20 余项，企业知识产权保护达到较高量级，企业无形资产结构相对合理。

（六）勇于承担社会责任

粮食老字号企业均能较好地发挥粮食老字号企业与社会的共享价值，并由此建立企业与社会的共生关系，充分体现企业的责任担当，不断树立企业的良好形象，打造粮食老字号在新时代的经营管理亮点。

重粮健康产业公司的前身为 1952 年 6 月创建的"人和粮站"，距今有 67 年的历史。1998 年 12 月，获得"人和"商标第 30 类专用权注册；2007 年获得"中国名牌产品"称号；2012 年、2015 年两次获得"重庆市著名商标称号"；又分别于 2016 年、2018 年荣获"农业产业化市级龙头企业"称号；2019 年 9 月，被重庆市商务委认定为"重庆老字号"。该公司勇于承担社会责任，积极推进产业扶贫和救济资助工作，在重庆建设优质粮油基地 57800 亩，免费提供种子，通过优质稻，带动增收约 1000 万元。对口扶贫巫山贫困户，每年捐赠数万元农机设备。开展"重粮健康梦想课堂"，爱心义卖所筹款项捐赠贫困学子。

以山东半球公司为例，从 1995 年起，该公司志愿者每月 7 号风雨无阻、雷打不动，义务为广饶县辖区内的老干部送粮油，至今已累计送去 170 多万斤，解决了一些老干部的生活困难问题。2015~2017 年，自政府推动实行精准扶贫工作以来，公司结合自身实际情况，通过产业帮扶、生活帮扶、创业资金帮扶等多种方式，为 28 户国家级贫困户建档立卡，精准扶贫。其间共提供扶持资金 34 万元，使各贫困户基本实现脱贫的目标，受到各方面好评。

二、粮食老字号存在的问题

从调研反映的情况来看，目前粮食老字号存在以下主要问题。

（一）市场竞争力不强

市场竞争力不强是老字号企业所面临的共同问题和主要问题。其表现为以下三个方面：

1. 资金周转困难，融资渠道应用不足

山东半球公司反映，近两年来，银行缩减贷款规模导致企业流动资金减少，对企业抢抓机遇加快发展造成一定影响。同时，由于原料及产品大量进出往往占用资金较多，企业在转型升级、项目建设过程中，存在较大的资金缺口且融资渠道应用不足，企业财力远不足以支持创新要求以提高市场竞争力。重庆大足储备粮公司则反映，当地农发行网点少，不适应粮企、粮农从事粮食流通交易的需要。

2. 新型人才缺乏，现代科技应用不足

改革开放以来，随着市场经济的发展，在劳动密集型的粮食老字号企业中传统手工艺技术人员流失严重，传统技艺面临失传，市场竞争力下降。例如，重庆大足储备粮公司的"苏式仓"老粮库，其目前硬件很难大规模适用现代的机械化、自动化、信息化、智能化生产，不能有效提高效率，盈利能力大减，企业的有限投入也无法满足研发与技术改革的条件。重粮健康公司也反映，受资金、人才等因素制约，企业技术创新力度远远不够，同时企业还缺乏优秀管理人才和营销人才，进而影响企业市场竞争力。

3. 销售渠道单一，电商平台应用不足

粮食老字号企业通常采用传统营销模式，其销售渠道为直营门店、区域代理、商超批发等传统线下渠道，线上销售渠道拓展不力，电商平台应用明显不足。例如，重庆凯欣公司于 2016 年才开始在京东、天猫等大型电商平台建立旗舰店。其 2018 年线上销售仅 400 万元，尚属于入门级，远未形成可观的市场竞争力。山东半球公司开展线上销售的时间更晚，2019 年还在试运行阶段，线上销售量很小。重粮健康公司的线上销售也属于刚刚起步，销售量同样不大。

（二）企业文化建设薄弱

此次调研发现，一些粮食老字号企业文化建设比较薄弱，没有形成自已有影响的特色品牌文化，从而无法整合老字号特有的文化资源，难以利用老字号宝贵的文化价值，并将其转变为经济价值和社会价值。具体表现为以下两个方面：

1. 缺少形成品牌文化

个别粮食老字号企业对于自身起源模糊不清，对老字号企业的史料掌握较差，档案资料不齐全，企业的历史沿革、成长过程、品牌形成等相关信息不准确，直接导致老字号企业文化建设缺乏应有的基础支撑，文化底蕴得不到展示，文化价值得不到利用，最终造成对老字号文化资源的巨大浪费。

2. 亟须讲好品牌故事

个别粮食老字号企业对品牌文化的概念认识不清，甚至把企业文化与企业的某些慈善活动或公益行为相混淆。例如，以扶贫、助学、实物捐赠等代替企业文化建设，把品牌文化仅理解为浅层次的爱心文化，而不是把品牌文化与老字号企业历史悠久的产品、技艺或服务相联系，挖掘其深层次的文化内涵和文化价值，于是造成没有品牌故事可讲或故事缺乏品牌魅力。

（三）知识产权保护欠缺

此次调研还发现，一些粮食老字号企业在知识产权保护方面存在一定的认识误区，即只知道有商品商标，不知道有服务商标。表现为比较重视商品商标，对服务商标不够了解，错失及时注册服务商标的机会。例如，由于个别粮库本属于国民经济行业分类中的农产品仓储业，按照我国《商标法》，完全能够依法申请注册第39类商标，即3906货物的贮藏。但该企业一直认为自己是没有产品的企业，故不具备申请注册任何商标的资格，因此，长期以来不仅没有仓储业知识产权保护意识，也未去申请注册相应的服务商标，既没有创立老字号粮库的品牌意识，又没有科学配置和优化企业的资产结构，即没有把服务商标纳入企业的无形资产领域，为传承和弘扬粮食老字号文化发挥应有的作用。

三、对粮食老字号创新发展的建议

近年来，中国粮食经济学会根据习近平总书记关于"要着力优化产业结构，改造升级'老字号'，深度开发'原字号'，培育壮大'新字号'"的重要指示精神，把粮食老字号问题提上议事日程并作为学会的重点工作之一。此次启动粮食老字号调研，课题组综合各方面意见认为，要以习近平新时代中国特色社会主义思想为指导，以满足人民群众的美好生活需要为方向，以传承和弘扬中华优秀传统文化为主线，建立健全粮食老字号保护、传承、创新、发展的长效机制，支持一批文化特色浓、品牌信誉高、市场竞争力强的粮食老字号传承创新发展，推动将粮食老字号所承载的工匠精神和中华优秀传统文化融入现代生产生活，实现活态化传承、创造性转化和创新性发展，切实高效地加强粮食生产、储备、流通三大功能建设，专心致志维护国家粮食安全。

粮食是关系国计民生的资源性、战略性、公益性的商品。抓好老字号建设，对于构建新时代粮油安全保障体系，端牢中国人的饭碗，实现高质量发展，让消费者吃得健康、吃得营养、吃得安全、吃得放心，确保老百姓"舌尖上的安全"具有重要作用。课题组的具体建议体现在以下七个方面。

（一）保护老字号各方面的合法权益

通过制定标准和规范，进一步保护和扶持粮食老字号品牌，对由国家和省（自治区、直辖市）认定的粮食老字号实施特殊保护，除市政建设不能回迁外，凡涉及房地产开发的都必须保证老字号回迁原址，并按原有建筑面积尽可能恢复原有建筑风格和门面。加强粮食老字号知识产权保护，普及知识产权特别是商标知识，严厉打击恶意抢注老字号商标、字号、品牌和假冒伪劣老字号产品的不法分子和不法行为，对于粮食老字号企业在申报国家级、省级品牌方面予以优先，对粮食老字号装修风格和形象在城市管理中采取备案登记，量化老字号无形资产价值并依法确认所有权。

（二）支持老字号经营管理模式创新

引导粮食老字号建立现代企业制度，鼓励各类专业机构为粮食老字号发展提供智力支持。鼓励粮食老字号建立健全科学的激励、决策和用人机制，探索建立职业经理人制度。鼓励和支持粮食老字号将传统经营方式与现代服务手段相结合，积极推进标准化改造，大力发展连锁经营、特许经营，拓展粮食老字号品牌影响力。

（三）支持老字号产品和服务创新

以"传承经典、引领创新"为主题，组织举办粮食老字号文化创意大赛等活动，推动粮食老字号企业与文化创意机构合作，深入挖掘粮食老字号传统文化和独特技艺，创作符合现代消费需求的作品。顺应互联网发展趋势，引导粮食老字号企业开发具有地域特色、文化内涵、满足消费升级需要的产品和服务，发展网络适销产品和款式。

（四）支持老字号线上线下融合发展

落实国务院办公厅关于"互联网+流通"行动计划的部署，实施"老字号+互联网"工程，引导粮食老字号适应电子商务发展需要，开发网络适销商品和款式，发展网络销售。引导粮食老字号与电商平台对接，支持电商平台设立粮食老字号专区，集中宣传，联合推广。鼓励粮食老字号发展在线预订、网订店取和上门服务等业务，通过线上渠道与消费者实时互动，为消费者提供个性化、定制化产品和服务。

（五）支持老字号开拓市场

定期举办省级粮食老字号博览会，鼓励各地举办粮食老字号展览展销活动，组织粮食老字号"进社区、进校园、进乡村"。在政府部门组织的宣传交流活动中尽可能安排粮食老字号相关内容，有条件的可以适当减免粮食老字号企业相关费用。鼓励和支持粮食老字号发展连锁经营、特许经营，推进商业模式转型，不断提高市场开拓能力。鼓励老字号企业与职业院校共建"工匠创新工作室"和"工匠教学基地"，传承和弘扬工匠精神和传统技艺。

（六）弘扬老字号优秀文化

引导粮食老字号建立健全企业档案，整合优化企业文化资源。支持出版发行粮食老字号丛书，拍摄制作粮食老字号纪录片、微电影，提炼传播粮食老字号传统文化精髓，讲好粮食老字号品牌故事，再现粮食老字号核心价值。鼓励粮食老字号运用微博、微信等新媒体，传播粮食老字号品牌历史和商业文化。聚焦中华民族传统节日，举办一批粮食老字号主题文化节，宣传和弘扬粮食老字号承载的富含中华民族特色的民俗、饮食、技艺等传统文化精髓。鼓励有条件的粮食老字号企业和社会组织建设体现行业（区域）特色、反映民族（民俗）文化、弘扬中华优秀传统文化的主题博物馆，鼓励有条件的博物馆向公众免费开放。

（七）引导老字号企业增强活力

由政府主管部门牵头，注重发挥社会组织的作用，对粮食老字号企业加强指导。加强各地粮食老字号企业交流合作，互相借鉴学习先进经验，督促企业深化内部各项改革，以增强企业活力，提高企业市场竞争力。由政府粮食主管部门负责，发挥粮油行业社会组织的作用，开展粮油企业老字号评选活动。将粮油老字号纳入优质粮食工程，给予政策支持和资金扶持，研究出台老字号企业收购、储备、加工、销售、物流建设等粮食流通发展配套政策，形成长效扶持机制。支持老字号粮油仓储企业的仓储设施改造升级，培育民族品牌，发展民族企业，引导、挖掘、传承、培育、传播老字号企业，增加老字号粮油供给，促进城乡居民由"吃得饱"向"吃得好、吃得营养、吃得安全、吃得健康、吃得放心"转变，促进广大种粮农民和粮食企业生产经营老字号粮油，提高经济效益和社会效益，确保粮食数量安全和质量安全。

与共和国同成长

山东玉皇粮油食品有限公司

山东玉皇粮油食品有限公司坐落于素有"中国花生之乡"称号的山东省临沂市莒南县，始建于 1950 年，占地面积 150000 平方米，资产总额近 4 亿元，年综合粮油加工能力 30 万吨，销售收入近 10 亿元，是莒南县唯一一家集食用植物油、小麦粉及挂面生产加工销售与进出口贸易为一体的粮油企业，自成立之初就承担着军需民食之重任，带动了整个莒南县花生产业及深加工业的发展。

作为与共和国共同成长的企业，山东玉皇粮油食品公司是稳健发展的 70 年，见证了中国实业近代发展的历程，是中国近代企业发展的缩影。

一、"国字号"企业玉皇粮油食品有限公司的诞生

新中国成立初期，百业待兴。1950 年 10 月，山东玉皇粮油食品有限公司的前身——海东油坊于青岛诞生。1953 年，党中央提出对农业、手工业、资本主义工商业进行社会主义改造，从全局出发统筹安排生产计划，推行全行业公私合营，保证国家重点建设。海东油坊毕熙亭等三位负责人积极响应政策号召，顺应历史发展趋势，将海东油坊改制为公私合营青岛东海油厂，成为青岛市第一家公私合营企业，全国工商业改造的典范。

1956 年，党的八大报告明确指出了国内的主要矛盾，对全国工商业进行调整。为响应国家"三就"政策，支援沂蒙革命老区的经济建设，当年，青岛市轻工业局与临沂地区实业公司签订合约，将青岛东海油厂迁至莒南县，成立国营莒南植物油厂，隶属于临沂地区实业公司，并自办小发电机组，在莒南县第一次实现照明电气化，成为莒南县第一家全机械化工厂。

为进一步发挥当地资源优势，根据市场需要，莒南县建立了莒南县面粉厂。1961年植物油厂与面粉厂合并为莒南县粮油加工厂，隶属县粮食局，为地方国营企业，加工所用原料从县内各地基层粮所调入，产品主要供应当地军需民食。这一举措带动了地方花生、小麦种植业的发展，使莒南县粮油加工厂成为计划经济体制下粮油行业的明星。

二、改革大潮中的突破

受计划经济体制影响，20世纪80年代初期，企业发展陷入停滞，此时，改革开放的春风吹绿了莒南大地，为工厂带来了新的生机。1988年，莒南县粮油加工厂开创了承包经营责任制的先河，从厂长到中层管理人员都实行竞争上岗，企业管理水平有了新的突破。1997年6月，为响应莒南县委、县政府号召，莒南县粮油加工厂改制为国家控股的有限责任公司——山东玉皇粮油食品有限公司，张守民勇挑重担，迎难而上，任公司董事长兼总经理，进行大刀阔斧的改革。先后投资1000多万元改造面粉车间和榨油车间，增加产品，扩大规模，结束了莒南人吃特二粉、高烹油、色拉油要到外地购买的历史，扩大了生产能力和仓容能力，为企业发展打下了坚实的基础。1993年同美国三利企业集团公司合资兴办"莒南三利食品有限公司"，走"外向开拓，内涵发展，一业为主，多业并进"的发展道路，使固定资产由250万元扩大到1500万元，生产能力由不足万吨增加到10万吨，产品品种由3个增加到36个。

尽管1997~1998年受东南亚金融危机的影响，粮食价格不稳，市场消费低速，很多改制而来的企业纷纷破产，但是张守民带领全体员工抓改革，抢机遇，降成本，渡难关，使企业依然实现利税150万元。"玉皇"牌花生油以色清味香、天然纯正被中国消费者基金会推荐为"95中国消费者喜爱品牌"，成为全国食用油脂行业唯一的获奖品牌，当时多位党和国家领导人亲临大会祝贺并颁奖。

2001年，国有控股全部退出，企业驶入规范发展的快车道，经济效益和社会效益稳步提高，产品被认定为国家首批免检产品和无公害农产品，企业被临沂市政府授予"全市同行业排头兵"称号。同时，企业职工宿舍、托儿所、图书室等附属设施逐步开始建设，集体福利事业得到充分发展。

三、新时代的崛起

2004 年，公司积极响应莒南县委、县政府"退城入园"的号召，在县城工业园区征地 250 多亩，投资近 2 亿元，建设年加工 15 万吨植物油生产线、年加工 10 万吨小麦专用粉车间、年产 3 万吨的挂面车间、年加工 2 万吨的花生米筛选车间和仓容量 4 万吨的储备粮仓库，一座崭新的现代化企业巍然崛起。全面竣工投产后，企业年综合粮油加工能力 30 万吨，年粮食中转量 80 万吨，成为山东省最大的粮油生产加工、粮食仓储和物流运输综合基地，年实现工业总产值近 10 亿元，产品三大系列 120 多个品种，内销全国 30 多个省份，远销欧美、东南亚等 20 多个国家和地区。

栉风沐雨近 70 载，山东玉皇粮油食品有限公司如今已发展为占地面积 150000 平方米、资产总额近 4 亿元、销售收入近 10 亿元、年粮油综合加工能力 30 万吨的粮油产业巨子。一路走来，企业历经数次改制依然能稳健发展，离不开始终如一的品质和与时俱进的创新。

公司创新经营模式采取"基地+农户+企业"产业化发展道路，在当地建立绿色花生、小麦优良品种种植基地，严格控制原料产地考核、抽样检验、原料贮存等各个环节，从源头上保证产品质量。

生产过程通过 ISO9000 质量管理体系和 ISO22000 食品安全管理体系及卓越绩效管理等现代管理手段，精细操作，设立关键控制点，层层把关，全程监控。产品出厂实行全项目、每批次检验，确保出厂产品质量。

公司注重科技创新，投资上亿元进行工艺改进和品质升级，与中国农业科学院、北京化工大学、山东省农业院校、齐鲁工业大学等高校及科研机构合作建立产学研合作关系，在花生油加工领域科研成果显著。其中，利用花生粕制取功能性花生蛋白短肽项目获得巨大技术突破，申获国家发明专利证书，荣获国家星火计划项目支持，弥补了我国在花生蛋白短肽研究领域的空白。

得天独厚的自然条件和红色文化底蕴，赋予了山东玉皇粮油食品有限公司深深的家国情怀。如今，公司已发展成为国家花生加工技术研发分中心、国家级高新技术企业、"中国好粮油"示范企业、山东省农业产业化重点龙头企业、山东省老字号企业、山东省农产品加工示范企业、中国食用油加工企业 50 强、花生油 10 强、玉米油 10 强，玉皇牌花生油、小麦粉均获有机食品、绿色食品、山东名牌、山东省著名商标、中国驰名商标、临沂市市长质量奖等荣誉称号。

"爱菊人" 的责任与担当

贾合义[①]　唐家龙[②]

西安爱菊粮油工业集团（以下简称爱菊集团）作为一个老字号粮食企业，见证了我国粮食行业的发展历程。其从一个西安的小型面粉厂不断发展壮大为今天的跨国性集团，得益于市场消费者的认可，得益于员工几十年的坚守和付出，得益于政府的指导和支持。

一、担当民族大义　战时应战　外御日寇（1935~1949 年）

爱菊集团前身是始建于 1934 年的西安华峰面粉股份有限公司（以下简称华峰面粉公司）。1935~1949 年，正是中国社会最为动乱的 15 年，同时也是奠定华峰面粉公司 "以责任为先、以民族利益为重" 粮企使命的 15 年。1937 年 12 月 21 日《民意报》第三版刊载了这样一篇电文："强敌压境、举国悲愤……日寇持虎狼之师侵我主权，本会会员誓以头颅热血愿作政府后盾，任何牺牲，在所不辞……" 这是南京沦陷后，华峰面粉公司工会给国民政府电文中的一段话，强烈的爱国热情和责任感，让这个处于特殊行业的工厂成为了西安工人运动的发源地之一。

在 1936~1938 年，华峰面粉公司积极支持抗日，每月生产军粮 20 天、民粉 10 天，面粉产量比投产时提高 78%，为抗日战争的胜利贡献了全部力量。其间，华峰面粉公司员工先后成立 "华峰抗日工会" "华峰抗日救国会" 等爱国组织，积极声援抗日，多次到革命公园举行集会、游行示威，显示工人阶级登上政治舞台的力量，成为西安市工人运动的重要组成部分。

[①]　西安爱菊粮油工业集团董事长。
[②]　西安爱菊粮油工业集团办公室主任。

二、履行粮企使命　急时应急　维护社会稳定（1949~1952 年）

新中国成立之初，国家满目疮痍、百废待兴。此时，作为西安粮油市场主要供应商的华峰面粉公司履行粮企使命，加班加点加急生产，保证粮食市场供应，维护社会稳定。

1949 年 5 月 20 日，西安解放，胡宗南余部临逃时曾派特务队悄然进厂，企图炸毁锅炉、引擎和机器房等设施，破坏生产，造成社会动乱。所幸这一阴谋被工人自发组织的地下护厂队识破，尽管厂区主体设施未遭受毁灭性破坏，但由于粮食市场供应不足，社会暗潮涌动。在这种情况下，华峰面粉公司上下齐心协力，在原西安义泰铁工厂和陇海铁路机务段的支援下，历时 7 个月恢复生产，有效缓解了市场供应压力，稳定了市民情绪。在随后的生产经营中，华峰面粉公司不断加快技术改革，提升保障市场能力。1950 年，华峰面粉公司推广"前路出粉法"，试制成功"八八粉"，普通粉小时产量由 150 袋增加到 174 袋；1951 年创立了"华山牌"红字粉品牌，至今还为老一辈西安古城百姓所津津乐道。

三、计划经济　服从社会发展　做好平时供应（1953~1992 年）

在计划经济时期，整个国家的资源由国家统一调配，粮食作为最重要的战略物资，成为国家调控的重要载体。在 1953~1992 年，公司的名称由华峰面粉有限公司变为西安市群众面粉厂，企业性质由私营企业变为国有企业，生产销售方式由市场导向变为国家统一计划调配，但"保障市场供应、维护市场稳定"的光荣职责和神圣使命依然没有改变。

从 1953 年起，西安市群众面粉厂坚持走"挖潜、革新、改造"的发展道路，不断更新企业生产设备，提升保障市场能力。1954~1984 年，企业先后添置改造了麸皮机、风力吸运系统、面粉打包机等设备，将动力系统由蒸汽机变为电力传动，使面粉日产量提升了 28.58%，出粉率提高了 4.31%。1986 年制粉车间三班倒改为四班三运转机制，面粉产品由一种增加到四种，标准粉小时产量较解放初期翻了四番。1989年，企业从瑞士布勒公司购置面粉专用生产线，年产面粉4.8万吨，产值2400万元，填补了西北地区生产专用面粉的空白。到1992年底，企业累计为国家提供积累资金4520万元，向外输送各类技术人员、干部50余名，有力地支援了西安的社会主义改革事业建设，在国民经济发展中发挥了应有的作用。

四、初心不改 坚守数量安全保供应 紧抓质量安全促发展（1993~2015年）

改革开放促使经济迅速发展，人民群众从满足温饱逐步向吃得健康、吃得营养、吃得放心转变。爱菊集团初心不改，一直致力于"两个安全"：一是确保市场供应"量的安全"；二是抓好粮油产品"质的安全"。换句话说，粮食企业就是一个蓄水池，是政府宏观调控的一个重要工具，在日常承担保障市场供应、满足居民消费需求的义务，而在战时需要肩负起稳定物价的责任。

这20多年来，为确保粮食安全，爱菊集团先后投资5000多万元对企业粮油生产线进行升级改造，投资300多万元购置先进的质量检测设备，在陕西省内和河南省建立优质小麦生产基地，在东北地区建立优质稻米生产基地，在新疆、青海建立油料生产加工基地。建立各种质量制度，实行全面的"大生产""大采购""大销售"策略，从根本上保障了米、面、油产品的质量安全。为了让百姓吃到放心产品，企业还带头在全市面粉行业倡导不加增白剂，不加任何添加剂；引进大米加工线，不搞二次添加和污染；率先引进六条食用油中小包装生产线，带头取缔散装油生产销售，真正把爱菊集团建成了放心粮油的"金字招牌"，从此，爱菊集团不断发展壮大，从一个小面粉厂发展成为西北地区综合实力居前位的粮油集团。

在保证市场供应和粮食安全的过程中，爱菊集团坚持把社会责任放在企业发展的首位。例如，在1994~1996年，为保证市场供应、平息粮油抢购风波，企业坚持满机能生产，最高年产面粉305万袋（25千克装），被兰州军区指定为军供粮定点生产企业。在2003年"非典"时期，市场出现抢购苗头，两天之内爱菊集团向市场投放面粉6万袋、食用油14.5万公斤，确保了社会稳定。在2008年汶川大地震中，集团连夜加工中央救灾粮1000吨，并成立"爱菊"突击队，先后两次深入重灾区绵竹、广元运送企业捐赠的 80 吨面粉和大米，被原国家粮食局评为"全国粮食系统抗震救灾先进集体"。2010 年陕西安康、商洛地区水灾，急需粮油，集团紧急组织 10 千克装救灾面粉 740 袋、救灾大米 740 袋、5L 油 3200 桶支援灾区，缓解了灾区的粮油紧张，维护了社会稳定。

"一个人的责任有多大，在于他对社会的贡献有多大；一个企业能走多远，在于它所承担的社会责任有多重。"正是这种以"粮食数量安全"为己任的使命感使爱菊集团不断发展，正是这种以"粮食质量安全"为经营思想的宗旨使爱菊集团逐渐壮大。

五、践行"一带一路"倡议　打造有效海外粮仓（2016年至今）

2015 年以来，爱菊集团响应国家"一带一路"倡议，赴哈萨克斯坦投资，已取得一定成果：仅历时半年疏通各个流程，于 2016 年 3 月 26 日实现"中欧货运班列"首趟满载货物回程，打响我国农业企业走出去的"第一炮"，受到社会各界和中哈两国政府的关注；又用时半年克服冬日寒冷，于 2016 年 12 月 6 日建成哈萨克斯坦最大的油脂厂，打响中国农业企业赴哈投资的"第一炮"，树立中国企业形象，为国人增光添彩；组建"企业+院校+农场主"新型订单农业合作社，初期推广原料种植 150 万亩，解决哈萨克斯坦人民"种粮难、卖粮难"的问题，打造企业与农户"命运共同体"，促进我国土地"内休外耕"，这种做法有利于中哈两国利益。经测算，爱菊集团每进口 1 吨小麦、面粉或食用油可带动我国 2 亩土地休耕。

通过统筹规划、新建工厂、布局粮库、推行"订单农业"、打造农业命运共同体，爱菊集团初步构建了以哈萨克斯坦北哈州爱菊农产品物流加工园区为境外基地、以阿拉山口爱菊农产品物流加工园区为"境内关外"中转分拨基地、以西安爱菊农产品物流加工园区为集散基地的"三位一体"体系，基本铸就粮食进出口陆路大通道，未来将势必打造有效海外粮仓，让粮食"买得到、运得回"，进一步保障我国粮食数量和质量安全。

有为才有位，有位要有为，这不仅是责任和担当，也是企业可持续发展的根基。爱菊集团愿意作为中国企业走出去的排头兵、示范点，与全国中小型企业同仁合作，抱团出海，共赢发展。

做"一带一路"粮油合作的桥梁和纽带

益海嘉里金龙鱼粮油食品股份有限公司

新中国成立 70 年来,逐渐探索建立了适合中国国情的粮食安全制度和政策体系,有效地解决了 14 亿人民群众的吃饭问题。特别是改革开放以来,对内不断深化改革,对外不断扩大开放,把"引进来"和"走出去"相结合,引进国外资本、技术、管理,有效统筹国际和国内两种资源、两个市场,让人民群众不但吃得饱,也能吃得好。

在这个过程中,广大外资、侨资企业作为中外粮油合作的桥梁和纽带,发挥了积极作用。其中,由著名爱国华侨郭鹤年、郭孔丰先生共同创立的新加坡丰益国际集团在祖国大陆投资创办的益海嘉里集团,自 1988 年至今在祖国的总投资已超过 500 亿元人民币,在全国 26 个省市自治区建成和在建 70 多个生产基地、300 多个综合加工车间,涉足油籽压榨、食用油精炼、专用油脂、油脂科技、玉米深加工、小麦深加工、大豆精深加工、水稻循环经济、食品原辅料、粮油科技研发等产业,旗下拥有"金龙鱼""欧丽薇兰""胡姬花"等知名品牌,利用其在国内布局合理、覆盖全面、点面结合、畅通高效的营销网络,为广大工业客户及家庭消费者提供小包装食用油、大米、面粉、挂面、米粉、豆奶、餐饮专用粮油、食品原辅料、油脂化学品等产品和服务。

30 余年来,益海嘉里高度重视以科技研发赋能产业转型升级,在世界 500 强企业中较早把全球研发中心设在中国,是中国现代化食用油产业和市场体系的重要建设者和引领者,开创出"水稻循环经济""国产大豆精深加工""小麦精深加工""油脂副产品绿色加工利用"等一批世界领先、兼具经济效益和社会效益的创新型产业模式,为新时期中国粮油产业发展和转型升级发挥了示范引领作用。

一、创新引领中国粮油产业发展

（一）从油起步，不断引领中国食用油产业发展

改革开放之初，中国急需资金、技术和发展经验。在世界尚对中国抱有疑惑之时，华人侨商积极响应祖国召唤回国投资实业，正是在这种背景下，爱国侨商郭鹤年和郭孔丰叔侄在 1988 年开始在祖国大陆投资油脂加工项目——南海油脂工业（赤湾）有限公司，成为益海嘉里在祖国投资建设的第一家现代化油脂加工厂，也开启了益海嘉里在祖国粮油加工产业投资的序幕；1991 年，南海油脂工厂生产的金龙鱼小包装食用油问世，由此国人可以吃上经过系统精炼装在小包装瓶里的食用油，逐渐告别了散装油。益海嘉里不仅引领了国人从食用散装油到小包装油的历史性转变，更改变了中国食用油加工行业技术水平落后的局面。2002 年，经过持续的技术研发，益海嘉里推出金龙鱼第二代 1∶1∶1 黄金比例调和油，率先将食用油与膳食营养健康关联起来，首次将膳食健康的研究深入到脂肪酸领域，再次引领了国人从安全用油到营养健康用油的历史性变革。

此后，为更好地满足消费者不断升级的营养健康用油需求，益海嘉里不断健全食用油品类，创新食用油加工技术，不断推出更加营养健康的食用油产品，涵盖了大豆油、菜籽油、葵籽油、玉米油、橄榄油、花生油、稻米油、亚麻籽油、茶籽油、核桃油等几乎所有的食用油品类。32 年来，益海嘉里见证、推动了国人的餐桌革命，一次次为国人厨房带来更安全更健康更营养的食用油产品，引领中国食用油行业的技术创新和品质升级。

（二）以粮拓展，开创循环经济与精深加工新模式

中国作为产粮大国，稻谷和小麦是最主要的两大口粮作物，每年的产量总额高达 3.5 亿吨左右，均居世界第一位，但与此相比，中国在水稻、小麦加工方面仍以传统粗放型形式为主，加工主要以制取大米和面粉为主要加工目标，副产品没有得到充分利用，稻壳更作为废物一度成为"黄色污染物"难以解决。

面对我国粮食加工水平较低、产业链短、副产品综合利用率低的现

状，益海嘉里以全面提升国内粮食加工水平为使命，2006 年进入水稻加工领域，2009 年进入小麦加工领域，依托中国优势资源，寻求中国粮食加工新模式新突破。

益海嘉里累计投资数十亿元人民币，通过十多年研发探索，独创了世界领先的 "水稻循环经济" 模式，不仅通过产业链前端的订单种植实现惠农增收，产业链后端的高品质商品直接惠及消费者，更使水稻加工废副产品变废为宝，实现了水稻加工业的绿色可持续发展。在这种模式下：稻壳用来发电，满足企业生产用电需求；稻壳灰用来加工白炭黑、活性炭等多种产品；米糠用来榨取营养价值颇高的稻米油；米糠粕可以提取脂肪酸、米糠蜡、米糠脂、谷维素、阿魏酸等营养保健品原料。通过对每粒水稻 "吃干榨净"，每吨水稻的产值相较传统模式高出 800 元左右。按此计算，如果米糠榨油在全国范围内推广使用，可增加约 230 万吨稻米油，为 5000 万家庭提供 1 年用量的食用油，相当于 1.1 亿亩大豆的产油量，全国的稻壳如果用来发电，每年可以替代约 2600 万吨煤炭，减少 30 万吨二氧化硫排放。2018 年，益海嘉里的 "水稻循环经济" 模式相关成果作为粮油加工行业代表入选 "中国制造 2025" 计划，并被国家发展改革委和国家标准委共同列为 "水稻加工循环经济标准化试点" 单位。2019 年，益海嘉里的 "水稻循环经济模式和金龙鱼大米产业链创新技术" 获得了国际谷物科技协会（ICC）特别颁发的 "科技创新奖"。

益海嘉里开发的 "小麦精深加工" 循环经济模式，以优质小麦为原料，构建了丰富的产品系列，涵盖小包装面粉、挂面、工业粉、烘焙粉、餐饮通用粉等多品类多用途面粉制品，以及小麦深加工副产品，为消费者带来多样化的小麦制品选择。同时，通过对小麦及面粉加工副产品的资源的继续挖掘，还生产出谷朊粉、小麦淀粉、果葡糖浆、酒精等深加工产品，广泛应用于烘焙、糖果、饮料、啤酒等领域。这一模式创新有效延伸了小麦加工产业链，提升了价值链，为传统小麦加工领域开辟新格局，带动同行业通过市场化竞争实现技术革新与转型升级。

益海嘉里创新的循环经济和精深加工模式，让原粮就地转化和加工增值，带动了传统农业由初级加工向高附加值精深加工、由传统加工工艺向高技术、由资源消耗型向高效利用型的多重转变，使产业领域更宽、附加值更高、产业链条更长、产业融合发展效果更好。

（三）扬长避短，将国产大豆精深加工做到极致

随着近些年来油用大豆需求量的增加，我国国产大豆在与进口大豆的直接竞争中处于劣势地位，国产大豆上下游产业规模萎缩、附加值不高，主要源于国内大豆的加工理念落后，没有充分挖掘国产大豆的附加值优势，反而凸显了其含油率低的劣势。为了改变这一状况，益海嘉里持续投入大量研发资金，开发出具有国际领先水平的国产大豆精深加工产业模式，可以利用国产大豆生产 200 多种精深加工产品，如食用豆粉、低纤维、浓缩蛋白、分离蛋白、组织蛋白及糖蜜等，实现了对国产大豆 100% 转化增值和综合利用，每吨国产大豆可增值千余元，这也大大调动了产业链上游农民种植大豆的积极性，为引导国内大豆产业进入良性循环作出积极贡献。

（四）变废为宝，发力油脂副产品绿色加工利用

油脂化工原料来源很广，传统的油脂化工原料大多不可再生，资源耗费巨大。同时，食用植物油生产过程中也会产生皂角、脱臭馏出物、废白土等废副产品，但大多未被充分利用，造成环境污染和消纳压力较大。为此，益海嘉里投入大量资金支持科研团队开展技术创新，开发出油脂副产品绿色加工利用新模式，采用绿色处理技术将皂角、废白土加工生产出脂肪酸、甘油等基础油化产品，为下游精细化工提供可再生优质原料。针对脱臭馏出物，自主开发超临界工艺提取高纯天然维生素 E 和植物甾醇，成为高端营养品的重要原料，并副产生物柴油，实现资源深度循环利用。益海嘉里还收购国内食品加工行业煎炸废油和牛羊油，既可以废物利用、节约资源，又为废油提供科学处理的"出口"，用市场化手段降低"地沟油"回流餐桌，危害国民健康的可能性，体现了企业的社会责任。

益海嘉里依托中国资源和市场，开创的上述循环经济和精深加工新模式，不仅有利于保障国人粮食安全，提升产业附加值，助力资源集约与环境友好型社会建设，更对推动农业供给侧结构性改革和引领粮食加工产业进步起着独特作用。

（五）科技赋能，汇聚全球智慧助力中国粮油高质量发展

在不断引领行业创新发展的背后，是益海嘉里数十年如一日大力推动粮油科技创新。2009年，益海嘉里投资8亿元人民币，在上海设立全球研发中心，从全世界汇聚农业及粮油食品科技研发顶尖人才组成研发团队，借助全球智慧，促进国际前沿技术在中国的产业转化。截至目前研发中心已累计投资几十亿元人民币，已成为全球粮油产业中最大的纯研发中心之一，科研人员超过300人，其中近70%的员工拥有国内外知名高校的硕士、博士学位。截至2019年底，研发中心已产生发明专利552项，实用型专利5项，专利授权数共91件，已牵头多项食品安全国家标准文本起草，参与食品安全国家标准和行业标准制修订100余项，为国内粮油产业和油脂科技研发事业发展打下坚实基础。益海嘉里还以科技研发中心为平台，深化技术和产品创新，加强国际合作交流，不断提升粮油企业自主创新能力、绿色可持续发展能力和国际话语权。

二、积极参与"一带一路"粮食合作

面对全球政治经济"百年未有之大变局"，中国作为负责任的发展中大国，站在人类命运共同体的高度，积极倡导和引领全新的国际合作模式，推动"一带一路"沿线国家和地区深度融合，共谋发展繁荣。这其中，粮食和农业是"一带一路"合作的重要组成部分，对于在更高水平上保障粮食安全、提升中国在国际粮油市场的影响力和竞争力具有重要的战略意义。这个提议得到广大海内外华人华侨的热烈响应，益海嘉里及其母公司新加坡丰益国际集团作为华人领导的具有全球影响力的大型农业和粮油企业集团，积极参与"一带一路"沿线农业合作，取得了显著成绩。

（一）益海嘉里及丰益国际在"一带一路"的投资实践

益海嘉里的母公司丰益国际先从东南亚的热带油脂业务开始，业务逐渐拓展到南亚、中亚、澳洲、非洲、东欧及俄罗斯远东等地区，现在已经覆盖中国、印度、印度尼西亚、越南、南非、尼日利亚、乌克兰、澳大利亚、新西兰等国，其中绝大部分在"一带一路"沿线重要节点国家，形成了热带油

脂、油籽压榨、水稻加工、面粉加工、食用油精炼、食糖加工、小包装粮油食品、专用油脂、油脂化学品、生物柴油、生物质发电、化肥等优势业务。

丰益国际在 30 多个国家和地区拥有超过 900 家工厂，销售网络遍及 50 多个国家。丰益国际每年从全球进口到中国的农产品和食品的货值总额超过 100 亿美元，将世界各地尤其是"一带一路"沿线国家的优质优价特色农产品输送到中国消费者手中，满足中国民众日益提高的多元化、个性化、品质化的消费需求，充分利用国外资源和国际市场有效保障国内粮食供给和食品安全。同时，也显著促进了中国与"一带一路"沿线国家的粮食双向合作，使沿线国家共享中国发展的红利。

（二）益海嘉里参与"一带一路"粮食合作特殊优势

1. 拥有优质的产业基础

益海嘉里集团总裁穆彦魁认为，"过去，我们是把国外的技术和管理引进来，现在随着中国经济高质量发展，我们完全有条件把国内的技术、经验、人才输出去，成为国际粮油产业的引领者"。益海嘉里拥有先进产业模式、本土化的经营管理经验、实力雄厚的研发中心、高品质的产品矩阵，这些都是益海嘉里积极参与国家"一带一路"倡议、带动中国农业和粮油产业"走出去"的坚实基础，也可以引领带动更多国内粮油加工企业走出去。

2. 拥有完善的全球业务平台

益海嘉里作为丰益国际的全资子公司，可依托丰益国际的全球化业务平台，将产品、技术、经营经验和产业模式输出到"一带一路"沿线国家，使具有中国特色和知识产权的粮油加工模式"行稳致远"。如水稻循环经济模式已开始向丰益国际旗下越南等东南亚工厂推广复制。在国内研发推出的一系列具有零/低反式脂肪酸的烘焙、巧克力、煎炸、冰淇淋等油脂加工技术也已在丰益国际亚洲、欧洲多个工厂应用，并正在向丰益国际全球工厂落地推广。

3. 拥有更灵活的身份和成熟的海外商业渠道

经过多年海外经营，丰益国际已在"一带一路"沿线主要国家建立了包括种植、养殖、加工、仓储、物流、贸易等全产业链的全球化项目布局，形成了很多优质资产和项目载体，具备全球性的市场影响力和发展潜力。同时，在沿线建立了较好的商业伙伴关系网络，对当地政情商情、社情民情、资源环境、宗教习俗状况较为了解，有着成熟的本土化运作经验、价值理念和跨族群沟通渠道，在境外投资经营时身份背景简单、灵活，政治敏感度低，可以提升投资经营行为的市场化商业属性，有效应对农业对外投资中的各类风险。

（三）益海嘉里愿做 "一带一路" 粮食合作的桥梁纽带

益海嘉里愿意为中国与 "一带一路" 沿线国家的农业投资与贸易，特别是粮油领域的投资与贸易积极搭建桥梁，以实际行动积极响应中国新一轮高水平、宽领域、深层次对外开放的政策号召，也愿意分享信息、整合资源，积极参与国家主导的 "一带一路" 农业合作。

1. 积极参与国家 "一带一路" 农业合作政策倡议的顶层设计

国家在 "一带一路" 农业合作顶层设计和落地执行过程中，可以把已在国内扎根发展的华侨企业作为重要参与主体，畅通沟通渠道，在上述两个层面广泛吸纳侨企对 "一带一路" 农业合作的意见建议，积极调动并保护侨企参与 "一带一路" 建设的积极性。

2. 与国内伙伴合作推动 "一带一路" 农业合作

国家可以探索创新利益联结与合作机制，在一些重大项目上积极吸引有实力的华侨企业参与。侨企可借助自己的优势与国有和民营企业深度合作、合理分工、扬长避短、整合资源，最大限度提高海外农业投资的成功率，实现国内政府、企业、金融资本和东道国政府及产业关联方的多赢局面。

三、勇担企业社会责任

益海嘉里一直将履行企业社会责任作为自己的重要使命，十多年来坚持通过慈善公益善举，帮助贫困群体创造有利于平等发展的机会，与社会共享企业发展成果。

（一）积极投身公益慈善事业

截至 2020 年 6 月底，益海嘉里累计捐赠、资助金额约 5.3 亿元，在慈善公益方面逐步探索形成了 "助学工程" "复明工程" "助行工程" "金龙鱼奖学金" "金龙鱼烹饪班" "敬老抚幼" 和 "救灾扶贫" 等多维度、多层次的长期性公益项目。已在全国 16 省（自治区、直辖市）资助援建了 35 所益海学校，目前有 16000 多名学生和 1200 多名教师在新的学校环境中学习和工作；累计在全国 17 所大学、科研所设立奖学金，仅 2019 年就有近 700 余名本科生、研究生、青年教师获奖；共有 215 名学生受"金龙鱼烹饪班"项目资助在校就读；资助建设了 3 所孤儿院（益海助学中心）；已在全国 16 省（自治区、直辖市）的 31 个地市级行政区共计资助完成近 28000 例贫困白内障患者手术，帮助 20000 多贫困患者重见光明；在广西、云南、重庆等 7 省市自治区资助 1000 多人安装优质进口假肢，帮助他们近千人恢复行走的渴望。

（二）倾心助力脱贫攻坚

中国的贫困地区虽然落后，但一般都具有良好的生态环境和独具特色的农副产品资源，益海嘉里积极发挥自身优势倾心助力国家实现脱贫攻坚目标。集团不仅每年投入 30 多亿元，从 80 多个国家级贫困县收购农产品近 100 万吨，并通过订单农业等"三产融合"机制让农民享受到加工增值的收益，带动贫困人口脱贫。还通过在贫困地区直接投资建设农产品加工项目，以产业发展带动当地经济发展和贫困人口持续脱贫增收。特别是通过"蔚县小米产业精准扶贫"项目的探索实施，使益海嘉里逐渐形成了以"产业扶贫为引擎，教育扶贫、就业扶贫、乡村振兴多措并举"的立体式精准扶贫新模式。蔚县小米产业精准扶贫的基本模式是全链整合、品牌赋能、利润反哺。通过与当地龙头企业合作、在当地直接投资建厂、与当地谷子种植专业合作社合作，整合当地小米订单种植、溢价收购、规模加工、品牌销售等全产业链，实现项目可持续化推进。截至目前，益海嘉里在蔚县总计投资 4600 余万元，将蔚县小米产业精准脱贫做深做细做深做强，实现自身造血可持续。除了产业扶贫，益海嘉里还与当地政府合作，通过捐资助学和职业教育等方式，帮助改善蔚县教育和就业条件，斩断贫困代际传播，全方位助力当地打赢脱贫攻坚战。

（三）全力支持应急保供

从 2003 年"非典"到 2008 年南方雨雪冰冻灾害、汶川地震，再到历次重大自然灾害和应急保障工程，益海嘉里始终积极投身抗疫救灾，通过捐款捐物、保障市场供应、派出志愿者等方式，积极帮助灾区困难群众解决燃眉之急。

益海嘉里在历次灾害灾难和粮油市场价格波动发生时，均不计代价协助国家保障粮油市场供应，稳定粮油产品价格。如在 2008~2010 年的国际市场粮油价格波动中，为保障国内的食用油安全和市场稳定，益海嘉里不计成本和损失全面保障市场供应，得到国家主管部门的充分肯定。

2020 年 1 月爆发的新冠肺炎疫情，严重冲击和影响了全国经济社会运行。危难关头，益海嘉里作为爱国侨企一方面积极捐款捐物，累计捐赠现金及物资 3316.91 万元。益海嘉里全力复工复产，配合政府维护市场稳定。作为国内粮油加工骨干企业，益海嘉里 1 月 27 日即主动发出疫情期间粮油稳价保供倡议书，号召全国经销商稳价格保供应，并以身作则确保粮油产品市场供应不缺货、不断货。在各级政府指导和帮助下，至 3 月 6 日，益海嘉里在全国 26 个省（自治区、直辖市）的 130 多家生产企业实现了全面复工，全力支持全国粮油市场供给。从 1 月 1 日至 3 月 31 日，益海嘉里陆续向疫情最严重的湖北省发运粮油产品共计 132930 吨，有效保障当地粮油市场稳定。在原辅料价格持续上涨、市场上其他同类产品已涨价三四百元的情况，益海嘉里坚决不涨价，为稳定市场、保障民生做出了牺牲，贡献了力量，得到有关部门和地方政府的高度肯定。

（四）获得政府及社会各方的肯定与赞誉

作为将积极履行企业社会责任为发展使命的侨资企业，益海嘉里能够做到在日常的公益慈善领域久久为功，在国家的脱贫攻坚战役中奋勇争先，在危难时刻的应急救灾中挺身而出，得到了政府、媒体、行业及社会各界的广泛肯定与认可。因在公益慈善领域的贡献，益海嘉里在 2009 年、2013 年、2018 年三获"中华慈善奖"。为表彰郭孔丰先生及益海嘉里集团在扶贫济困和产业扶贫模式创新方面的突出贡献，2018 年，郭孔丰先生被国务院扶贫开发领导小组授予"全国脱贫攻坚奖"。2019 年，国务院授予益海嘉里集团董事长郭孔丰先生"中国政府友谊奖"荣誉称号，并特别邀请其登上天安门城楼观礼 70 周年国庆庆典。

四、结语

益海嘉里扎根祖国发展的 30 余年间，见证并亲历了中国对外开放步伐的加快和营商环境的持续改善，并受益于中国的改革开放和经济快速发展而快速成长。母公司丰益国际从一家小型贸易公司发展到跻身世界 500 强行列，在很大程度上得益于中国发展带来的机遇。如今，益海嘉里在中国业务板块已经成为丰益国际全球标杆。

未来已来，将至已至。虽然世界形势风起云涌，面临着贸易保护主义、单边主义、逆全球化等诸多不利因素增多，但一直以来，益海嘉里坚定看好中国发展，坚信中国一定能够发展成为世界领先的经济体，中国巨大的市场消费潜力将为投资者带来巨大的商机，中国粮油产业也必将踏着中国不断市场化改革和对外开放的步伐持续发展壮大。我们亲身感受、正在经历并高度认可中国政府以深化要素市场化配置改革打造统一开放、竞争有序的市场机制，以优化市场准入和营商环境营造内外资一视同仁的市场环境，以统筹国际国内两个市场两种资源构建更加开放的供需格局，以乡村振兴和脱贫攻坚战略引导产业融合发展，以大健康、大数据、智能制造、绿色工厂等产业趋势引领粮油产业未来发展。

新冠疫情发生前，益海嘉里就已制订在祖国的扩大投资计划，未来 3~5 年内新增投资额将超过之前 30 年的总和。经过疫情，益海嘉里再次感受到中国政府卓越的国家治理能力，关注到消费者对营养健康及功能性食品的旺盛需求，更对粮油行业智能化、绿色化、健康化的发展趋势充满信心，对祖国的投资信心比以往更足。从需求侧看，国内新消费模式不断涌现，消费升级节奏加快，特别是疫情使广大消费者更加重视免疫健康，对改善膳食结构、安全便捷地提升食品营养健康功效的需求更加迫切。从供给侧看，国内粮油食品产业正在不断延伸产业链、提升价值链、完善供应链，充分发挥联农带农和产业融合作用，向智能绿色、营养健康方向转型升级。益海嘉里顺应供需两方趋势，已积极投身到健康功能性食品产业中，开发出一些兼具社会效益和经济效益的产品，满足消费者不断扩大和升级的营养健康需求。当前，开发功能性食品已成为粮油食品加工行业的发展共识，健康功能性食品也成为大健康与新消费形态下最具发展潜力的产业之一，将为构建以国内大循环为主的经济发展新格局提供新动能，为国内统筹疫情防控和经济社会发展培育新优势，为提升国民营养健康水平助力健康中国战略做出新贡献。未来，益海嘉里将继续大力发展人民群众需要的营养健康功能性食品，新增投资也将集中于健康功能性食品研发生产和中央厨房项目建设，通过科技创新和智能化生产，打造"食品功能化"和"厨房社会化"的粮油食品加工"升级版"。

益海嘉里还将继续加快推进在国内的上市进程，成为一家真正的中国企业，让国内投资者有机会共享企业经营发展成果，更加全方位深度融入中国改革开放和经济社会发展进程。

扎根中国　打造安全可持续的粮食价值链

周学军[①]

　　新中国成立 70 年以来，在经济社会发展、外交合作和全球治理方面都取得了举世瞩目的成就。中国经济实现了跨越式的发展，跃居为世界第二大经济体，成长为全球经济增长的引擎，在推动包括许多发展中国家在内的世界经济发展方面发挥着至关重要的作用。对于中国这样一个飞速发展的经济体和拥有 14 亿人口的大国，农业的基础地位在任何时候都不容忽视，保障粮食安全至关重要。

　　路易达孚集团（LDC）是一个家族企业。在近 170 年的企业发展历程中，我们成为了全球领先的农产品贸易与加工企业，业务足迹遍及全球 100 多个国家。从成立至今，我们秉承互信互惠的原则，致力于为客户提供高质量的产品和服务。在扎根中国近半个世纪的时间里，我们致力于帮助保障中国多样化的粮食需求，满足中国消费者不断变化的消费需要，同中国的商业伙伴并肩成长，利用我们的全球业务网络和长期的贸易经验，创造公平和可持续的价值，并使之贯穿于整条价值链。

　　早在 20 世纪 70 年代，中国就向路易达孚敞开了合作的大门。从 1973 年开始，我们在中国逐步开展了棉花、谷物、油籽等贸易，由此开启了我们在中国的业务。

　　改革开放以来，我们在中国地区的业务实现了长足的发展和增长。1994 年和 1995 年，我们先后在上海和北京正式成立了办事处，负责当地的业务咨询和市场调研。这些早年的经验，帮助我们在中国粮食和农业经营领域建立了良好的信誉，成为了赢得中国信赖的长期合作伙伴，并延续至今。2005 年，经中国政府批准，我们在中国的子公司成为首批获得政府

---

　　① 路易达孚集团全球副总裁。

批准在全国进行农产品贸易的外商独资企业之一。2018年，我们建立了以中国为主要业务核心的全新北亚区业务。

如今，路易达孚扎根中国，致力于长期服务和投资于中国市场，我们的供应链、固定资产运营及各类商品销售几乎涵盖中国的所有省份。我们在中国的多元化经营活动涵盖了从农场到餐桌的整个价值链，并且致力于借助我们的全球业务布局帮助中国优化粮食进口结构。我们在中国的业务领域包括：谷物油籽、大米、海运、全球市场、咖啡、棉花、糖和果汁。我们在华拥有近1000名员工，运营着10余处办事处和工厂。

中国在提高人民生活水平和改善民生方面取得了显著进展，推动了农产品需求的增长。近年来，中国积极推进供给侧结构性改革，为经济发展带来了重大变化，增强了经济发展的活力和韧性。中国消费结构升级，体现为消费规模的稳步扩大和消费模式的不断演变。目前，中国有4亿多人口处于中等收入水平，追求更加广泛和多样的食品选择，对食品安全和质量问题的关注日益密切，这为经济发展和贸易创造了巨大机遇。

作为全球领先的农产品贸易与加工企业，路易达孚从中国对高品质食品日益增长的需求中看到了机遇，并推出了下游延伸战略。作为这一战略的组成部分，也为了响应中国鼓励外商直接投资的利好政策，路易达孚于2018年在天津收购了一家现代化的油籽油料加工厂，主要生产动物饲料和食用油，并与广东海大集团股份有限公司签署了合资协议，发挥区位优势和协同效应，将业务拓展到高端水产饲料领域。2019年，我们也在第二届中国国际进口博览会上发布了"金掌门"品牌包装食用油等多个粮油产品，面向中国消费者家庭以及餐饮行业提供优质、安全、可信赖的产品。

2020年，一场突如其来的新冠肺炎疫情给全球粮食供应链带来了巨大挑战。中国不仅推出了行之有效的防疫抗疫措施，也积极推动国际对话，以确保粮食供应链的稳定运行。地方各级政府也第一时间深入粮油企业当中，急企业所急，想企业所想，切实帮助企业实现复工复产。路易达孚在中国运营的7家油籽油料加工厂都在2020年2月上旬恢复了100%产能，在确保人员安全和健康的前提下，响应中央及地方政府的号召，保价格、保质量、保供应，将粮油和饲料原料等民生相关重要物资运送到最需要的地方去。在疫情形势最为严峻的2月份，我们克服重重困难，向湖北省紧急调运豆粕近3万吨，供应当地养殖企业的生产需要；路易达孚还第一时间捐款捐物，并和美团、美菜等电商合作伙伴联手，对 16 万箱食用油产品提供补贴，支持餐饮企业渡过难关。

尽管面临新冠疫情的挑战，我们在中国投资的脚步并未停歇。2020年，我们在江苏、广东等地在继续稳步扩大投资，开展新的合作，以一条更安全、可持续的食品供应链来帮助保障中国市场的粮油供应。这些投资表明了我们在中国市场长期发展的信心与决心，我们在这个欣欣向荣的市场看到了进一步发展的巨大机遇。我们将继续在全产业链上寻求战略合作伙伴和投资机会，致力于安全、可持续地满足中国客户和消费者的需求。

中国通过基础设施建设、多元化人才培养、成熟的价值链体系构建和经济的平稳增长，不断努力改善营商环境，创造着更具吸引力的投资机会。在过去近 50 年的合作中，我们见证了中国的稳步开放和营商环境的改善，见证了中国农业现代化改革和粮食供应链水平不断提高，以及对于粮食质量与安全的日益重视——这样的趋势不仅有利于中国，也有利于世界。

对路易达孚而言，我们致力于创造安全、可持续的价值，力求在保护环境的同时与当地社区共同发展繁荣，这也高度符合中国农业改革的方向。农业可持续发展和农民服务将是未来农业改革不可或缺的部分。2020年，路易达孚基金会、路易达孚集团和中国大学生社会实践知行促进计划携手，在中国启动了"乡村创变者"可持续农业青年行动，招募大学生深入农村开展可持续农业调研，传播可持续农业理念和技术，并结合当地情况给出可持续农业的建议和报告。

在数字技术领域，中国目前已经发展成为全球领导者。路易达孚相信，区块链等新兴技术能为整个价值链带来巨大价值，并将最终惠及终端消费者。我们也正在与中国的主要相关方开展密切的合作，积极发挥各方的优势，共同探索和实施创新解决方案，为整个行业和国家带来价值。

在 2018 年 1 月，得益于我们与山东渤海实业股份有限公司、荷兰国际集团、法国兴业银行和荷兰银行的合作，我们在大豆贸易中使用了区块链技术，该技术支持无缝交易，交易过程实时可见，并且支持整套数字化文档和自动化数据的匹配，避免了重复的人工检查。并且，我们不断探索农业数字化转型中的新型伙伴关系构建。2020 年 3 月，我们和 ADM、邦吉、嘉吉、中粮集团和嘉能可农业作为创始成员，共同在瑞士日内瓦成立了 Covantis 公司，来开发行业数字解决方案，推动实现农产品全球贸易的现代化。

此外，路易达孚还以创始成员的身份加入了中国食品科技创新社（China Food Tech Hub），这也再次表明，我们不断探索实现高效和协同发展的新技术和新方法，把握新兴消费趋势、优化粮食供应链，为实现公平和可持续的未来而步履不停。

回顾过往 70 载，随着改革开放、"一带一路"倡议等，中国已经成长为带动全球发展的强力引擎，中国的粮食体系也有了长足的进步，老百姓的"米袋子""菜篮子"有了坚实的保障。路易达孚非常荣幸见证并亲历了这段历史，我们期待中国更加充满活力的未来，同时希望作为忠实的合作伙伴，为中国的粮食安全与发展做出更多的贡献。

情暖江淮供粮忙

方　进[①]

　　"说凤阳道凤阳，凤阳本是个好地方，自从出了朱皇帝，十年倒有九年荒。"这首流传在淮河边的民歌《凤阳花鼓》，描述的是明清时期，凤阳府（今皖北地区）"三年恶水三年旱、三年蝗虫灾不断"，灾民外出卖唱求生的情景，也是昔日安徽多灾多难、百姓生活水深火热的真实写照。据史料记载，从光绪元年（1875 年）到民国 24 年（1935 年），安徽就有 24 年受大灾，灾荒歉收，米珠薪桂，谷贵伤民。

　　"共产党领导我们得解放，男女老少喜洋洋，农家生活变了样，凤阳花鼓传四方。"新中国成立后，特别是改革开放以来，在党和政府的领导下，勤劳勇敢的安徽儿女战天斗地，奋发图强，大力发展粮食生产，全省粮食总产由改革开放前的 300 亿斤左右猛增到 2018 年的 800 亿斤，彻底告别了缺粮断顿的日子，实现了粮食自给有余。粮食系统发扬"宁流千滴汗，不坏一粒粮"的艰苦奋斗光荣传统，为耕者谋利、为食者造福，保证了民食军需，保障了山区、库区和受灾地区人们的口粮供应。

一、送粮到工地

　　长江、淮河横贯安徽，把安徽大地分为淮北、江南和江淮之间。江淮大地水道纵横，湖泊塘堰星罗棋布。丰富的水资源，既为粮食生产提供了得天独厚的条件，又因经常洪水泛滥使安徽人民饱受水灾之苦，大力兴修水利是江淮儿女长期为之奋斗的艰巨而光荣的事业。

　　特别是淮河，上起豫、皖交界的洪河口，下至皖、苏交界的洪山头，

---

　　① 国家粮食和物资储备局办公室主任。

190

全长 430 千米。昔日皖境淮域，水系紊乱，河沟淤阻，洪涝灾害频仍。1951 年，毛泽东同志发出"一定要把淮河修好"的号召，安徽人民积极响应，成千上万的民工开赴治淮工地，吃在淮堤、住在淮堤，一时间，淮河两岸红旗招展，夯声阵阵，热火朝天。

据老一辈粮食人回忆，为支援兴修淮河，安徽省粮食部门专门成立供应科，专项办理治淮粮食调拨供应，并派出专业干部，常驻治淮委员会办公，深入治淮工地，了解掌握民工口粮需求和供应情况，密切上下联系，及时调整调粮计划。按照民工生活习惯，除了配送大米、面粉等粮食品种之外，还供应红薯、绿豆等杂粮。粮食企业及时调拨、加工、运输，送粮到工地。从 1951 年冬到 1952 年春，半年时间就调拨治淮粮食 2.4 亿斤，保证了治淮工程用粮的供应。

经过 60 多年的"蓄泄兼筹"，淮河水利形成了比较完整的防洪、除涝、灌溉、供水等工程体系，大大改变了昔日"大雨大灾，小雨小灾，无雨旱灾"的状况，淮河两岸成为我国重要的粮棉油生产基地和能源基地。为保障淮河水利工程建设用粮和蒙洼、城西湖等蓄洪区广大居民的口粮供应，安徽粮食人付出了艰辛的劳动、作出了特殊的贡献。

与此同时，国家还对其他水利兴修工程用粮进行定量补助。新中国成立初期，粮食实行"三定"，参加水利兴修的民工，一般自带基本口粮，国家按规定补助差额。淮北地区的民工，挑一方土补助 1 斤薯干；江淮之间和沿江江南地区，每方土补助半斤粮食。

随着社会主义现代化建设步伐的加快，江淮大地公路、铁路建设全面铺开，形成网络，无数民工投身工程建设，粮食部门按照国家规定的标准和计划，供应补助，专粮专用。据《安徽省志·粮食志》记载，1963~1985 年，安徽省供应民工补助粮 22 亿斤，占同期农村销量的 4.4%，平均每年供应近 1 亿斤。

进入 21 世纪后，粮食生产迅猛发展，流通体制改革深化，粮食销售完全市场化，粮源充足，品种丰富，多渠道供应，过去粮食紧缺靠计划供应的日子一去不复返了，广大人民群众开始由"吃得饱"向"吃得好""吃得健康"迈进。

二、送粮到灾区

这是一块多灾的区域，更是一片多情的土地。自新中国成立以来，安徽省经历了多次水旱冰雪灾害，据统计，1954~2010 年，安徽省遭遇特大洪灾旱灾就达 15 次之多，那些惊魂摄魄的日子，让安徽人民刻骨铭心。灾害无情人有情，共和国与人民心连心。广大粮食人牢记党和政府的重托，哪里有灾情，哪里就有送粮人的身影。

据资料记载，1954 年长江、淮河发生百年未遇的特大洪水，安徽省受灾面积达 3520 万亩，受灾人口达 1500 多万。那时，新中国初建，百废待兴，粮食产量本来就不高，受灾后产量大大减少，有的灾区甚至绝收，安徽省作为主产区，自身粮食供应出现严重短缺，农民第一次大面积吃返销粮，当年征购总数的 90% 以上用于农村销售。当时的粮食部下令，从四川、内蒙古、东北等地紧急调粮 10 多亿斤，支援安徽灾区粮食供应。安徽粮食部门全力以赴，紧急安排调运、加工，在最短的时间内，把粮食送到灾民手中。同时，做好数百万抗洪抢险部队和民工的口粮供应。

1991 年夏季，发生于华东地区的特大洪涝灾害是我国历史上第一次大规模、直接呼吁国际社会援助中国的自然灾害。安徽受灾人口达 4800 多万人，占全省总人口近 70%，江淮大地到处是"汪洋大海"，无数无家可归的灾民在长江、淮河大堤上搭起了一眼望不到头的临时帐篷。灾情惊动了党中央，时任国务院总理亲自到安徽灾区视察慰问，激励江淮儿女团结一心抢险救灾。一方有难，八方支援，在党和政府的统一领导下，粮食部门紧急动员，立即启动粮食应急预案，一个个粮站、粮库、加工厂紧急调运、加工、配送。从淮北到江南，从皖东到皖西，一辆辆满载粮食的车队，像一条条长龙，行进在江淮大地，奔向灾区。广大粮食职工发扬"万众一心、众志成城，不怕困难、顽强拼搏，坚韧不拔、敢于胜利"的抗洪精神，舍小家保大家，从而保证了灾民口粮供应。

在皖南地区传颂着这样一则故事：2010 年冬天，一场五十年不遇的冰雪灾害突然袭击着中国南方大部分地区，地处黄山市休宁县山区海拔 1000 多米高的白际乡，一连数日，大雪封山，路桥阻断，平时靠肩扛背驮运送生活用品进山的村民，眼看就要断粮断油，求援电话打到县粮食局。而那时，粮食局早已做好雪中应急送粮准备，立即组织送粮队，顶风冒雪把米和油运到了山脚下。但因山上积雪太厚，看不见路，无法上山。情急之下，他们想到了驻地部队守卫在山脚下的战士们，于是立即请求部队支援。很快，部队派来了一个班，粮食职工和战士们深一脚浅一脚，踏雪破冰，艰难攀登，终于把村民等待下锅的粮食送上了山，谱写了一曲军民携手雪夜送粮的感人颂歌。

三、送粮到军营

兵马未动，粮草先行。这是保证人民解放军和武警部队的粮食供应，是粮食部门义不容辞的责任和光荣神圣的使命。人民军队守护着国家安全和百姓安宁，有的守在城市，有的驻在深山，有的在拉练演习的征途中，有的在抢险救灾的第一线。长期以来，粮食部门坚持"先前方后地方、先部队后地方"，优先保障军粮供应。部队驻守在哪里，粮食就运送到哪里；部队行进到哪里，军粮供应就跟进到哪里。

在安徽城乡各地，常常会看到挂着军绿色"放心粮油店"的招牌，那是军粮供应连锁店和配送中心，统一标识，统一编号，统一标准，统一配送，既保障军粮供应，又为城乡广大消费者服务。店内琳琅满目，除了以优质米面油为主之外，还有各种名特农产品、小杂粮、副食调味品和其他生活用品，方便部队一站式采购。那是部队战士们的粮食补给线，那是老百姓心中的金字招牌。

在滁州琅琊山脚下，有一支"粮草先锋"——滁州军粮供应站，二十几名干部职工，承担着当地驻军的粮食供应和部队移防、过境、演习补给任务。多年来，他们不断创新粮食供应方式，延伸服务链，开展"粮油服务进军营"活动，组织专业技术人员到部队，传授粮油保管知识，宣传粮油营养健康常识，还请来专业厨师到部队指导炊事人员蒸煮大米、制作面点。每逢佳节倍思亲。春节、元宵节、端午节、中秋节，战士们坚守在岗位上，军粮供应站组织职工到部队，与战士们一起包饺子、煮汤圆、裹粽子、做月饼。军民一家人，鱼水情意深。

为了适应新时代军队改革和军民融合深度发展，粮食部门结合深化粮食流通体制改革和加快产业强国建设，大力推进军粮供应、放心粮油、主食厨房、应急保障、成品粮油储备"五位一体"融合发展。

在搞好军粮供应的同时，粮食部门还大力开展拥军优属活动，每年"八一建军节"来临之际，都要慰问部队官兵，由粮食职工和部分专业演员组成的"军粮之花"慰问团，经常深入军营演出，既有粮食职工自己编排的表现军民鱼水情意的歌舞、小品，又有传统的京剧和安徽地方戏黄梅戏，还有战士们非常熟悉和喜爱的通俗歌曲。精彩的节目，演员们的巨大热情，感染了部队官兵们，每一次演出，都会赢得雷鸣般的掌声，一支支拥军歌响彻美丽的军营……

关于水稻流通几个问题的探讨

石少龙[①]

新中国 70 年粮食流通体制的运作，为成功解决 14 亿人口的吃饭问题积累了丰富经验，其中水稻流通的贡献功不可没，也凝结着一代又一代特别是老一代粮食工作者的智慧和心血。未来，中国粮食产需仍将维持紧平衡态势，市场化收购比重还会增大，要落实"确保谷物基本自给、口粮绝对安全"的新粮食安全观，可借鉴过去的有效经验，推进粮食流通体制改革开放，立足国内、依靠自己，确保稻谷和小麦两大口粮的安全。

一、认识水稻产销新形势

国内大米消费人口有增无减。以大米为主食的人口不低于 60%，还有吃上大米就难离开大米的潜在消费者。

水稻产量短期难有大的突破。2010 年以来，稻谷种植面积稳定在 3000 余万公顷，改革开放前后 20 年，每亩年均增产由 8 千克降至 2 千克，增产难度越来越大。前些年开始的调整种植结构、压减品质较差的籼稻面积、探索实行耕地轮作休耕制度试点、粮食价格有减无增，影响着水稻种植及其产量的增加。

近期粳稻不会大幅增长，籼稻出现下降趋势。占全国粳稻产量 1/3 多的黑龙江粳稻产量已达历史高位，第二大省江苏的播种面积趋于稳定，全国粳稻产量短期难有大幅增长。籼稻产量出现下降趋势，2019 年早稻产量 2627 万吨，为近 50 年最低水平；早稻播种面积 445 万公顷，为新中国成立以来最低水平。早稻仅占全年粮食产量的 4% 左右，似乎对大局影响有

[①]　湖南省粮食和物资储备局原一级巡视员。

限，但 20 世纪七八十年代，最高时占到 19%。早稻减产为进口大米或走私大米提供了空间，很多低价进口米，成了国产早籼米在工业用粮、口粮方面的替代米。

低价米长期流入国内不利于保护稻农利益。通过最低收购价收购的稻谷，保护了稻农。自 2004 年开始，一年一定的托市价，走过 7 年上调、3 年下调、5 年持稳的历程，2008～2014 年连续 7 年上调，早籼稻、中晚籼稻、粳稻从每百斤 70 元、72 元、75 元上调到 135 元、138 元和 155 元，上涨幅度分别为 93%、92% 和 107%。托市收购的稻谷，连年压库，原因之一是低价米流入，使得正常的销售出库、储备粮轮换受到影响，本可在国内市场正常流通的托市稻滞销在库。压库多而久，财力不支持，矛盾的焦点便可能指向收购价。

二、增加绿色优质大米产品供给要适度而行

优质大米基本能满足消费者需要，这得益于多年来发展优质稻和推广"放心粮油"。调查周边居民收入较高的长沙某超市，经理称如以每斤 3.5 元作为高档米，则该超市高档米与普通米的销量各约一半，而普通粳米、籼米价多在每斤 2.48～2.88 元之间。在湖南省稻米协会了解到，长沙各超市每斤 3 元以下普通米的销量占到七成多，而柜面各档次优质米几乎应有尽有，表明优质米供应量较充足，优质米消费量尚有限。更多优质米的销售，有待消费水平的提高。

时下大力发展优质稻米，不能影响水稻稳产。优质稻尤其是优质籼稻产量一般低于常规稻，包括稻虾米等生态米也是如此。湖南南县是继江苏盱眙、湖北潜江和监利之后的稻虾综合种养大县，2015 年种养面积仅 7 万多亩，2018 年发展到 50 万亩，年产小龙虾 8 万吨、稻虾米 24 万吨，综合产值超过 100 亿元；2019 年，分别增加到 55 万亩、9 万吨、27 万吨、130 亿元。2018 年开始实施的《稻渔综合种养技术规范》，规定平原地区水稻产量每亩不低于 500 千克，丘陵山区水稻单产不低于当地水稻单作平均单产，沟坑占比不超过 10%。据观察，湖南一些地方的稻虾综合种养地，沟坑占比超过 10%。据报道，江苏稻田综合种养面积 120 万亩，出现种稻积极性减弱、田沟越开越大的倾向。而稻渔种养过多，易致小龙虾跌价，

2019 年就跌到 6 元/斤。有专家说，虾米一跌价，粮食一紧张，这些种养方式又会整改。故要及早避免稻田池塘化、非粮化现象。此外，优质稻出米率较低，长粒型稻更是如此。湖南口感好的玉针香长粒稻，亩产难以达到 400 公斤，加工出米率不到 40%（整精米），只能有限度地种植。

无论从维护粮食安全还是适应市场需求的角度看，绿色优质大米的产销要适度。种植环境趋好，常规稻亦颇具"绿色"，且销路甚广，只因口感欠佳而屈居为"普通稻"。何况，育种技术不断进步，某种正推广的优质稻，可能被外观、食味、卫生品质更佳的优质稻取代，原优质稻可能降格为普通稻或被淘汰。为此要处理好数量与质量的矛盾，兼顾高中档客户和普通客户的需求。过去先保数量再求质量，现在两者并重，今后要提升质量不减数量，使粮食生产从高产导向转为优质高产导向，并发展用途较广、用户较稳、用费较省的早籼稻。

三、水稻等主粮收购要有合适名称

1953~1984 年的粮食统购，对特定历史条件下的国民经济和社会发展有着积极的贡献。1985 年取消"统购"后，粮食收购名称改为"合同定购"，其做法是"由商业部门在播种季节前与农民协商，签订定购合同"。但粮食部门无力与农民广泛协商，农民也无代表商讨价格。而当年收购粮食仍然分配了任务，且任务较重。农民不以为然地说"合同合同，合就同，不合就不同"，粮食干部则强调"定购定购，一定要购"。于是，部分粮农不交粮或少交粮，不少地方收购任务有尾欠。次年，明确"粮食合同定购任务既是经济合同，又是国家任务"，后又把"合同定购"改称"经济合同收购""国家定购"，强调也是农民应尽的义务，方才利于掌握粮源。

2013 年，选择大豆开展目标价格收购改革试点，随之，又引入"目标价收购"作为主粮收购方式的声音，或有早籼稻先行退出最低收购价范围的建议。但国家在稻谷、小麦这两大板块，还是慎重为之，从 2014 年起，连续 6 年"继续实行最低收购价政策"。2019 年，国家 8 部门发出秋粮收购工作通知，把"最低收购价政策"提到"是确保口粮绝对安全的一项重要举措"的高度。

实际业务中，"最低收购价政策"也称为"最低价收购"或"托市收购"，这名称，是用以识别特定条件下水稻、小麦收购的专属名词。今后，对稻谷这类大众需要的短缺的重点粮食品种，在坚持稻谷市场化走向的同时，还得实行多种保护性措施，譬如保留"最低价收购"名称，即与2004年以来在特定时段、按照特定价格、对特定区域的稻谷和小麦实施最低收购价收购的做法一样，继续实行一个时期的"最低收购价"之类的保护性政策，并辅之以生产补贴、农业保险、技术推广、灾害救济、休耕补贴、环保补贴、低保扶助。

四、水稻等主粮收购要有垫底价格

保护价或曰最低收购价有时高于市场价，能避免粮农在粮价下降时可能出现的亏本或减收。早年，美国出台过粮食价格支持政策，即当市场粮价下跌时，被指定企业按最低价收购，把市场粮价维持在所设定的最低价水平，类似于我国最低收购价政策。日本也有粮价支持政策。

统购统销时，粮食部门向生产队议价收购稻谷，设立交易所收购落市粮，还有完成征超购任务后允许多渠道经营，都能见到保护价的影子，如落市粮按国家收购价加价收购。

合同定购时，国家对定购的粮食，按"倒三七"比例计价（即三成按原统购价，七成按原超购价）收购（湖南中等籼稻为每百斤15.59元），定购以外的粮食可以自由上市。如果市场粮价低于原统购价，国家仍按原统购价敞开收购（湖南中等籼稻为每百斤11.55元），以保护农民利益。

1996年，粮食定购价属国家指导下的省级政府定价，湖南每百斤晚籼稻定购价72元。省里发文，当市场粮价低于定购价时，各地参照定购价制定相应的保护价，长沙、湘潭的晚稻收购保护价为70元。

2004年实行最低收购价政策以来，当粮食市场收购价持续3天低于国家公布的最低收购价时，按一定程序启动最低收购价预案，当市场收购价回升到最低收购价水平以上时，及时停止预案实施，充分发挥市场机制作用，支持各类企业积极开展市场化收购。这最低收购价和前述的保护价，就是垫底价格，是当市场价跌至生产成本以下时采取的保护性措施。只是合理调整最低收购价水平时，要遵循保本微利（至少保成本）、一年一定、备而少用、弹性启动的原则。

而没有保护价支撑时，却是另一番情形。2000 年南方旦籼稻退出保护价收购范围，市场收购价从前些年的每百斤五六十元猛跌至 35 元。到 2003 年，有市场需求的早稻产量，从最高时的 5000 多万吨，跌至 2000 多万吨的低谷。

改革开放以来，稻谷价只提十几倍，而劳动力工资、多少农副产品是上百倍的上升，虽不能如此简单类比，但十倍和百倍是个大差距。在现行生产力水平下，在山区丘陵区不大适合机械化情况下，为保护粮农和消费者利益而适当花点钱，无可厚非。拿一定的财政补贴支持粮农，其实是支持民族粮食产业。

央视采访袁隆平，他说到"两个麻烦"，一是农民不种粮就麻烦，一是现在国家还有钱买粮，如果人家一卡你，不卖粮，那就麻烦了。回头来看，多少次，总是仓里粮食多点、种粮热情低点时，粮价问题就凸显出来。看来，稻谷等粮食品种的保护价，要作为制度保留下来。

五、国外大米进出口主要是调剂品种

近年稻谷产需有余，能够自给，进出口主要是品种调剂。由于各国累计可供贸易的余米，只能解决多数国民以大米为主食的中国的三成消费量，所以说中国饭碗要主要装自己生产的粮食，首先更要装自己生产的大米。大米进口，可以保持当前的适度规模。粮食进口总量中，连同小麦在内，两大口粮品种的合计占比宜保持在 4% 左右。进口国主要是有产量、距离近、交往久的东南亚和南亚的一些国家。搞活大米边贸市场的同时，要打击边境走私大米，建立可分散可转移的多元贸易伙伴关系，避免发生对个别国家大米的依赖现象。"一带一路"沿线国家的粮食进口路线中关键地带的水路、铁路、公路和港口的建设，要有选择性地参与。

六、粮食机构要相对稳定

新中国成立以来，粮食行政管理机构在最近两次机构改革中，有比较大的变动。以稻谷产区湖南省为例，本轮机构改革，湖南省粮食局改名为湖南省粮食和物资储备局，并降为省政府副厅级直属机构；14 个市州，在上轮机构改革形成的 7 个市州粮食局、7 个市商务粮食局的基础上，已改成 1 个州粮食和物资储备局、4 个市商务粮食局、9 个市粮食局或商务粮食局并入市发改局的格局；县市区不再单设粮食局。

为做好新机构下的粮食和物资储备工作，从近期来看，要做好业务的"传帮带"和"无缝衔接"。2019 年，有的机构合并后，做过和未做过粮食工作的同志轮岗，或者粮食商务局的粮食板块并入发改局后，负责清仓查库的同志留在商务局，就对工作有过短期影响。因此，熟悉业务的同志要开展"传帮带"，轮岗也要考虑适时、分批与培训的问题。从长远来看，要保持内设业务机构的完整性。改革后，从事粮食工作的编制有所减少，但要保证购销、储运、统计等必需的涉粮业务岗位有编制，有人员，能干事。县一级改革力度更大，人员编制更紧，应当确保基本业务的运转，避免发生报表、信息无人上报或上报不及时的现象。

中国粮食价格的两次重要闯关

郑文慧[①]

当代制度经济学家科斯认为，中国的改革开放，无疑是"二战"之后"最为伟大的经济改革计划"，"中国的奋斗，就是人类的奋斗"。改革开放40年，也是中国这片热土波澜壮阔的40年，经济、社会、文化等方方面面，无一不在发生着深刻的变革，涌动着蓬勃的思潮。这是一段浩大的历史，要从中总结成功的本质并非易事。但从根本上来说，改革的，是我们与市场的关系；开放的，是我们与世界的关系，即我们与国际市场的关系。总之离不开"市场"二字。市场经济具有一种动态的张力，能够把一切微细胞都调动起来，并在碰撞中激发出创意，同时也在市场机制的调解下自发形成整体的平衡。

2013年11月，党的十八届三中全会通过了《中共中央关于全面深化改革若干重大问题的决定》，首次明确提出使市场在资源配置中起决定性作用和更好发挥政府作用。这是一个崭新的提法，也是一个重大的理论观点。这个提法表明，决策层围绕政府与市场关系的认识不仅会继续加深，也会在经济体制领域推动更深入的市场化改革。

价格机制是市场机制中的基本机制，是指在竞争过程中，与供求相互联系、相互制约的市场价格的形成和运行机制。市场经济有效配置稀缺资源和形成兼容激励机制的两大基本功能，都是通过价格机制实现的。所以说，市场决定价格是市场在资源配置中起决定性作用的关键，市场化改革的重中之重是价格机制改革。

作为关乎国计民生的"粮食"，从计划走向市场，从"粮票时代"走向"钞票时代"，粮食流通体制的市场化，最关键的一环就是实现价格闯

---

① 广东华南粮食交易中心信息部副经理。

关。总体来说，中国的粮食价格改革是朝着市场化方向推进并与经济体制改革相适应的，沿着"国家完全干预"到"国家干预为主、市场调整为辅"再到"市场调节为主、国家干预为辅"的路径转变。然而，十余年来，随着托市政策的实施，国家通过敞开收购再次主导了市场价格。这样的价格机制导致粮食市场形成"三量齐增"的局面，国际竞争力下降，而无效供给增多，因此，开展新一轮深化粮食价格机制的市场化改革迫在眉睫，第二次"价格闯关"的号角已经吹响。

一、从计划到市场：第一次价格闯关

1950 年，面对战乱之后几近崩溃的经济，党和人民政府开始酝酿对粮食进行计划供应。1953 年，中共中央作出一项重大战略决策，对粮食等农产品实行统购统销。1955 年 8 月 25 日，国务院又出台了《市镇粮食定量供应暂行办法》。同年 9 月，以"中华人民共和国粮食部"名义制定的 1955 年版全国通用粮票开始在全国各地发行使用，粮票和购粮证作为"第一票"进入了新中国的票证历史舞台，中国自此拉开了长达约 40 年的"票证经济"序幕。

要做到"全国一盘棋"实际上是非常繁杂艰难的事，其系统要求之庞大，内容要求之精细，足以让人殚精竭虑。据广东粮食志资料日常记载，1955 年全体动员，为实现粮食的"定产、定购、定销"，整整花了三个月时间，才确定了全省各家各户的产购销数字。而这些数据的科学性仍值得考究。其实，在统购统销年代，中央也考虑到这个问题，其间也不断出台一些更灵活的调整政策。1965 年，全国粮食征购任务"一定三年"，1970 年改为"一定五年"，相当于给地方下放了更多的自主权。

在计划经济体制下，商品的价格也是由中央"给定"的，包括制定每年的粮食统购、统销价，缩小地区价差，限定品质价差，抹平季节价差等。国家希望以此来实现物价的平稳，但很多时候却难以如愿。事实上，即使在计划时期，也从没有停止过以价格杠杆来调节人们的供需。"文革"时期，粮价长期冻结，而生产资料价格却连年上涨，严重挫伤了农民的积极性。加上 20 世纪 60 年代初期我国粮食供求出现严峻的紧张局面，为调动农民产粮积极性，广东省先后两次上调稻谷的统购价，涨幅累计达到

38.9%，以此刺激生产。但是，价格从来都是在市场的交易中形成的，不可能被正确地"制定"出来。

如果说从新中国成立后到改革开放前这段时间，我国对人口和生产资料的流动限制得非常严格，人为地构造一种"静态"的经济形态，使粮食的统购统销体制有一定的实施基础。那么，随着经济和社会的发展，相对静止的格局不断被打破，按照以前的模式实行统一配给所耗费的人力、物力必然是大量的，效率之低不难想象。在这种情况下，具有计划经济典型特征的统购统销体制已不再具有继续运行的支持和经济性，自然要退出舞台了。

1984年的《中共中央关于经济体制改革的决定》指出，必须改革既不反映成本又不反映市场供求关系变化的计划价格制度，"价格体系的改革是整个经济体制改革成败的关键"。但放开价格会不会"乱"呢？这是当时人们普遍的一个担忧。从计划到市场，这条道路是迂回曲折的。广东是价格改革最早的省份，其受到的阻力也很大。1984年11月，广州蔬菜价格全面放开，价格上浮，加上天气影响，菜价上涨幅度较大，市民反映强烈。不断有人批评"广东搞乱了全国"，"广东要在全国当'老大'"等。面对这些议论，当时负责价格改革的国家经济体制改革委员会委员詹武，一年内三下广东调查，最后得出结论：广东走出了一条价格改革的新路子。这个调查报告得到中央领导的肯定，初步为广东价格改革正了名。

到了20世纪90年代，广东的价格改革深入到粮食领域，改革的步伐同样与艰难相随。1992年初，邓小平同志发表著名的南方谈话，同时，经国务院批准，广东省按照"计划指导、放开价格、加强调控、搞活经营"的原则，在全国率先进一步改革粮食购销管理体制。同年4月4日，广东省粮食局印发《关于粮食购销管理体制改革后粮食供应管理几个具体问题的通知》，决定停止省通用粮票、流动粮票的流通。广东成为全国第一个停止使用粮票的省份。

1992年底，全国844个县（市）放开粮食价格。长期以来，国营粮店对城镇职工的粮食销售价格低于国家从农民那里收购的价格，差额由财政补贴。据《炎黄春秋》记载，1991年，粮食价格补贴400多亿元。其中，城市补贴200多亿元。平均每个市民补贴130～150元。用这些钱可以买好大米100公斤，这是将近一年的口粮。理论界早就算出了这一笔账，建议放开粮食价格。但是，放开粮价的政治风险太大，迟迟不能决定。过去一直把粮食价格当政治问题，在 20 世纪五六十年代，玉米面提价一分钱，事先要层层开会，做好充分的思想动员，还让党员以党的纪律保证不去抢购。1992 年底，各地的库存粮食比较多，这些库存除了粮食占压不少资金之外，还希望抢购走一部分。所以，这次全面放开粮价，比过去玉米面提一分钱还简单。事先没有保密，也没人去抢购。

到 1993 年春天，政府定价的比重已经很小了。按社会零售商品总额计算，95% 已经放开；在农副产品收购总额中，90% 已经放开；在生产资料销售额中，85% 已经放开。就是西方市场经济国家，政府管理的价格也有 20% 左右，中国放开价格的比重不比西方国家低。可以说，价格已经放得差不多了。1993 年，国务院决定在国家宏观调控下积极稳妥地放开粮食价格和经营，实行"保量放价"，即保留粮食定购数量，价格随行就市，继续实行和改进粮食定购"三挂钩"政策，取消国家食油收购计划和食油定量供应政策，取消食油指令性调拨计划。当年的全国"两会"召开，代表委员们就餐第一次不再需要缴纳粮票。4 月，国内贸易部发出《关于对现行粮票进行处理的通知》，决定废止粮票的使用。5 月 10 日，北京市政府正式宣布，从这一天起，取消粮票。自 1955 年起，有"中国第一票"和"第二货币"之称的粮票完成了其 38 年的使命，退出了历史的舞台。这也意味着以统购统销的粮油管理制度为标志的粮食计划经济的票证时代结束，取而代之的是市场经济时代的开启。可以说，中国粮食价格的这一关终于闯过来了！

2004 年以来，粮食托市收购政策下的"政策市场"。

2004 年 5 月，国务院出台《关于进一步深化粮食流通体制改革的意见》（即粮食流通体制改革的总体方案），决定在总结经验、完善政策的基础上，按照有利于粮食生产、有利于种粮农民增收、有利于粮食市场稳定、有利于国家粮食安全的原则，全面放开粮食收购市场。

但同年，粮食最低收购价政策开始实施，令理论上已经全面放开的中国粮食市场变成了"政策市"。最低收购价收购主要是针对水稻和小麦。在 2008 年之后，国家对玉米、大豆、油菜籽、棉花等大宗农产品，在一些主产区实行临时收储。实际上，临时收储与最低收购价收购均可划分至托市收购范围。取消粮票之后，从消费者的感知上，粮食购销已经完全市场化，但国家实行最低收购价制度的这十多年，粮食行业却有不同的感受，粮食市场迫切需要第二次"价格闯关"。

毋庸置疑，托市政策的实行有其历史背景，对保障全国粮食安全也起到不可或缺的作用。从 2004 年开始，我国粮食产量连年丰收，粮食价格面临着较大的下行压力，如何调控粮食市场价格，继续稳定粮食生产，避免重蹈谷贱伤农的老路，成为决策者面临的主要问题。国家通过实施最低收购价政策来稳定粮食生产、引导市场粮价和增加农民收入是众多宏观调控措施中的重要一项。

不过，托市政策是一种补贴"流通环节"的方式，而非直接补贴"生产者"，容易干预粮食市场的价格形成机制，从"市场定价"变为"政府定价"。一方面，托市价格由政府制定，在一定程度上会偏离真正的市场价格；另一方面，粮食从农民向收购主体转移，必然产生集中收购和轮换行为，而这些行为本身就会造成价格的波动，左右着市场价格走势，形成新的"政策季节性"效应，这对粮食行业的影响是多维度的，主要存在以下三个方面：

一是国产粮食性价比低，在国际市场上丧失竞争力。托市政策通过连年上升的"最低收购价"和"临储收购价"抬高国内粮食价格运行底部，与国际粮食近年持续下滑的趋势形成鲜明对比，国内外价差不断拉大。总体而言，进口粮食价格仅为国内价格的 2/3 左右，比价优势巨大。

二是性能方面，托市政策的"敞开收购"，导致优质优价难以体现，使生产者和保管环节"重量不重质"，缺乏优质粮所需要的"单种、单收、单储"等生产、储备模式。粮食品质难以满足日益提升的需求，也就是供给侧结构性失衡，不利于我国粮食市场的发展和粮食行业的升级。

三是对流通方面的影响，集中体现在"两个倒挂"上：原粮和成品粮倒挂——长期的"稻强米弱""麦强粉弱"导致市场低迷，购销不畅，粮食下游产业开工不足，但采购原粮的成本增加，亏损加大；产区和销区倒挂——产区启动托市收购后，价格被托起，而销区的粮价却得不到政府支撑，有时甚至低于产区价格，形成产销倒挂。

也因此，近年来我国粮食市场出现产量、库存量和进口量"三量齐增"的局面。2018 年全国粮食总产量达到 1.31 万亿斤，比 1978 年翻了一番，人均粮食占有量近 900 斤，均创历史最高水平。在粮食产量节节攀升的同时，我国粮食进口量同样增速迅猛。自 2008 年以来，中国已从粮食净出口大国转变为粮食净进口大国，2014 年全国粮食进口更随着产量上升到 6 亿吨的台阶，首次突破 1 亿吨大关。此外，近年来我国粮食库存总量也达到历史高位。据美国农业 2019 年 5 月供需报告估算，中国玉米、大米和小麦的库存消费比分别为 68.7%、80% 和 110%，远远高于联合国粮农组织规定的 17%~18% 的安全标准。三大品种期末库存分别占全球总库存的 60.08%、68%、49.8%，库存量高居世界之首。产量、进口和库存量构成我国粮食的总供给，但供给并不是越多越好，因为获得这些供给是要占用资源的，包括土地、水、资本、仓储等，超过市场需求的供给就成"无效的供应"。原中央农村工作小组副组长、办公室主任陈锡文曾表示，有大约 1000 亿斤粮食属于无效供给，这占到了总产的 7.5% 左右。供给侧调整，就是要减少无效的供应。

正如农业部农村经济研究中心主任宋洪远所言，"三量齐增"并不是粮食生产本身出了问题，折射出来的是我们在粮食储备和粮食价格政策方面需要调整和完善，需要加快转变农业发展方式，促进农业转型升级。

二、全面深化改革：第二次"价格闯关"启动

现阶段中国特色社会主义进入了新时代，我国经济发展也进入了新时代，基本特征就是我国经济已由高速增长阶段转向高质量发展阶段。我国粮食安全要坚持数量质量并重。"三量齐增"之所以成为一种困局，就是因为"质"没有随着量的增加而提升。要完成从"量"到"质"的转变，必须完成从政策到市场的转换，使市场发挥配置资源的决定性作用。这首先需要理顺价格的形成机制，让价格成为反映市场供需的"晴雨表"。党的十八届三中全会提出"完善主要由市场决定价格的机制。凡是能由市场形成价格的都交给市场""政府定价范围主要限定在重要公用事业、公益性服务、网络型自然垄断环节上"。2014 年中央一号文件提出，完善粮食等重要农产品价格形成机制，逐步建立农产品目标价格制度。2015 年 10 月，党中央、国务院印发《关于推进价格机制改革的若干意见》，明确要求到 2017 年，竞争性领域和环节的价格基本放开。到 2020 年，市场决定价格体制基本完善，价格监督制度和执法体系基本建立，价格调控机制基

本建立。2017 年末的中央经济工作会议，再次强调"让收储价格更好地反映市场需求"。粮食的价格机制改革从未放松，建立我国市场价格体系的关键性战役已全面展开。这将是一场自 1988 年价格闯关以来，中国又一次深刻的价格改革。

粮食行业作为一国的安身立命之本，更需不断深化改革，最大限度地发挥市场的作用，激发市场主体的创造性。新一轮粮食价格闯关，其核心在于改变粮食产业的原动力，化政策补贴为市场拉动，关键在于深化价格机制的改革，出路在于构建完善的粮食市场。

首先，2014 年，我国启动新疆棉花、东北（辽宁、吉林、黑龙江）和内蒙古大豆目标价格改革试点，并在试点省（区）取消相关农产品的临时收储政策。随后，玉米、稻谷、小麦最低收购价政策相继作出变革，这意味着农产品领域政府和市场的关系的重大调整。玉米是三大主粮品种市场化改革中的先行者，2016 年实施的新机制"市场化收购+补贴"，让玉米价格初步实现了市场化，开始与国际价格接轨，在很大程度上阻挡了进口，把外流的需求引回到了国内。收储环节价格运行机制的市场化，有助于理顺整条产业链，使中下游行业能够"去政策化"，内需被启动。不过，尽管市场化改革初显成效，但当前玉米产业仍存在国产玉米价格的国际竞争力欠缺、玉米结构性供需矛盾突出、玉米深加工行业市场化程度较低等问题。

改革的难点还在于农民对政策的变化认知程度低于我们的预期。市场的博弈必须建立在相对充分的信息公开或是在信息对称的基础上。要想让政策落到实处，必须完善信息沟通机制。还有一个难点是补贴资料的真实性和审核的权威性问题。要确保国家补贴用在刀刃上，首要是建立健全的全民诚信体系以及监督机制。这并非一蹴而就的事情，整个改革必须有配套的制度辅助。

其次，培育完善的粮食市场，转变产业发展动力源。造成我国粮食国际竞争力低下的最根本原因是粮食产业发展的动力源不匹配：不是靠市场内生力量作为引擎拉动，而是靠政策的外力艰难推动的。要转变产业发展的动力源，就要转变资源配置的机制，把当前依靠政策配置资源变为市场配资资源，而完善农产品价格形成机制和市场调控制度就是实现转型的关键。只有这样，才能培育一个完善的粮食市场，生产具有竞争力的产品，摆脱低水平循环，完成粮食产业的升级。2017 年 9 月，国务院办公厅发布《关于加快推进农业供给侧结构性改革大力发展粮食产业经济的意见》，这是国务院首次出台这方面的指导意见。粮食产业的重要性被提升到新的高度。

最后，站在新的历史起点上，科学把握"更好发挥政府作用"。更好地发挥政府作用，不是让政府更深地介入到资源配置活动中去，而是要在保证"使市场在资源配置中起决定性作用"的前提下，管理那些市场管不了或管不好的事情。"法治""信用""数据"和"科技"都是新型农业现代化竞争中至关重要的因素，也是形成好的行业环境必不可少的。政府作为市场的"守夜人"，要转变思维，多在促进市场规范、有序发展方面做好服务。对于粮食行业而言，政府还有一个很重要的工作就是确保粮食储备的充足、有效。2019 年 5 月 29 日，习近平总书记主持召开的中央全面深化改革委员会第八次会议强调，粮食储备是保障国家粮食安全的重要物质基础，要以服务宏观调控、稳定市场、应对突发事件和提升国家安全能力为目标，科学确定粮食储备功能和规模，改革完善粮食储备管理体制，健全粮食储备运行机制，强化内控管理和外部监督，加快构建更高层次、更高质量、更有效率、更可持续的粮食安全保障体系。

国际环境越纷乱复杂，越要保持内部定力和活力。第一次粮食价格闯关，我们实现了从计划到市场、从票证时代的紧缺到货币时代的丰富的重要跨越，取得了举世瞩目的巨大成就。而这次改革进入深水区，进一步完善主要由市场决定价格的机制，这是构建现代化经济体系，实现粮食产业高质量发展和实现高层次粮食安全的必然要求。新时代新征程，前进的道路绝不会一马平川，我们必须以习近平新时代中国特色社会主义思想为指引，始终保持战略定力，守初心，担使命，不断攻坚克难，才能创造新的更大奇迹。

弘扬粮食储备文化　保障国家粮食安全

肖　雪①

　　粮食，人人必需，天天必需，人类生存与发展的必需品，是国民经济发展的基础。保障国家粮食安全，粮食生产是基石，粮食储备是保障。认真研究中国粮食储备文化，对做好新时代国家粮食储备工作，确保国家粮食安全具有重要的指导作用。

一、中国粮食储备文化

（一）粮食概念

　　粮、食在中国古代字义是有区别的两个字，东汉学者郑玄（127~200年）注解："行道曰粮，谓糒也；止居曰食，谓米也。"这里的"粮"是指行人携带的干粮，行军作战用的军粮；"食"是指长居家中所吃的米饭。后来这两个字逐渐复合成"粮食"，在先秦史籍《左传·鲁襄公八年》中就有"楚师辽远，粮食将尽"的记载。中国古代粮食的代称也叫谷、五谷、八谷、九谷、百谷等，但以五谷为最多。"五谷"初见于《论语·微子》中"四体不勤，五谷不分"。五谷的种类古代说法不一，《周礼·夏官职方氏》"其谷宜五种"注指：稻、黍、稷、麦、菽，这是很普遍的一种解释。后统称谷物为五谷，但不一定限于五种谷物。古代人们很迷信自然，称"社"为地神，"稷"为谷神，故将两者结合在一起称为"社稷"。由于古代以农立国，"国以民为本，民以食为天"，因而"社稷"成了国家的代名词。

---

　　①　招商证券股份有限公司高级经理。

根据考古发掘研究，中国是世界上最早、最大的农作物起源中心之一。中国最早出现的粮食作物，南方以水田作物稻为代表，起源于中国，距今有 1 万多年的历史；北方以旱地作物粟为代表，起源于中国，距今有 6000 多年的历史。糜子有粳、糯两种类型，粳性的称"稷"，糯性的称"黍"，起源于中国，距今至少有 5000 多年的历史。大豆又称"菽"，起源于中国，距今至少有 5000 多年的历史。在中国古代曾作为主食的"黍""稷""粱"等粮食品种，现已退居次要的地位。

中国粮食的解释有广义和狭义之分。狭义的粮食是指谷物类，即禾本科作物，包括稻谷、小麦、玉米、大麦、高粱、燕麦、黑麦等，习惯上还包括蓼科作物中的荞麦。广义的粮食是指谷物、豆类、薯类的集合，包括农业生产的各种粮食作物。这与国家统计局每年公布的粮食产量概念基本一致。豆类主要包括大豆、绿豆等。这里特别要指出的是大豆，中国将其归类为粮食；联合国粮食及农业组织将其归类为油料。薯类主要包括甘薯、马铃薯等。2016 年 9 月出版的《现代汉语词典》（第七版）对粮食的解释是，供食用的谷物、豆类和薯类的统称。

（二）粮食储备历史

粮食储备文化是指人类从事粮食库存及其相关活动的统称①，中国的粮食储备，起源距今约 6000 年以前。开始兴起的原始农业，先民们逐渐摆脱居无定所的生活，获取的食物有了相对可靠的保障。当年生产的粮食，除了保证一年需要之外，还要满足次年收获新粮食前的需要，人们于是将一定数量的粮食储存起来，以常年供应和应对灾年。

1. 先秦时期

先秦时期是奴隶制社会向封建制社会转变的历史时期，铁制农具与耕牛的运用，实行田税制等，促进了农业生产水平的提高，带动了商业的发展。同时，诸侯相互征战，自然灾害频发，加之粮食贸易活跃，以营利为目的粮食囤积很普遍。因此，重农积谷在政治、军事、经济等方面的战略地位日渐突出，粮食储备顺应了时代的要求，引起了人们的高度重视。

---

① 刘坚. 中国粮食储备制度的历史沿革［A］//白美清. 中国粮食储备改革与创新［M］. 北京：经济科学出版社，2015.

（1）提出粮食储备思想。孔子认为，足食、足兵，民信之。墨子认为，仓无备粟，不可以待凶饥。管子认为，民以食为天。

（2）形成粮食储备制度雏形。公元前 21 世纪，中国出现了第一个王朝夏朝，粮食仓储制度正式成为国家一项重要财政制度，国家粮食储备有了一定的规模。

（3）实施粮食"平籴"调节制度。战国时期魏文侯丞相李悝（公元前 455～前 395 年）提出"平籴法"，就是国家在丰年以平价购买余粮，荒年以平价售出，以平粮价，取得了很好效果。

2. 秦汉时期

秦朝是指公元前 221 年秦始皇建立的统一封建王朝，秦代基本上是沿用先秦时期的粮食仓储管理制度，但是后来有所发展。

（1）秦制定了完整的粮食仓储制度。《秦律》是国家大法，共有 108 条律，其中，26 条律是粮食储藏和粮食加工，制定的粮食入库、发放的登记管理规定，为后世沿用。

（2）秦统一了度量衡，粮食有了统一的计量标准。

（3）汉朝的大司农中丞耿寿昌创建常平仓。耿寿昌于五凤四年（公元前 54 年）奏请在边郡普遍设置粮仓，"以谷贱时增其贾尔籴，以利民，谷贵时减贾而粜，名曰常平仓。民便之"。至此，常平仓逐渐作为一项制度推行，对古代粮食储备制度产生了深远的影响。

3. 魏晋南北朝时期

魏晋南北朝时期政权频繁更替，社会动荡不安，经济受到严重破坏，粮食储备在艰难中发展。

（1）魏晋南北朝时期。由于军事需要，南北政权均采用"和籴"方式，即由官府出资向百姓购买粮食，充实军粮库存。

（2）时断时续的常平仓制度。丰年，在粮食价格低时，政府出资收购（和籴）；歉年，在粮食价格高时，政府低价出售（平粜）。常平仓制度实行比较好的年代是西晋时期和北魏时期。

4. 隋朝时期

隋朝是中国封建社会结束长期战争分裂局面后快速发展的时期。隋统一后，采取一系列措施恢复经济，颁均田令，将土地分配给大批战后返乡的农民耕种，鼓励垦荒。随着耕地面积的扩大和有效利用，农业生产出现了恢复性发展，粮食产量不断提高。隋朝中心重点城市均在北方，而粮食主产区在南方，为防止黄河泛滥和自然灾害给农业带来不利影响，隋政府开始着力充实粮食库存，建设粮食仓储设施。

（1）在黄河沿岸修建四座大型中转粮仓。黄河以北各州征收的粮食先集中存放在这里，后沿黄河或永济渠运往洛阳、长安。

（2）民间储粮设义仓。隋文帝采纳度支尚书长孙平的建议而设置义仓，即民间每秋成时，按贫富为差户出粟一石以下，储之间里（乡里）以备凶年赈给，名为义仓（民间储备）。

（3）开通大运河运粮。隋朝时，长江中下游地区稻谷快速发展，超过了北方的小麦。为加强国家粮食储备，南粮北运成为长期稳定的粮源保证。公元605年，隋炀帝下令修建运河工程，人工运河连接海河、黄河、淮河、长江、钱塘江五大河系，总长2000多千米，形成了以洛阳为中心贯通南北的水路运输网络。此后，一直到清朝晚年近千年中，成为粮食运输的命脉，为粮食储备合理布局发挥了巨大作用。

5. 唐朝时期

唐朝是中国封建社会最强盛的历史时期之一，从王朝建立以后的290年间，政治开明，经济发展，史称太平盛世。仓储丰盈是国力强盛的重要标志，唐代粮食储备数量达到了前所未有的高水平。《通典》记载，天宝八年（公元750年），粮食储备计1.966亿石。为了有效控制粮食，保证在存储中不受损失，形成了制度化管理。

（1）建立了功能完善的国家、地方、社会粮食储备体系。唐代粮食储备仓库分为六种：正仓、太仓、转运仓、军仓、常平仓、义仓。"正仓"是州县粮仓的统称，主要受纳本地区的正租、两税，以及官府规定的通过和籴购买的粮食，是国家粮食储备的主体。太仓是专为皇室、国家机构百官提供俸禄的粮仓，主要受纳各州县正仓征纳的粮食、经转运仓调运各地上供的正租、两税。转运仓是沿漕路建设的周转调度仓。"军仓"主要受纳由政府通过和籴就近购买的粮食、从正仓拨发的粮食、军队屯田自产粮食。"常平仓"，唐代的常平仓有了进一步发展。唐玄宗于公元714年修常平法，下令除地下湿不能贮粮的南方地区外，其他各州都要建立常平仓。后又规定常平仓仓本、贷粮定额，允许常平仓赊籴，新粮收获时再由农民按原价折钱归还。至此，形成了完整的常平仓粮食籴粜价格体系。"义仓"，唐代的义仓与隋代设立的义仓不同。公元 628 年，唐太宗将义仓受纳的粮源，重新恢复到强制性的纳税制。义仓功能是"备岁不足"，性质是"救饥馑"的专项储备。一直延续到唐代晚期。

（2）建立了自上而下的粮食储备垂直管理体系。粮食储备的正仓等六种仓库，正仓、义仓由州县长吏和仓司管理。常平仓由中央责成道、州管理。军仓由支度使负责，军将、仓司管理。转运仓、太仓由中央直接管理监督。

（3）建立了粮食储备仓储保管制度。在建仓后立铭砖，标明仓的名号、储粮来源、数量、入仓日期、受纳官员姓名等。粮食出入库由原出入人员负责。

（4）建立了完善的灾情报送制度。当发生灾害时，地方先由里正向县里申报，后由县、州逐级上报，直到朝廷。

唐朝时期是中国粮食储备辉煌发展的时期，粮食储备系统和相关制度比较完整，对后世产生了示范作用。此后，宋、元、明、清的粮食储备都是在此基础上进行改革和发展的。

6. 宋朝时期

宋太祖号召农耕，鼓励垦荒，实行土地自由买卖和租佃契约化，进而促进了农业经济繁荣。公元 1021 年，宋真宗时期，耕地面积最高达 5.2 亿亩，中等年份粮食产量保持在 1500 亿斤左右。但是，宋朝粮食储备规模不及唐朝。主要因为粮食商品率达到 17% 左右，常年有 258 亿斤左右的粮食进入市场，远距离的粮食贸易不断扩大，大规模的商品粮食市场逐步形成。这样，大大缓解了政府粮食储备的压力。

（1）宋代京仓与唐代的太仓功能相同，设在现在的开封，共有 25 座粮仓。特别值得一提的是"民营储备社仓"。公元 1181 年，宋孝宗"诏行社仓法于诸郡"，由此成为常规化的粮食储备制度。社仓是官督民办的粮食仓储，主要来源：从常平仓借入、富户自愿出借、民户自筹。实行后，取得了"一乡四五十里间，虽遇凶年，人不缺食"的好效果。

（2）宋代的主要仓型有京仓、军仓、转运仓、常平仓、义仓、社仓等，仓型种类多达 30 多种，仓的功能相对单一，不同的仓具有不同的作用。这是粮食仓储理论和功能的突破，对宋朝时期应对自然灾害、促进农业稳定发展、防止农民因灾致贫发挥了重要作用。

7. 元朝时期

公元 1260 年，忽必烈登基后，在"国以民为本，民以食为本，衣食以农桑为本"的思想指导下，设立司农司，贯彻重农桑的国策。

（1）《农书》对粮仓的推广。公元 1313 年，王祯出版《农书》，其中，在《农器图谱》一书中专门安排章节对仓、京等仓储设施进行图文详解，是中国历史上粮食仓储的传世专著。主要仓型有义仓、常平仓等。

（2）义仓与常平仓的发展。元代初期，北方农业生产受到严重破坏，为恢复农业生产，将一些地区农户为生产互相而自发成"锄社"进行推广。规定民户 50 家为一社，社中众人合力相助。每社设义仓一处，社长主持，每年按丁纳粟，以防饥年。这样一些边远地区得到开发，北方地区逐步恢复，南方恢复到宋代水平，社会粮食储备得到了发展。公元 1288 年，义仓粮食储备量 31.55 万石，对局部地区赈灾救荒发挥了一定积极作用。

同时，元代常平仓始建于公元 1269 年，后于公元 1272 年由官府出资扩建。为充实常平仓粜本，朝廷又以铁课（税）籴粮，还将各地没收官员财产等拨作粜本。从此以后，常平仓逐步推广。公元 1289 年，南方各地基本都有常平仓粮食储备。

（3）发展粮食漕运和海运。元代实行"两都"制，除现在北京的大都之外，还有锡林郭勒盟正蓝旗的上都。两都粮食均需外输。由于宋代的运河不能满足漕运的需要，从公元 1276 年始，元世祖忽必烈决定改造和延长大运河，先后修通了济州河、会通河、通惠河，至公元 1293 年，大运河全线通航，漕船可由杭州直达北京。与此同时，公元 1287 年，设立"行泉府司"，专管海运。次年，又设立两个漕运司，负责接运南方来的粮食物资，将直沽的粮食运往北京。公元 1293 年，逐步形成了大小近 3000 粮船的规模。公元 1328 年，海运粮食最高达 350 多万石。

8. 明朝时期

为增加粮食产量，南方大力发展双季稻，部分地区出现了三季稻。在 16 世纪，引进了原产于美洲的玉米，原产于东南亚的甘薯，并大面积推广。这些作物的引进，提高了土地的利用率，增强了农民生存能力，增加了粮食储备品种和资源。

（1）建立预备仓。明初，由于长期战乱，生产力受到严重破坏。为了稳定政权和抵御自然灾害，明太祖朱元璋于公元 1368 年下令设立"预备仓"，官府财政直接籴购粮食储存，以备赈济，预备即预防灾荒有所准备，在赈贷灾荒中发挥了重要作用。预备仓为明代独有。

（2）中央粮食储备有南京仓和京通仓（即太仓）、水次仓（沿运河设置的漕粮转运仓）、卫仓（军仓）。明朝的"太仓"称"南京仓"和"京通仓"，公元 1371 年、公元 1396 年，明太祖朱元璋两次投资，先后建成 41 座卫仓和南京城内 4 个大型粮库。南京仓主要受纳粮源为南京和应天所隶属各府的税粮，供发放南京官员俸禄和卫所的军饷之用。贮米 129 万石、麦 4.6 万石。公元 1409 年，明迁都北京后，明成祖下令在北京兴建粮仓，共建仓库 68 座，其中，在 19 座仓库中设置了卫仓（军仓），统称"京通仓"，储粮 400 万石。南京仓和京通仓的管理由多个部门官员组成，职责明确，各司其职，互相监督。这样，形成了明代的太仓储备体系。

（3）地方粮食储备有常平仓、社仓（义仓）。明代实行预备仓，通过赈贷直接救荒，同时也兼有常平仓籴粜平抑粮食价格功能。因此，虽然明代有常平仓、社仓，但常平仓、社仓的功能和作用低于其他朝代。

9. 清朝时期

清朝粮食储备制度是借鉴前世经验基础上建立起来的，一开始就比较完备。清代主要仓型有京通仓（中央储备皇家粮仓）、常平仓、社仓、义仓、旗仓和营仓（沿边沿海等地方的军仓）等。

（1）京通仓。清代京通仓是在明代基础上进行改建和扩建，有大型仓库 15 个，廒间 1362 座，主要储存各地缴纳的税赋漕粮，保证官俸、京城军粮供应、平粜、赈济之用。常年储粮 400 万石，最多年份高达 700 万石。

（2）常平仓。顺治十年（公元 1653 年），顺治通令各省修葺常平仓。清代常平仓要优于前代，主要特点是谷本充足，除官绅富民捐输、按亩摊征等外，主要是国家出资；调节粮价，一般春粜秋籴，粜三存七；赈济大灾，截至清光绪时期，全国动用常平仓赈济的大灾在 22 次以上；品种多样，储存粮食品种有米、谷、麦、大麦、高粱等 10 多种。

（3）社仓和义仓。清代社仓、义仓始于顺治十一年（公元 1654 年）。清雍正时期，议定社仓之法，对社谷的筹集、管理形式作出了明确规定。义仓设于市镇，民办民管，支放手续、核查等与社仓相同。

（4）旗仓和营仓。旗仓是清代特有的粮仓，是清东北三省军仓的统称，为镇守和戍边部队提供饷粮，管理中还效仿常平仓。营仓是各省设置于沿海或距省会遥远之偏僻地方的军仓，始于康熙二十二年，一般按"每兵一名，储谷一石"标准储粮。

10. 民国时期

1911~1949 年，国家处于内忧外患、战事不断和自然灾害频发时期，农业生产受到了极大破坏，粮食供应紧张，是中国历史上粮食储备最薄弱的时期。民国初年，部分地方建立了单行的积谷制度，全国没有储粮。1928 年后，国民政府逐步恢复和建立了粮食储备和粮仓，储粮备荒。从 1936 年开始，粮食储备增加了可以辅助农村生产发展的用途，以仓库的存谷作为抵押向金融机构借款，可以办理农村贷款。粮仓的类型有积谷仓、公粮收支仓、农仓（农业仓库）等。

（1）积谷仓。种类又分为县仓、市仓、区仓、乡仓、镇仓、义仓六种。县仓、市仓为官立，区仓、乡仓、镇仓为公立，义仓为私立。仓本来源，除义仓为私人捐助款、官督民办外，其他公款建立。仓谷处理，县、市仓分平粜、散放两种办法，区、乡、镇仓和义仓则增加一项贷放，准许贫户青黄不接时告贷，新谷登场时偿还，照章加利息一分。1945 年，各省市积谷储粮，稻谷 286 万石，小麦 1.25 万石，杂粮 6.8 万石，积谷款 153.9 万元。

（2）公粮收支仓。1941 年，为配合粮食征实和征借的需要，建立了一些新的储粮设施。主要有收纳仓库，对征收征购农民的粮食，开始分散暂存在各县的乡区。1942 年，规定各县可设征收处 8 处，每处平均 4 仓。据统计，收纳仓库的粮食占征实和征购（借）粮食总量的五成以上。还有集中仓库和聚点仓库。政府除接收征收征购的农民粮食外，还有一部分采购的粮食，先集中在就近仓库，即集中仓库。并在主要粮食集散地建立了一批具有粮食集并和中转功能的仓库，称为聚点仓库。先把集中仓库粮食转运到聚点仓库，再将聚点仓库粮食运送到需要的地方去。

（三）历代粮食储备的主要文化和经验

历代粮食储备的主要文化：一是防灾减灾、备战备荒、平抑粮价的传统粮食储备文化思想。这一思想主导了中国 2000 多年粮食储备的发展。孔子认为，足食、足兵，民信之。墨子认为，仓无备粟，不可以待凶饥。管子认为，民以食为天。二是健全的粮食储备制度。历代都保持合理的粮食储备数量，备战备荒，是国家治理体系的一个重要组成部分。据《史记》记载，公元前21世纪，夏朝粮食仓储制度正式成为国家一项重要财政制度，粮食储备有了一定规模。此后，各代不断完善。唐代粮食储备仓库分为正仓、太仓、转运仓、军仓、常平仓、义仓六种，正仓、太仓、转运仓、军仓是国家粮食储备，常平仓是地方粮食储备，义仓是民间社会粮食储备。从而建立了功能完善的国家、地方、社会粮食储备体系，一直沿用至今。同时，实施粮食"平籴"调节制度。战国时期李悝（公元前455～前395年）提出"平籴法"，国家在丰年以平价购买余粮，荒年以平价售出，以平粮价。公元前54年，汉朝的大司农中丞耿寿昌创建常平仓，"以谷贱时增其贾尔籴，以利民，谷贵时减贾而粜，名曰常平仓"。此后常平仓作为一项制度推行，对粮食储备制度产生了深远的影响。三是完善的粮食储备管理法规。秦代制定了《秦律》，共有108条律，其中，26条律是粮食储藏和粮食加工的规定。唐代建立了粮食储备仓储保管制度，建仓后立铭砖，标明仓的名号、储粮来源、数量、入仓日期、受纳官员姓名等，为后世沿用。这些优秀的粮食储备文化，历经2000多年的检验，维护了国家粮食安全，是我们坚定粮食储备文化自信的基础，要传承和发扬。

历代粮食储备的主要经验有以下四点。

1. 粮食储备是社会稳定的重要保障

中国历史上任何一个时期都是足粮则治、乏食则乱。历朝历代重大的社会政治动荡，绝大多数与农业受灾和粮食储备有直接关系。因此，重粮厚积逐步成为历代统治者的共识和文化传统，粮食安全是各朝各代治国安邦的头等大事。

2. 不断完善粮食储备制度

（1）粮食储备机构。公元前150年，汉武帝实施均输平准政策，在中央主管国家财政的大司农之下设立均输官，由均输官到各郡国收购粮食等物资，把中央所需要的粮食等货物运回长安储备。以后历代国家都有专门粮食储备机构，委派专门官员管理。

（2）粮食储备体系。在夏商时期，出现了国家粮食储备体系的雏形。唐朝时期，建立了功能完善的国家、地方、社会粮食储备体系。此后，各代统治者重视和完善国家粮食储备体系，并且一直沿用至今。

（3）粮食储备法规。秦代《秦律》将粮食储备和管理纳入法规管理。

西汉设置常平仓专项粮食储备制度，通过国家收购和抛售粮食，调节粮食市场供求，从而实现稳定粮食市场价格和保障粮食供应，粮食市场充分发挥政府和市场的互补作用。这一粮食储备制度，不仅为以后的社仓、义仓等社会粮食储备所借鉴，而且随着自身不断发展，对后世粮食储备制度产生了深远的影响。

（4）粮食储备功能明确和作用互补的仓型。宋代的仓型种类达 30 多种，仓的功能相对单一，不同的仓型有不同作用，对促进政治、经济、社会的稳定发展发挥了重要作用。此后，各代不断完善，至清代，粮食储备仓型相对稳定。

另外，尽管各朝各代国家粮食储备数量都有一定规模，但由于没有统计资料，不能进行比较研究。

3. 健全积谷防饥和以丰补歉预警机制

中国历代自然灾害频发，据《中国救荒史》初步统计，公元前 1766 年（商汤 18 年）至公元 1937 年，历史上发生的水、旱、风、雪等灾害共达 5258 次，平均六个月发生一次。从唐代开始，国家建立了灾情报告制度。所以，历代一直高度重视天文、气象观测，在积储备荒、积储安民文化影响下，创立了中国原始的信息预警制度和措施，代代传承，不断发展。

4. 长期的南粮北运保证了地区间粮食总量平衡

中国地域辽阔，粮食地区间产销差别大，粮食的调控，不仅运用粮食储备的进出对价格进行调整，而且从南方调运大量粮食到北方实现地区间余缺调剂。从春秋战国开始，水路运粮成为最有效方式。此后至清代，历代南粮北运主要通过大运河来进行。大运河工程之巨，运粮之多，使用之久，效率之高，都是举世无双的。

二、新中国 70 年粮食储备实践

自新中国成立 70 年以来，借鉴历代粮食储备制度的主要经验，建立了完整的国家粮食储备制度。

（一）确定了不同时期粮食储备数量

新中国成立后，党中央非常重视粮食储备，并逐步建立了一定规模的粮食储备。"大跃进"以后，在粮食困难时期，人们对储备粮食的意义认识更为深刻。1960年2月，在中共中央召开的全国财贸书记会议上，针对当时周转库存薄弱、调度困难的情况，李先念提出，各级要搞点粮食储备。1960年5月，中共中央召开的16省（自治区、直辖市）财贸书记会议讨论了农村粮食管理问题。大家一致认为，在粮食分配上必须瞻前顾后，以丰补歉，逐步建立粮食储备。要做到国家有储备，公社和基本核算单位有储备，年年储一点，逐年增多。按照上述精神，从1961年第一季度开始，通过粮食调度，建立了由粮食部直接控制的少量储备粮，全部摆放在京、津、沪三大城市，并明确规定，粮权属于中共中央和国务院。从此，国家每年安排全国粮食购销计划时，都留有一定数量的储备粮。

1962年，中央决定建立备战目的的军用"506"战略储备粮，即储备足够50万人6个月食用的粮食以作备战之需，实行军政共管。

与此同时，还大力开展社会的粮食储备。1962年9月，中共中央发布《关于粮食工作的决定》对建立社队储备粮明确要求，"生产队本身允许保留一定比例的储备粮。以生产大队为核算单位的，或者以公社为基本核算单位的，它们也都可以保留一定比例的储备粮"。1963年10月，中共中央发布《关于粮食工作的指示》强调，"逐渐做到国有余粮，队有余粮，户有余粮"。

1965年，设立甲字粮储备制度。这部分用来应对灾荒的粮食被称为"甲字粮"，构成新中国粮食储备的重要部分。粮权属于中共中央和国务院，国有粮食企业承担储备任务。

（二）建立了国家专项粮食储备制度

1990年，国务院印发《关于建立国家专项粮食储备制度的决定》。在建立专项粮食储备制度过程中，逐步形成了中央、省级、地县三级储备体系。

2000年，成立中国储备粮管理总公司，"506粮""甲字粮"划入中央储备粮。此后，各地相应建立地方储备粮管理公司，管理地方储备粮。至此，新中国建立起了比较完整的国家、地方（省级、市级、县级）、社会粮食（粮食企业、农民）储备制度。